"十四五"职业教育国家规划教材

"十三五"职业教育国家规划教材

智慧营销实战系列教材

市场营销理论与实务
（第4版）

主　编　夏　凤　鲍菊芽

副主编　邓新杰

电子工业出版社

Publishing House of Electronics Industry

北京·BEIJING

内 容 简 介

本书坚持"为党育人，为国育才"，以就业为导向，立足市场营销的新形势、新变化，守正创新地根据市场营销的基本理论进行灵活的内容设计，共有"走进营销世界——认识市场营销，挖掘市场商机——分析营销环境与对象，打造竞争优势——谋用 STP 战略，以人为本——运用营销产品策略，有本有则——运用定价策略，广开门路——运用渠道策略，临门一脚——运用促销策略，继往开来——市场营销新发展，妙笔生花——市场营销写作实务"9 个项目。每个项目以"任务导入—任务知识点—任务技能点—效果评估"的逻辑思路进行组织，设置了丰富的课外学习资源和测试题、分析题、实训题，同时配套使用智慧树的线上课程和教学资源，使教学更轻松、学习更有效。

未经许可，不得以任何方式复制或抄袭本书之部分或全部内容。
版权所有，侵权必究。

图书在版编目（CIP）数据

市场营销理论与实务 ／ 夏凤，鲍菊芽主编. -- 4 版.
北京 ：电子工业出版社，2025. 6. -- ISBN 978-7-121
-50513-3

Ⅰ. F713.50

中国国家版本馆 CIP 数据核字第 2025NE3255 号

责任编辑：桑　昀
印　　刷：天津画中画印刷有限公司
装　　订：天津画中画印刷有限公司
出版发行：电子工业出版社
　　　　　北京市海淀区万寿路 173 信箱　　　邮编：100036
开　　本：787×1092　　1/16　　印张：14.5　　字数：372 千字
版　　次：2005 年 7 月第 1 版
　　　　　2025 年 6 月第 4 版
印　　次：2025 年 6 月第 1 次印刷
定　　价：55.00 元

凡所购买电子工业出版社图书有缺损问题，请向购买书店调换。若书店售缺，请与本社发行部联系，联系及邮购电话：（010）88254888，88258888。

质量投诉请发邮件至 zlts@phei.com.cn，盗版侵权举报请发邮件至 dbqq@phei.com.cn。

本书咨询联系方式：（010）88254573，zyy@phei.com.cn。

前　言

《市场营销理论与实务》自 2005 年 7 月出版以来，深受广大读者的欢迎。基于销售量不断增加和读者好评，我们先后于 2009 年 6 月和 2019 年 3 月推出了第 2 版、第 3 版。随着国际国内科技的飞速发展，市场营销的模式、手段和策略也发生了重大变化。为了及时总结市场营销的新理论与新方法，更好地满足读者的需求，我们决定对以往版本的内容进行修订，推出第 4 版。

《市场营销理论与实务》（第 4 版）始终把教育引导大学生"怀抱梦想又脚踏实地，敢想敢为又善作善成，立志做有理想、敢担当、能吃苦、肯奋斗的新时代好青年"放在首位，通过营销箴言的提炼、项目实训中的职业素养考核、拓展空间的视野开拓等，引领读者坚定文化自信，坚持守正创新；立足市场营销的新形势、新变化，根据读者的学习特点对原有的项目命名做了调整，对各项目中的任务内容、知识点、技能点及案例等方面都一一进行了修订，更具有时代性、新颖性和可操作性。

本书根据职业需要筹划相关学习任务，每个任务都以"任务导入—任务知识点—任务技能点—效果评估"的逻辑思路进行组织，同时在"拓展空间"和"挑战自我"两个模块中分别设置了丰富的课外学习资源和测试题、分析题、实训题，以便达到"边做边学、学以致用"的效果，突出基本知识的传授、基本操作能力和实务创新能力的培养，呈现出"目标明确、便于教学，任务驱动、体系严密，技能操作、强化实践，效果评估、对接就业"等特色。本书主要在以下几个方面实现更大突破。

第一，体例更加新颖。长期以来，职业教育教材的编写体例都是中规中矩的，无法使读者通过初阅体例就能产生学习兴趣。此次修订敢为人先，在每个项目名称前分别增加一个引导词，直观地揭示项目的整体内容和意义。这不仅体现了语言的活泼性，还符合当下读者的学习特点。

第二，内容更加前瞻。鉴于当下市场营销的新理论、新方法和新手段层出不穷，原有教材的有些内容未能与时俱进。此次修订对某些陈旧或过时的案例做了系统性的更新，在整体内容上进行了较大变革，如删除"服务营销"，增加"直播营销、短视频营销和大数据营销"，将"市场营销新发展"单独设为一个项目。

第三，教辅资料更加丰富。为了更加方便教师教学，尤其是帮助刚入职的新教师在短时间内适应教学，《市场营销理论与实务》（第 4 版）所提供的教辅资料更加丰富。每个项目不仅有拿来即可用的授课 PPT，还有编写人员亲自录制的微课。配套使用的线上资源见智慧树"市场营销基础"课程。

《市场营销理论与实务》（第 4 版）由夏凤、鲍菊芽担任主编，邓新杰担任副主编。全书由丽水职业技术学院的夏凤教授领衔编写、修订，各项目的编写人员及其分工如下：丽水职业技术学院的夏凤负责项目 2、项目 8；遂昌县职业中等专业学校的鲍菊芽负责项目 1、项目 3 和项目 5；义乌工商职业技术学院的邓新杰和丽水职业技术学院的陈静共同完成项目 4、项目 7；鲍菊芽和湖南财经工业职业技术学院的伍方勇共同完成项目 6；夏凤和丽水市莲淘网络科技有限公司的陈小方共同完成项目 9；杭州联华华商集团的俞啸修订部分案例。

前人栽树后人凉，恩泽绵长似江洋。特别鸣谢资深市场营销专家胡德华教授对本书的专业指导和无私贡献！

编写人员在编写过程中借鉴和引用了相关网站和其他图书中的一些精辟见解，在此向各位作者一并表示诚挚的谢意。虽经反复讨论修改，但由于编写人员水平有限，本书定有不完善之处，敬请同行及读者一如既往地予以支持，并提出宝贵意见。

夏　凤

E-mail：80357863@qq.com

2025 年 1 月于浙江丽水

在线课程入口

目　录

项目 1

走进营销世界——认识市场营销

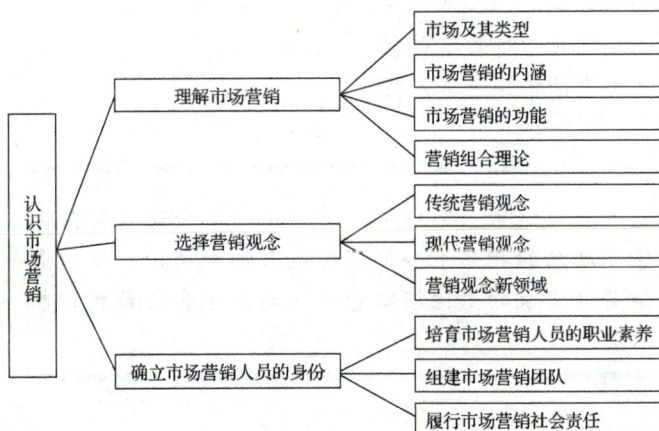

项目 1 数字资源

📽 项目目标

知识目标

- 复述市场及市场营销相关概念
- 区分不同的营销观念
- 描述市场营销人员的职业素养

技能目标

- 能够运用市场营销观念，理解、分析现实企业的市场营销活动
- 能够坚守职业素养，开展市场营销活动
- 能够坚定地履行市场营销社会责任

📽 项目结构

```
                                            ┌─ 市场及其类型
                            ┌─ 理解市场营销 ─┼─ 市场营销的内涵
                            │               ├─ 市场营销的功能
                            │               └─ 营销组合理论
                            │               ┌─ 传统营销观念
        认识市场营销 ───────┼─ 选择营销观念 ─┼─ 现代营销观念
                            │               └─ 营销观念新领域
                            │                   ┌─ 培育市场营销人员的职业素养
                            └─ 确立市场营销人员的身份 ─┼─ 组建市场营销团队
                                                └─ 履行市场营销社会责任
```

项目重/难点

● 项目重点：熟练掌握市场营销观念的具体内容。
● 项目难点：运用市场营销观念正确分析现实企业的市场营销活动；组建有效的市场营销团队。

项目教学建议

● 由于本项目的内容具有抽象性，建议采用授课和案例相结合的方式教学，实务训练可以分小组完成。
● 用于教学的案例应具有典型性，能让学生更好地领悟本项目的知识点。

任务导入

新媒体营销怎么会少了小米（指小米科技有限责任公司）的身影？"9∶1000000"的用户管理模式是怎样的模式？

据了解，小米微信账号的后台客服人员有9名，这9名客服人员每天最主要的工作是回复100万名用户的留言。每天早上，当这9名客服人员在计算机上打开小米微信账号的后台，看到用户的留言时，他们一天的工作就开始了。

其实，小米微信账号后台可以通过自动抓取关键词回复用户，但客服人员还是会进行一对一的回复，小米也是通过这样的方式大大地提升了用户的品牌忠诚度。

当然，除了提升用户的品牌忠诚度，微信客服还给小米带来了实实在在的益处。小米联合创始人黎万强曾表示，微信客服使得小米的营销成本、客户关系管理成本开始降低，过去小米在做活动时通常会群发短信，将100万条短信发出去，就要付出4万元的成本，微信客服的作用可见一斑。

[1] 市场营销活动到底是一项怎样的活动？
[2] 企业应该采用何种市场营销观念指导营销活动？
[3] 你如何培养自身的市场营销素养？

营销箴言

观念是行动的先导，思想是行动的指南。企业只有在正确的市场营销观念的指导下，拥有价值引领和精神支撑，根据市场和消费者需求的变化组织营销活动，才能在激烈的市场竞争中取胜。

任务知识点

知识点 1　理解市场营销

1.1　市场及其类型

1．市场的概念

市场是一个复杂的、多层次的动态概念。在早期经济尚不发达的时候，市场是指买方和卖方聚集在一起进行交换的场所。经济学家将"市场"这一术语表述为卖方和买方的集合。而市场营销者认为，卖方只构成行业，买方才构成市场。

后来，商品交换打破了时间和空间上的限制，也就是说，商品交换不一定都需要在固定的时间和地点进行。因此，市场不仅指具体的交易场所，还指所有买方和卖方实现商品转让的交换关系的总和。我们认为，市场是指那些具有特定的需求和欲望，而且愿意并能通过交换来满足这种需求和欲望的全部潜在顾客群体。通过现代交换经济中的流程结构，我们可以更直接、更清楚地认识和了解现代市场这一复杂体系，如图1.1所示。

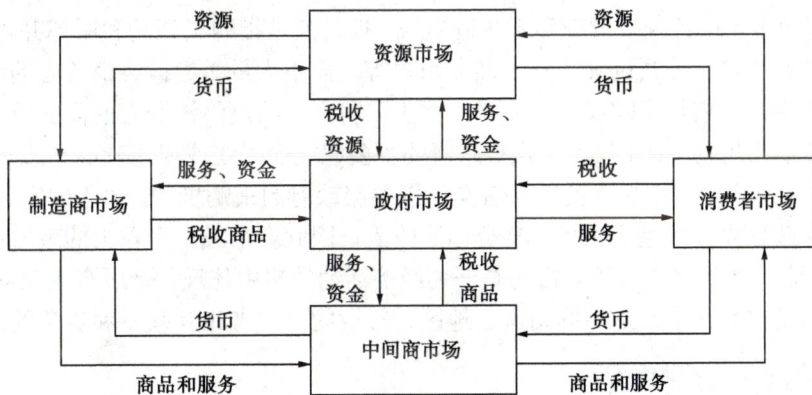

图 1.1　现代交换经济中的流程结构

从图1.1中可以看出，现代市场主要由5个基本市场通过交换过程彼此联结在一起。现代交换经济中的基本流程：制造商先在资源市场（原材料市场、劳动力市场、金融市场等）购买各种资源，然后通过生产经营活动将各种资源转变为商品和服务，再将商品和服务出售给中间商；由中间商将商品和服务出售或提供给消费者；消费者出卖自己的劳动力，得到货币收入，以此来支付他们所购买的商品和服务的价款；政府从资源市场和中间商市场购买商品和服务，付钱给它们；政府向这些市场征税，反过来又为它们提供各种公共服务。

市场营销学要研究企业如何通过整体市场营销活动，适应并满足买方的需求，以实现经营目标。从这个角度看，市场是指某种商品的现实购买者与潜在购买者的需求的总和。一个完整的市场包含 3 个因素，即有某种需求的人、满足这种需求的购买力及购买欲望，用公式可表示为：

$$市场＝人口＋购买力＋购买欲望$$

这 3 个因素是相互制约、缺一不可的，只有将三者紧密结合起来，才能构成现实的市场，才能决定市场的规模和容量。例如，一个国家或地区虽然人口众多，但人们的收入很低，购买力有限，因此不能构成大容量的市场。又如，一个国家或地区虽然购买力很强，但人口很少，因此也不能构成很大的市场。然而，拥有充足的人口和强大的购买力还不够，因为一个国家或地区虽然人口众多，人们也有足够的钱，但如果人们都没有购买的欲望，则仍然不能构成现实的市场。所以，市场是上述 3 个因素的统一。

2．市场的类型

市场可以按不同的标准进行分类。从现代营销学的角度来看，我们通常按照买方的特点和不同购买目的对市场进行分类，即将市场分为消费者市场、制造商市场、中间商市场、政府市场等。

所谓消费者市场，是指所有为了个人消费而购买商品和接受服务的个人和家庭所构成的市场。它是现代市场营销理论研究的主要对象。

所谓制造商市场（又称产业市场或企业市场），是指一切购买商品和服务并将之用于生产其他商品和服务，将生产的其他商品和服务销售、出租或供应给他人的个人和组织。制造商市场通常由农业、金融业、保险业、服务业等产业组成。

所谓中间商市场，是指那些购买商品和服务并将其转售或出租给他人，以获取利润的组织。中间商市场由各种批发商和零售商组成。批发商是指购买商品和服务并将之转卖给零售商、产业用户、公共机关用户、商业用户等，而不大量卖给最终消费者的商业单位。而零售商则不同，它是指购买商品和服务并主要将其卖给最终消费者的商业单位。

所谓政府市场，是指那些为了执行政府的主要职能而采购或租用商品和服务的各级政府单位。一个国家政府市场上的购买者是该国各级政府的采购机构。由于国家各级政府通过税收、财政预算等掌握了相当一部分国民收入，因此会形成一个较大的政府市场。

总之，在市场经济条件下，市场是一切经济活动的集中体现，是所有企业从事生产经营活动的出发点和归宿，是不同国家、地区、行业的生产者相互联系和竞争的载体。

1.2　市场营销的内涵

对于市场营销的含义，美国著名营销大师、美国西北大学凯洛格管理学院终身教授菲利普·科特勒指出："市场营销是与市场有关的人类活动，市场营销意味着和市场打交道，为了满足人类的需要和欲望，去实现潜在交换。"他又指出："市场营销是一种社会过程：个人和团体通过创造，以及与别人交换产品和价值来满足其需要和欲望。"菲利普·科特勒把市场营销定义为企业的活动，其目的在于满足目标顾客的需要，以此实现企业的目标。

美国市场营销协会（American Marketing Association，AMA）在 1960 年给市场营销

下的定义为"市场营销是引导货物和劳务从生产者流转到消费者或用户所进行的一切企业活动"。

市场营销作为一种复杂、连续、综合的社会和管理过程，涵盖了图 1.2 所示的核心概念。只有准确把握和运用这些核心概念，我们才能深刻认识市场营销的本质。

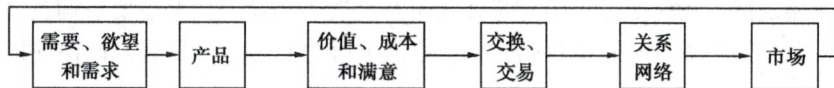

图 1.2　市场营销的核心概念

1. 需要、欲望和需求

满足消费者的需要、欲望和需求，既是市场营销的出发点，也是市场营销的目的。需要——既包括物质的、生理的需要，也包括精神的、心理的需要，具有多元化、层次化、个性化、发展化的特征，营销者只能通过营销活动对人的需要施加影响和进行引导，而不能凭主观臆想来进行；欲望——人的需要是有限的，而人的欲望是无限的，强烈的欲望能激发人的主动购买行为；需求——人们对某款产品有购买欲望且有支付能力。

2. 产品

产品泛指满足人的特定需要和欲望的商品和服务。人们在购买产品的同时，实际上自身的某种愿望和利益也得到了满足。作为营销者，如果只研究和介绍产品本身，忽视了对消费者的服务，就会因犯"市场营销近视症"而失去市场。

3. 价值、成本和满意

在诸多产品的购买选择中，消费者总是根据多项标准将能提供最大价值（效用）的产品作为购买目标。价值（效用）最大化是消费者选择产品的首要原则。对产品价值的评价，既取决于厂商所提供的产品的实际效用，也取决于消费者进行的效用对比评价。消费者的购买决策建立在价值与成本（费用）双项满足的基础之上，其做出购买决策的基本原则是用最少的货币支出换取最大价值的商品和服务。

4. 交换、交易

交换是指通过提供某种东西作为回报而从某人那里取得想要的东西的过程。交换发生的基本条件：让交易双方都满意的有价值的物品；让交易双方都满意的交换条件（价格、地点、时间、运输和结算方式等）。

5. 关系网络

在现代市场营销活动中，企业为了保持销售业绩和市场份额，希望能与已有消费者群体建立长期的交易关系，并得到不断的发展。企业同与其经营活动有关的各种群体（包括供应商、经销商和消费者）所建立的一系列长期稳定的交易关系，就构成了企业的关系网络。

6. 市场

市场营销视市场为与卖方相对应的各类买方的总和。对市场的界定因人而异。消费者视市场为买卖双方聚集交易的场所，如百货商店、专卖店、超级市场等。

1.3　市场营销的功能

1.　市场营销的基本功能

（1）交换功能。在交换过程中，商品的所有权发生转移，买方需要对购买什么、向谁购买、购买数量、购买时间等进行确定；卖方需要确定目标市场，努力促销并提供售后服务等。

（2）物流功能。物流功能包括货物的运输和存储。它是实现商品交换的前提和必要条件。

（3）分类功能。市场对商品按照一定的质量、规格、等级等进行整理分类，这是市场交换的标准化过程。

（4）融资功能。在市场营销过程中，零售商在向独立批发商进货时，通常不会立即付清货款，而是有一定的信用赊销期限。独立批发商通过这种商业信用方式，向广大中、小零售商提供财务援助。这已是西方国家的批发商和某些代理商的主要职能。

（5）风险功能。在市场营销过程中，商品可能被损坏，可能不被市场需要，或因成为非时尚商品而卖不出去，这时卖方不得不对商品进行降价出售。如果消费者对商品的质量不满意，卖方还要履行包退包换约定。这是商品的制造商和批发商所要承担的市场风险。

（6）信息功能。在市场营销过程中，批发商和零售商比制造商更为接近消费者。他们更了解市场情况，具有提供信息的职能。在市场营销活动中，一方面，批发商和零售商可以向制造商提供消费者需要的商品信息；另一方面，制造商可以向零售商提供新商品说明，提出竞争价格的建议。

2.　市场营销的社会作用

市场营销是联结社会需要与企业反应的中间环节，是企业把满足消费者需要的市场机会变成盈利机会的基本方法。其社会作用主要有以下 4 点。

（1）商品的地点效用。市场营销沟通产销两地，使消费者在适当的地点买到合适的商品。

（2）商品的时间效用。市场营销消除了生产者与消费者在时间上的差异，使新商品能够尽快被消费者接受，使消费者及时买到合适的商品。

（3）商品的占有效用。市场营销使商品从所有者手中过渡到消费者手中。

（4）商品的形式效用。制造商通过零售商提供的"地点效用""时间效用""占有效用"的市场信息，了解了消费者对商品的功能及外形等方面的需求，从而按照需求生产适销对路的商品。

3.　市场营销的企业管理作用

营销职能是占据企业核心位置的管理职能，市场营销的企业管理作用主要有以下 4 点。

（1）企业经营的主要任务是吸引、保持和扩大消费者群体。如果不能赢得更多的消费者，企业就失去了存在的价值。市场营销的基本任务就是在动态的管理过程中，以优质的商品、合理的价格和全方位的服务，满足消费者的需求。

（2）企业管理是一项复杂的系统工程。企业要想让消费者满意，必须有职能部门的通力合作和协调配合。这种通力合作和协调配合应以营销管理为中心，脱离营销管理的宗旨与任务的生产管理、财务管理和人力资源管理，无论其管理效益多高，都没有实际意义。

（3）企业经营管理的基本任务是认识和研究目标市场消费者的需求，在此基础上将企业的各种资源进行优化组合，提供能充分满足消费者需求的商品和服务。市场营销正具有将消费者需求与企业经营有效连接的基本功能。

（4）营销管理的本质是消费者需求管理，是企业由内至外、内外结合的管理。企业能否赢得消费者，是衡量企业绩效和竞争地位的首要标准。因为企业若失去了消费者便失去了生命力。生产管理、财务管理、人力资源管理均属于企业内部对各种要素的职能管理，它们必须服务于营销管理这个中心，否则便失去了其存在的意义。

1.4　营销组合理论

在营销领域中，4P、4C、4S 和 4R 是四种重要的营销组合理论。它们各自有不同的侧重点，但共同构成了营销的多维度视角。这些理论并不是孤立的，它们之间存在着紧密的联系。例如，4P 为营销提供了基本的框架，4C 则在这个框架的基础上更注重企业与消费者的互动和沟通。同样，4S 和 4R 可以被看作 4P 和 4C 的延伸和深化，它们强调了服务和客户关系在营销中的重要作用。在实践中，营销人员可以根据实际情况选择适合的营销组合理论，或者综合运用多种理论来制定更加全面和有效的营销策略。

4P：产品（Product）、价格（Price）、渠道（Place）和促销（Promotion）组成的营销组合理论。4P 为企业的营销策划提供了一个有用的框架。不过，它是以满足市场需求为目标的，以产品为导向而非以消费者为导向，代表的是企业的立场，而非消费者的立场。

新的组合：在 4P 的基础上，后来人们又加上政治力量（Political Power）与公共关系（Public Relation），形成新的营销组合理论——6P，即通过运用政治力量和公共关系，打破国内或国际市场上的贸易壁垒，为企业的市场营销开辟道路。

4R：分别指代关联（Relevance）、反应（Reaction）、关系（Relationship）和回报（Reward）。该营销组合理论认为，随着市场的发展，企业需要从更高层次上以更有效的方式与消费者建立起有别于传统的新型关系。

4C：以客户（Consumer）为中心进行营销，关注并满足客户在成本（Cost）、便利（Convenience）方面的需求，加强与客户的沟通（Communication）。

4S：分别指代满意（Satisfaction）、服务（Service）、速度（Speed）、诚意（Sincerity）。营销人员在通晓 4P、4R、4C 之后，随着经验的积累和技能的提升，应进一步以 4S 理论来深化自己对营销的认识。4S 主要从消费者的需求出发，要求企业根据消费者的满意程度对产品、服务、品牌不断进行改进，从而达到企业服务品质最优化，使消费者满意度最大化，进而使消费者对企业产品产生忠诚感。

除了上述四种营销组合理论，还有一种被称为 4V 的理论，逐渐受到人们的关注。4V 包括差异化（Variation）、功能化（Versatility）、附加价值（Value）和共鸣（Vibration）。这一理论从传播的角度出发，探讨了如何在营销中创造差异、提供多功能的产品、增加附加价值及引起消费者的共鸣。4V 虽然与传统的 4P 有所不同，但也可以被看作 4P 在新媒体时代的一种扩展和补充。

知识点 2　选择营销观念

营销观念产生于 19 世纪末 20 世纪初的美国，是企业开展市场营销活动时的指导思想和行为准则的总和。企业的营销观念决定了企业如何看待消费者和社会利益，以及如何进行企业、社会和消费者三方的利益协调。企业的营销观念经历了从最初的生产观念、产品观念、推销观念到市场营销观念和社会营销观念的演变过程。真正的市场营销观念形成于现代营销观念阶段，是营销观念演变过程中的一次重大飞跃。营销观念的演变过程如下。

2.1　传统营销观念

1. 生产观念

生产观念盛行于 19 世纪末 20 世纪初。该观念认为，企业应当组织和利用所有资源，集中一切力量提高生产效率和扩大分销范围，增加产量，降低成本。显然，生产观念是一种重生产、轻营销的指导思想，其典型表现是"我们生产什么，就卖什么"。以生产观念指导营销活动的企业，被称为生产导向企业。

20 世纪初，美国福特汽车公司制造的汽车供不应求，亨利·福特曾宣称："不管消费者需要什么颜色的汽车，我只有一种黑色的汽车"。福特汽车公司在 1914 年开始生产的 T 型车，就是在"生产导向"经营哲学的指导下创造出奇迹的。这一经营哲学使 T 型车的生产效率提升，降低了成本，让更多人买得起汽车。1921 年，福特汽车公司的 T 型车在美国汽车市场上的占有率达到 56%。

当产品销路很好时，销售工作自然会被忽视。生产观念认为，企业会做什么、能做什么，就生产什么。在这种观念的影响下，企业"以产定销"。

2. 产品观念

产品观念是与生产观念并存的一种营销观念，也是一种重生产、轻营销的指导思想。该观念认为，消费者喜欢质量高、功能多和具有某些特色的产品。因此，企业管理的中心是生产优质产品，并不断地精益求精。在这种观念的指导下，企业认为只要产品好，就不怕卖不出去，只要产品有特色，消费者自然就会购买。产品观念还认为，企业会做什么，就努力做好什么。因此，产品观念把市场看成生产过程的终点，而不是生产过程的起点，忽视了市场需求的多样性和动态性，导致企业过分重视产品，而忽视了消费者的需求。

3. 推销观念

推销观念产生于资本主义经济由"卖方市场"向"买方市场"过渡的阶段，盛行于 20 世纪三四十年代。该观念认为，消费者通常有一种购买惰性或抗衡心理，若任其自由发展，消费者就不会自觉地购买大量本企业的产品。因此，企业管理的中心任务是积极推销和大力促销，以诱导消费者购买产品。其具体表现是"企业卖什么，就设法让人们买什么。"执行推销观念的企业，被称为推销导向企业。在推销观念的指导下，企业相信产品是"被卖出去的"，而不是"被买去的"。

推销观念与前两种观念一样，也是建立在以企业为中心的"以产定销"的基础上的。以上 3 种营销观念被称为传统营销观念。

2.2　现代营销观念

1. 市场营销观念

市场营销观念是以消费者的需求为导向的经营哲学，是消费者主权论的体现，形成于 20 世纪 50 年代。该观念认为，企业实现诸目标的关键在于提供能满足目标市场消费者的需求的产品，一切以消费者为中心，并且要比竞争对手更有效、更快速地提供能满足目标市场消费者需求的产品。

市场营销观念的产生，是市场营销哲学一种质的飞跃和革命，它不仅改变了传统营销观念的逻辑思维方式，而且在经营策略和方法上实现了重大突破。它要求企业的营销管理贯彻"消费者至上"的原则，从而实现企业目标。因此，企业在决定其生产经营时，必须进行市场调研，根据市场需求及自身的条件选择目标市场，组织生产经营，最大限度地提高消费者的满意度。

从此，"消费者至上"的原则为西方多个国家接受，保护消费者权益的法律纷纷出台，消费者保护组织在社会上日益强大。根据"消费者主权论"，市场营销观念相信，决定生产什么产品的主权不在生产者手中，也不在政府手中，而在消费者手中。

2. 社会营销观念

社会营销观念是以社会长远利益为中心的营销观念，是对市场营销观念的补充和修正。

从 20 世纪 70 年代起，全球环境被破坏、资源短缺、通货膨胀、忽视社会服务等问题日益严重，要求企业顾及整体利益与长远利益的呼声越来越高。西方市场营销学界提出了一系列新的理论及观念，如人类观念、理智消费观念、生态准则观念等。其共同点是，都认为企业不仅要考虑消费者的需求，而且要考虑消费者和整个社会的长远利益。这些观念被统称为社会营销观念。

社会营销观念的基本核心是，企业应以满足消费者的需求，以及实现消费者和社会公众的长期福利为根本目的与责任。理想的营销决策应同时考虑到消费者需求的满足、消费者和社会的长远利益，以及企业的营销效益。

2.3　营销观念新领域

1. 创造需求的营销观念

现代营销观念的核心是以消费者为中心，认为市场需求引起供给，每个企业都必须依照消费者的需求与愿望组织产品的生产和销售。几十年来，这种观念已得到公认，在实际的营销活动中也备受企业家的青睐。然而，随着消费者需求的多元性、多变性和求异性等特征的出现，消费者的需求表现出了模糊不定的"无主流化"趋势，企业无法准确捕捉市场需求及其走向，适应需求的难度加大。另外，完全按照消费者的需求组织生产，会在一定程度上压制产品创新，而创新正是经营成功的关键所在。为此，在激烈的商战中，一些企业总结了现代市场营销实践经验，提出了创造需求的新观念。其核心是市场营销活动的目的不仅在于适应、刺激需求，还在于创造需求。

日本索尼公司董事长盛田昭夫对此进行了表述："我们的目标是以新产品领导消费大众，要创造需求，而不是问他们需要什么。"盛田昭夫的认识中有3个方面是新颖的。

其一，创造需求比生产产品更重要，创造需求比创造产品更重要。

其二，创造需求比适应需求更重要，现代企业不能只满足于适应需求，更应注重"以新产品领导消费大众"。

其三，创造需求是营销手段，也是企业经营的指导思想，它是对强调适应需求的市场营销观念的发展。

2. 关系营销观念

关系营销观念是在传统营销观念的基础上形成的，是市场竞争激化的结果。在传统营销观念下，企业认为卖出产品赚到钱就是胜利，消费者是否满意并不重要。而事实上，消费者的满意度直接影响到重复购买率，关系到企业的长远利益。

由此，从20世纪80年代起美国理论界开始重视关系营销，关系营销是指为了建立、发展、保持长期和成功的交易关系进行的市场活动。它的着眼点是企业与和自己有联系的供货方、购买方、侧面组织等建立良好、稳定的业务关系，最终建立起一个由这些牢固、可靠的业务关系所组成的"市场营销网"，以追求各方面的利益最大化。

关系营销观念的基础和关键是"承诺"与"信任"。承诺是指交易一方认为自己与对方的相处关系非常重要而全力以赴地去维持这种关系，它是维持某种价值关系的一种愿望和保证。信任是在交易一方对其交易伙伴的可靠性和一致性有信心时产生的，它是交易一方对其交易伙伴所产生的一种信赖心理。承诺和信任的存在可以鼓励企业与合作伙伴致力于关系投资，抵制一些短期利益的诱惑，而选择维持、发展伙伴关系去获得长远利益。企业与合作伙伴之间达成"承诺—信任"，然后着手发展双方关系是关系营销观念的核心。

3. 绿色营销观念

绿色营销观念是人们在社会环境被破坏、污染加剧、生态失衡、自然灾害威胁人类生存和发展的背景下提出来的观念。自20世纪80年代以来，伴随着各国消费者环保意识的日益增强，在世界范围内掀起了一股绿色浪潮，如绿色工程、绿色工厂、绿色商店、绿色产品、绿色消费等，不少专家认为，人类正走向绿色时代。在这股绿色浪潮的冲击下，绿色营销观念应运而生。

绿色营销观念主要强调把消费者的需求、企业利益和环保利益三者有机地统一起来，它的突出特点是充分顾及资源利用与环境保护问题，要求企业从产品的设计、生产、销售到使用都考虑到资源的节约利用和环保利益，做到安全、卫生、无公害等，其目标是实现人类的共同愿望——永续利用资源，保护和改善生态环境。为此，开发绿色产品、发展绿色产业是绿色营销观念的基础，也是企业在绿色营销观念下通过从事营销活动获得成功的关键。

4. 文化营销观念

文化营销观念是指企业成员共同默认并在行动上付诸实施，从而使企业的营销活动形成文化氛围的一种营销观念，它反映的是在现代企业营销活动中经济与文化的不可分割性。企业的营销活动不可避免地包含着文化因素，企业应善于运用文化因素来实现市场制胜。

在企业的整个营销过程中，文化渗透于其始终。一是产品中蕴含着文化，产品不仅仅是具有某种使用价值的物品，还凝聚着审美价值、知识价值、社会价值等文化方面的内容。二是经营中凝聚着文化。日本企业经营的成功得益于其企业内部全体职工共同信奉和遵从的价值观、思维方式和行为准则，即企业文化。在营销活动中尊重人的价值、重视文化建设、重视管理哲学，以及重视求新、求变精神，已成为当今企业经营发展的趋势。

5. 整体营销观念

整体营销观念的核心是从长远利益出发，企业的营销活动应囊括构成其内、外部环境的所有重要行为者，它们是供应商、分销商、消费者、职员、财务公司、政府、同盟者、竞争者、传媒和大众。前四者构成微观环境，后六者构成宏观环境。企业进行营销活动，就要从这 10 个方面进行。

- 供应商营销：把供应商看成合作伙伴，设法帮助他们提高供货质量和及时性。为此，一要确定严格的供应商标准，以选择优秀的供应商；二要积极争取那些成绩卓著的供应商，使其成为合作伙伴。
- 分销商营销：具体来讲，一是进行"正面营销"，即与分销商展开直接交流与合作；二是进行"侧面营销"，即企业设法绕开分销商的主观偏好，而以密集发布广告、质量改进等手段维持并巩固住消费者的偏好，从而迫使分销商购买自己生产的产品。
- 消费者营销：这是传统意义上的营销，指企业通过市场调查，确认并服务于某一特定的目标消费者群体的活动过程。
- 职员营销：由于面对内部职员，因而职员营销又被称为"内部营销"。它一方面要求企业通过培训提高职员的服务水平，增强其敏感性及与消费者融洽相处的技巧；另一方面要求企业强化与职员的沟通，理解并满足他们的需求，激励他们在工作中发挥最大潜能。
- 财务公司营销：财务公司提供一种关键性的资源——资金，因而财务公司营销至关重要。企业获得资金的能力取决于它在财务公司及其他金融机构中的资信。因此，企业需要了解金融机构对自己的资信评价，并通过年度报表、业务计划等工具影响其看法，其中的技巧就构成了财务公司营销。
- 政府营销：所有企业的经济行为都必然受制于一系列由政府颁布的法律。为此，开展政府营销，以促使其制定己有利的法律、政策等，成为众多企业营销活动中的内容。

- 同盟者营销：由于市场在全球范围内扩展，因此寻求同盟者对企业来说日益重要。同盟者一般与企业组成松散的联盟，在设计、生产、营销等领域为企业的发展提供帮助，双方建立互惠互利的合作关系。
- 竞争者营销：企业通常认为竞争者就是与自己争夺市场和盈利点的对手。事实上，只要"管理"得当，竞争者就可以转变为合作者。这种对竞争者施以管理，以形成最佳竞争格局、取得最大竞争收益的过程就是竞争者营销。
- 传媒营销：目的在于鼓励传媒进行有利的宣传，尽量淡化不利的宣传。这就要求企业一方面与传媒建立良好的关系，另一方面尽量赢得传媒的信任和好感。
- 大众营销：为了获得大众的喜爱，企业必须广泛收集大众的意见，确定大众关注的焦点，并有针对性地设计一些方案，以便加强与大众的交流，如资助各种社会活动，与大众进行广泛的接触、联系等。

知识点 3　确立市场营销人员的身份

3.1　培育市场营销人员的职业素养

一位优秀的市场营销人员应具备以下几个方面的素养。

1. 意志力

在销售行业中，意志力是市场营销人员最重要的职业素养之一。首先，意志力是市场营销人员成功的关键。在销售过程中，市场营销人员会遇到各种困难和挑战，如客户拒绝合作、竞争激烈等。只有具备强大的意志力，市场营销人员才能坚持不懈地追求目标，通过不断努力和自我提升，在销售行业中脱颖而出，最终取得成功。

2. 进取心

进取心是指个人为了更好地完成工作或达到某一绩效标准，强烈追求成功的持续性的愿望。在销售行业中，市场营销人员拥有强烈的进取心意味着其不断追求进步，勇于挑战自我，以实现更高的业绩和成就。进取心是市场营销人员成功的基石。具备进取心的市场营销人员，会始终保持对市场的敏感度和对消费者需求的洞察力。他们不会满足于现状，而是会不断寻找新的机会和突破点，以实现更好的业绩。

3. 自信心

对市场营销人员来说，自信心是不可或缺的品质。尽管销售工作充满了挑战和竞争，但市场营销人员只要相信自己，坚定信念，就能够战胜一切困难。市场营销人员要相信自己的能力和价值，相信自己的产品和服务是最好的。同时，市场营销人员要深入了解自己的产品，只有对产品了如指掌，才能够更好地向消费者展示其优势和价值。

4. 专业素养

专业素养包括专业知识和技能，其就像市场营销人员的"武器库"，里面装满了进行市场调研、消费者行为分析、品牌管理、产品推广等的工具和方法。只有掌握了这些，市场营销人员才能在激烈的市场竞争中脱颖而出。

5. 沟通能力

市场营销人员需要能够与各种人打交道，包括消费者、合作伙伴和内部职员。他们不仅需要清晰、准确地传达信息，还需要善于倾听和理解别人的需求。

6. 创新思维

在这个快速变化的时代，传统的营销方式已经不再适用。因此，市场营销人员需要具备敏锐的观察力和灵活的思维方式，不断尝试新的方法和策略。

7. 协作能力和抗压能力

营销工作往往需要跨部门、跨团队的合作，因此市场营销人员需要具有良好的协作能力。同时，面对市场的波动和挑战，他们也需要具有足够的韧性和抗压能力。

8. 诚信

诚信是市场营销人员不可或缺的品质。对市场营销人员来说，这不仅关系到个人声誉，更关系到企业的形象和长远发展。

3.2 组建市场营销团队

1. 市场营销团队的组成

市场营销团队由多个专业人员组成，他们在各自的领域内拥有丰富的经验和技能。以下是一个典型的市场营销团队的组成部分。

（1）市场营销经理：负责制定市场营销战略和计划，并协调团队成员的工作。

（2）市场调研人员：负责进行市场调研，了解消费者的需求和市场趋势，为制定市场营销战略提供数据支持。

（3）产品经理：负责产品开发和管理，包括产品定位、产品定价、产品包装等。

（4）市场营销人员：负责与潜在消费者进行沟通，推动产品的市场渗透。

（5）广告和宣传人员：负责策划和执行广告宣传活动，提升企业的品牌知名度和影响力。

（6）公关人员：负责与媒体和公众进行沟通，维护企业的形象和声誉。

（7）数字营销人员：负责在线推广、社交媒体管理和数据分析等工作。

2. 市场营销团队的作用

市场营销团队在市场营销活动中起着重要的作用。一个高效的市场营销团队能够为企业带来更多的销售机会和市场份额，提升企业的竞争力和盈利能力。

（1）战略规划：市场营销团队负责制定企业的市场营销战略，为企业发展提供战略指导和决策支持。

（2）市场开拓：市场营销团队通过市场调研和推广活动，拓展新的市场，开发新的客户，并提供销售支持，促进产品销售。

（3）品牌建设：市场营销团队致力于提升企业的品牌形象和知名度，通过广告宣传和公关活动塑造和传播企业形象。

（4）客户关系管理：市场营销团队通过与潜在消费者和现有消费者保持良好的沟通，向他们提供专业的咨询和服务，维护消费者的满意度。

（5）市场竞争力：市场营销团队通过分析市场趋势和竞争对手，制定相应的竞争策略，提高企业的市场竞争力。

3.3 履行市场营销社会责任

1. 企业需要履行的社会责任

企业需要履行的社会责任概括起来有以下 8 个方面。

（1）保护环境：企业应该采取行动来保护环境，减少对自然资源的消耗和污染。

（2）遵守法律：企业应该遵守法律法规，包括劳动、环境、贸易等方面的法律法规。

（3）尊重人权：企业应该尊重员工和社会成员的基本人权，包括不歧视、不骚扰、不剥削等。

（4）关注员工福利：企业应该为员工提供安全、健康的工作条件，包括工资、福利、培训和职业发展机会等。

（5）关注社区和社会：企业应该与当地社区建立良好的关系，关注社会需求和利益，并积极参与社会公益事业。

（6）推动经济发展：企业应该为经济发展做出贡献，包括支持当地产业、创造就业机会等。

（7）保护知识产权：企业应该尊重知识产权，并避免侵犯他人的知识产权。

（8）保持透明度和诚信：企业应该保持透明度和诚信，包括公开财务信息、遵守商业道德等。

2. 企业履行社会责任的途径

在未来的市场营销中，企业需要更加注重社会责任，积极回馈社会。消费者对企业的社会价值和使命感越来越关注，他们愿意支持那些积极参与解决社会问题的企业。企业在市场营销活动中履行社会责任，不仅有助于提升企业的影响力和竞争力，还有助于企业实现可持续发展。企业可以通过一系列的途径来履行社会责任，树立积极的企业形象。

（1）研发环保产品和服务。例如，企业可研发节能环保产品、推广可再生能源、提供优质的售后服务等，以满足消费者对环保和品质的需求。

（2）参与公益慈善活动。例如，企业可捐赠一部分销售额或组织志愿者活动等，来支持区域教育、扶贫、养老等事业的发展，改善社会公共福利。

（3）建立员工福利制度。企业应关注员工的权益和福利，为其提供良好的工作环境和发展机会。

（4）指导消费。企业可通过宣传和教育活动，引导消费者选择环保和质量可靠的产品，引导消费者理性消费，减少浪费和资源消耗。

任务技能点

技能点1　解读营销观念

技能要点

（1）深入当地市场，调查各种营销观念的内涵、适用条件，并能正确分析现实企业运用的营销观念。

（2）选择某个实际的市场，如超级市场、服装市场等，对其进行实地观察、访问，收集资料并进行分析。选择一个典型企业，收集、整理其基本资料，分析其应用的营销观念并进行评价。

训练过程

（1）每组5~6人，由组长带领，深入市场，调查典型企业的营销观念。

（2）分组进行资料的收集、整理，制作企业营销观念的调查报告和汇报PPT。

（3）分组演示汇报PPT，学生相互点评，教师总结点评。

关键点提示

（1）教师协助联系当地市场或指导学生自行联系。

（2）教师在学生收集、整理资料的过程中予以指导、帮助。

（3）汇报PPT的内容要真实、生动，能够提供相应的佐证材料。

（4）营销观念分析要准确。

技能点2　组建模拟市场营销团队

技能要点

（1）分组创建模拟公司，组建模拟市场营销团队并做好岗位分工。

（2）根据模拟公司的具体情况，讨论模拟公司需要履行哪些社会责任。

训练过程

（1）每组5~6人，由组长带领，创建模拟公司，组建模拟市场营销团队并做好岗位分工。

（2）每个小组根据所创建的模拟公司的具体业务范围，讨论该公司需要履行的社会责任。

（3）每个小组制作汇报 PPT，并选派汇报代表。

（4）分组演示汇报 PPT，小组间相互点评，教师总结点评。

关键点提示

（1）模拟公司的产品定位是否准确，团队分工是否合理？

（2）模拟公司需要履行的社会责任是否合理、有效？

效果评估

评估点1　寿光蔬菜畅销的原因

1. 情境描述

1995 年以后，全国各地的蔬菜生产迅猛发展，在消费者对蔬菜量的需求得到满足后，其对蔬菜质量的要求日益提高，市场消费开始倾向于绿色无公害蔬菜。为此，寿光市政府按照"人无我有，人有我优"的原则，逐步引导群众掌握绿色食品蔬菜栽培方式，开始了以发展绿色食品蔬菜为主要内容的蔬菜产业二次革命；编制《绿色食品蔬菜生产技术规程》，以提高蔬菜质量水平为核心，重点抓无公害蔬菜基地建设，注重从生产的各个环节加强无公害蔬菜生产监控；投资 1200 万元建立了市级农副产品质量检测中心，在各乡镇共建设了 14 个蔬菜质量速测室，定期对进入超市的蔬菜进行抽检，每月检测样品 100 多个，对超标严重的蔬菜坚决销毁。

寿光菜农不断引进各类新品种、新技术，在寿光及周边地区推广。他们始终站在农业前沿，引领农业新潮流，并和各类涉农企业、科研部门实行全方位合作，促进我国蔬菜产业的发展。

2. 评估标准与结果分析

（1）寿光的蔬菜为何畅销？

（2）寿光菜农信奉的是何种营销观念？

（3）联系实际，谈谈寿光菜农应怎样进行市场营销活动。

评估点2　企业社会责任分析

1. 情境描述

华为是一家以科技创新为核心的公司，拥有十几万名技术研发人员。华为每年投资数十亿美元用于研发和技术创新，致力于推进科技的快速发展和应用，不断探索前沿科技领域，创造更加先进、高效、可靠的技术产品和解决方案，为社会数字化进程提供有力的支持。

华为通过分析自身商业活动对环境的影响,对电信产品的生命周期能耗和排放量进行了评估,确定了需要采取的重点措施。这些重点措施包括积极推动节能减排标准的研究和落实,通过技术创新最大限度地降低设备能耗和排放量,积极开发新能源和推动可持续能源的使用,减少社会碳排放,推出更多方便使用的通信业务,帮助企业减少不必要的差旅费用、物流费用。华为在供应链环节实现闭环管理,控制设备制造、运输等环节对环境的影响。同时,华为在公司内部大力推行节能减排,逐年降低人均资源消耗量和排放量,将"绿色华为、绿色通信、绿色世界"作为公司目标。

华为积极关注社会公益活动,通过各种方式和途径为社会贡献自己的力量,帮助世界各地的贫困人群和社区。华为在多个领域开展公益活动,如灾害救援、环境保护、医疗卫生、教育文化等。华为的"绿伴计划""希望工程爱心接力",以及多个青少年科技营地等,已经成为公益领域的标志性项目。

华为在商业道德方面一直秉持公正、诚信、合规和透明的原则,并通过制定道德和管理准则,加强内部控制和人员培训,保证企业在各项业务活动中的合法性和公正性,维护社会和消费者权益,树立自身在商业领域的公信力和形象。

华为一直致力于推进可持续发展,遵循可持续发展的核心原则,促进社会、经济和环境三个方面的均衡发展。华为不断优化业务结构,推进数字化、网络化和智能化,通过采用技术降本增效,创造更加环保、绿色的生产环境和产品,同时不断改进管理和运营模式,提升企业战略和决策水平,保证企业可持续发展。华为的员工通过各种方式积极为创建和谐环境贡献力量,建立了一个叫作爱心协会的员工组织,并在休闲时间参与当地的社区服务活动。为了帮助新员工尽快适应工作岗位的要求,华为对新员工进行企业文化知识、产品知识、营销技巧等多方面的培训。华为建立了完善的员工保障体系,为员工购买当地法律规定的各类保险,以及包括人身意外伤害险、重大疾病险在内的商业保险。

2. 评估标准与结果分析

(1)华为秉承了何种营销观念?
(2)华为履行的社会责任有哪些?

拓展空间

【数字营销】

进入 21 世纪以来,随着数字技术的不断发展,消费者的生活方式发生了翻天覆地的变化,微博、微信、微电影、虚拟游戏、移动支付、电子商务等如影随形,占据着消费者的生活空间,"数字化生存"已然成为现实。消费者在哪里,市场营销就应该到哪里!作为以消费者为中心的现代营销,也不可避免地发生着革命性的转变,越来越多的企业将它们的营销预算从传统媒体转向数字媒体。以宝洁为例,其目前的数字广告支出占总营销预算的 25%～35%，在美国市场中的占比更是接近这一范围的上限，而且未来几年这一数字还将继续攀升。

【"五新"世界】

马云认为，互联网是没有边界的，因为互联网是一种技术、一种思想、一种未来，并提出了五个"新"变革：新零售、新制造、新金融、新技术、新能源，并称，"这五个'新'变革将会发生在方方面面，对各行各业产生巨大的冲击和影响，把握则胜，我不希望企业把它当作危言耸听的警示，而应当作改变自己的机遇，从现在开始"。

挑战自我

【理论自测】

■ 选择题（第 1～5 题为单项选择题，第 6～10 题为多项选择题。）

1. 下列观念中容易出现"市场营销近视症"的是（　　）。

    A. 生产观念　　　　　　　　　　B. 产品观念

    C. 推销观念　　　　　　　　　　D. 市场营销观念

2. 推销观念产生于（　　）。

    A. 买方市场　　　　　　　　　　B. 卖方市场

    C. 卖方市场向买方市场过渡时　　D. 买方市场向卖方市场过渡时

3. 现代市场营销研究的主要对象是（　　）。

    A. 制造商市场　　　　　　　　　B. 消费者市场

    C. 政府市场　　　　　　　　　　D. 中间商市场

4. 购买商品和服务并将其转售或出租给他人，以获取利润为目的的组织是（　　）。

    A. 制造商市场　　　　　　　　　B. 消费者市场

    C. 政府市场　　　　　　　　　　D. 中间商市场

5. （　　）是指通过提供某种东西作为回报而从某人那里取得想要的东西的过程。

    A. 交易　　　　　　　　　　　　B. 市场营销

    C. 交换　　　　　　　　　　　　D. 市场

6. 从现代营销学的角度来看，按照买方的特点和不同购买目的，可以将市场分为（　　）。

    A. 制造商市场　　　　　　　　　B. 消费者市场

    C. 政府市场　　　　　　　　　　D. 中间商市场

7. 市场营销的功能主要有（　　）。

    A. 交换功能　　　　　　　　　　B. 物流功能

    C. 分类功能　　　　　　　　　　D. 融资功能

    E. 风险功能　　　　　　　　　　F. 信息功能

8. 下列属于传统营销观念的是（　　）。

    A. 生产观念   B. 市场营销观念

    C. 推销观念   D. 产品观念

    E. 社会营销观念

9. 下列属于产品经理工作职责的是（　　）。

    A. 产品开发   B. 产品定位

    C. 产品定价   D. 客户管理

    E. 投诉处理

10. 下列属于企业需要履行的社会责任的是（　　）。

    A. 尊重人权   B. 遵守法律

    C. 关注社区和社会   D. 推动经济发展

    E. 关注员工福利   F. 保护知识产权

■ 判断题

1. 市场营销者可以通过营销活动创造需求。（　　）

2. 产品观念强调产品质量与性能，属于现代营销观念。（　　）

3. 社会营销观念的产生，是市场营销哲学的一种质的飞跃和革命。（　　）

4. 市场就是商品交换的场所。（　　）

5. 生产产品比创造需求更重要，创造产品比创造需求更重要。（　　）

6. 在诸多购买选择中，消费者总是根据多项标准选择能提供最大价值的产品。（　　）

7. 人们在购买产品的同时，实际上也在满足着某种愿望和利益。（　　）

8. 推销观念是一种"以销定产"的营销观念。（　　）

9. 社会营销观念是以社会长远利益为中心的营销观念，是对市场营销观念的补充和修正。（　　）

10. 现代营销观念的核心是以消费者为中心。（　　）

■ 简答题

1. 什么是营销观念？简述营销观念的演变过程。

2. 简述市场营销人员职业素养的基本内容。

3. 简述企业应履行的社会责任。

【项目案例分析】

任正非的经营哲学

《时代周刊》曾评价，"任正非是一个为了观念而战斗的硬汉"。《福布斯》杂志曾表述，"虽然任正非很少出现在公众视野里，但他是一位在国际上受人尊敬的中国企业家"。另外，任正非还居《财富》杂志中国最具影响力的商界领袖榜单第一位。

任正非强调人才和时间是企业成功的关键，重视基础研究和教育投入。他主张开放、妥协和灰度哲学思想，在商业竞争中寻求合作与共赢。任正非通过价值观灌输和身体力行带领团队保持专注，避免分散精力，以实现企业目标。

大道至简，任正非曾用一句话概括了华为成功的奥秘：

"华为能发展，首先是这个行业给了我们机会，我们抓住这个机会以后，又引进了很多人才，我们把这些人才用好，把他们激励起来以后，又进行了产品的开发，生产出产品，最后获得更大的机会，是这么一个循环的过程。"

■ 分析问题

（1）任正非奉行的是何种营销观念？这种营销观念对华为的营销活动有什么影响？

（2）假如请你为华为的将来制定营销战略，你是否还会坚持原来的营销观念？为什么？如何做才会使其持续盈利？

■ 分析要求

（1）学生分析针对案例提出的问题，拟出"案例分析提纲"。

（2）小组讨论，形成小组"案例分析报告"。

（3）班级交流，教师对各小组的"案例分析报告"进行点评。

（4）在班级展出附有"教师点评"的各小组"案例分析报告"，供学生进行比较研究。

【项目实训】

"企业营销观念分析"业务胜任力训练

■ 实训目标

引导学生参加"企业营销观念分析"业务胜任力训练；通过对当地的超级市场、服装市场等进行实地观察、访问，培养学生的专业能力与职业核心能力；通过践行职业道德规范，促进学生健全职业人格的塑造。

■ 实训内容

依据所学内容，对当地的超级市场、服装市场等进行实地观察、访问，收集、整理相关资料并分析具体企业的营销观念，对其进行评价。

■ 操作步骤

（1）教师在课堂上布置实训任务，组织学生温习营销观念的相关知识。

（2）将学生分成若干学习小组，确定走访企业，通过实地走访、在网络平台上收集资料等方式获取该企业的相关资料，并进行分析。

■ 成果形式

实训课业：制作"××企业营销观念分析报告"。

■ 实训考核

"活动过程"考核与"实训课业"考核相结合。

（1）"活动过程"考核。基于学生参与实训全过程的表现，根据表 1.1 中的各项"评估指标"与"评估标准"，针对其"职业核心能力培养"与"职业道德素质养成"的训练效果，评出个人"分项成绩"与"总成绩"，并填写"教师评语"。

表 1.1　"活动过程"考核成绩表

实训名称："企业营销观念分析"业务胜任力训练

评估指标		评估标准	分项成绩
职业核心能力培养（Σ50分）	自我学习（Σ10分）	根据原劳动和社会保障部制定的《职业核心能力培训测评标准》中的相应规定，由授课教师结合本实训的要求自行拟定	
	信息处理（Σ0分）	根据原劳动和社会保障部制定的《职业核心能力培训测评标准》中的相应规定，由授课教师结合本实训的要求自行拟定	
	数字应用（Σ10分）	根据原劳动和社会保障部制定的《职业核心能力培训测评标准》中的相应规定，由授课教师结合本实训的要求自行拟定	
	与人交流（Σ10分）	根据原劳动和社会保障部制定的《职业核心能力培训测评标准》中的相应规定，由授课教师结合本实训的要求自行拟定	
	与人合作（Σ10分）	根据原劳动和社会保障部制定的《职业核心能力培训测评标准》中的相应规定，由授课教师结合本实训的要求自行拟定	
	解决问题（Σ10分）	根据原劳动和社会保障部制定的《职业核心能力培训测评标准》中的相应规定，由授课教师结合本实训的要求自行拟定	
	创新（Σ0分）	根据原劳动和社会保障部制定的《职业核心能力培训测评标准》中的相应规定，由授课教师结合本实训的要求自行拟定	
职业道德素质养成（Σ50分）	职业观念（Σ10分）	对职业、职业选择、职业工作、营销人员职业道德和企业营销伦理等问题有正确的看法	
	职业情感（Σ10分）	对职业有愉快的主观体验、稳定的情绪表现、健康的心态、良好的心境，以及强烈的认同感、荣誉感和敬业精神	
	职业理想（Σ10分）	对将要从事的职业的种类、方向与成就有积极的向往和执着的追求	
	职业态度（Σ0分）	对职业选择有充分的认识和积极的倾向与行动	
	职业良心（Σ10分）	在履行职业义务时具有强烈的道德责任感和较强的自我评价能力	
	职业作风（Σ10分）	在职业实践和职业生活的自觉行动中，具有体现职业道德内涵的一贯表现	
总成绩（Σ100分）			
教师评语			签名： 年　　月　　日

（2）"实训课业"考核。根据实训所要求的学生"实训课业"完成情况，就表 1.2 中的各项"课业评估指标"与"课业评估标准"，评出个人和小组的"分项成绩"与"总成绩"，并填写"教师评语"与"学生意见"。

表 1.2 "实训课业"考核成绩表

（课业名称：××企业营销观念分析报告）

课业评估指标	课业评估标准	分项成绩
1. 分析报告（Σ50 分）	（1）对当地具体企业的资料收集全面； （2）通过调研和资料分析，对具体企业的营销观念分析正确	
2. PPT 制作（Σ20 分）	（1）简明扼要； （2）条理清晰，设计美观	
3. 报告陈述（Σ30 分）	（1）语言表达流畅； （2）语言表达具有逻辑性； （3）陈述准确，层次清晰	
总成绩（Σ100 分）		
教师评语		签名： 年　月　日
学生意见		签名： 年　月　日

项目 2

挖掘市场商机——分析营销环境与对象

项目 2 数字资源

项目目标

知识目标

● 复述市场营销环境的构成因素

● 列举消费者购买行为模式

● 了解消费者做出购买决策的过程

技能目标

● 能够从市场营销环境中寻找其蕴含的市场营销机会与威胁

● 能够分析影响消费者购买行为的因素

● 能够分析影响消费者购买决策的因素

● 能够根据消费者的不同动机与行为运用策略

项目结构

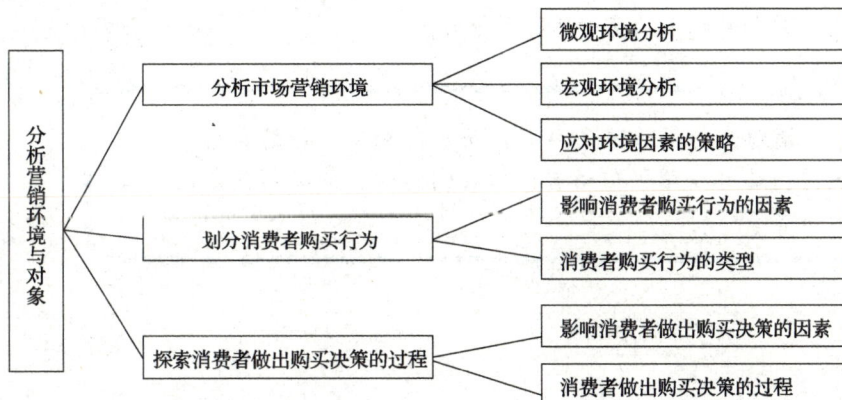

项目重/难点

- 项目重点：通过运用恰当的分析工具对市场营销环境进行分析，从中寻找市场营销机会与威胁。
- 项目难点：根据消费者的购买行为、购买决策及其影响因素，采取恰当的营销策略。

项目教学建议

- 由于本项目的内容具有抽象性和多样性，建议采用授课和现场观察相结合的方式教学，实务训练可以分小组完成。
- 现场观察的场所应具有较大的客流量，消费者对所购买的商品需要进行一定的思考。
- 教师应提前确定现场观察的场所和用于分析消费者购买行为的数据平台。

任务导入

谁都不愿意在自己旅游时碰到下雨天气。一家航空公司抓住旅客最怕遇到阴雨连绵天气的心理，做出规定：如果天公不作美，在团体旅游期间的任何一个星期里连续下 3 天雨，那么凡是参加本航空公司旅游团的人，都可以免费旅游。

在做出这项规定之前，该航空公司对游客进行了调查分析，发现游客通常具有 3 种心理：一是"不下雨正好旅游，有雨还能免费"；二是"见识一下是什么新鲜事，那家航空公司一定很有特色"；三是"参加哪家旅游团都要花钱，为何不参加这家的，说不定正好赶上下 3 天雨呢"。总经理经过仔细考虑后，决定出台这项规定。

果然，很多旅游者闻风而来，这一规定竟使该航空公司每年的销售额增加了一倍。

[1] 用思维导图展示营销活动的环境因素。

[2] 如何运用市场营销环境对营销活动的影响？

[3] 如何分析并运用消费者的购买行为？

营销箴言

消费者购买的不是商品，而是想象中更好的自己。在购买时，你可以用任何语言；但在销售时，你必须使用消费者的语言。

任务知识点

知识点 1　分析市场营销环境

1.1　微观环境分析

微观环境是指环境中直接影响企业营销活动的各种因素，主要有企业本身、供应商、营销中介、消费者、竞争者、公众等。微观环境对企业营销活动的影响往往直接而具体，会直接影响企业的营销方式、营销策略和营销效果，而且可控性较强。

1. 企业本身

市场营销微观环境中的第一力量是企业内部的环境力量。良好的企业内部环境是企业营销工作得以顺利开展的重要条件。企业内部环境由企业高层管理者（董事会成员、厂长、经理等）和企业内部各种组织（财务部门、研发部门、采购部门、生产部门等）构成。营销工作的成败与企业领导及各部门的支持有很大的关系。企业所有部门都与营销部门的计划和活动有着密切的关系。各部门管理者之间的分工是否科学、协作是否和谐，各部门能否精神振奋、目标一致、配合默契地工作，都会影响企业的营销策略和营销方案的实施。

2. 供应商

供应商是指向企业提供生产产品所需要的资源的企业或个人，它是市场营销微观环境中的第二力量。供应商所提供的资源包括原材料、设备、能源、劳务、资金等。这种力量对企业的影响是很大的，所提供资源的质量、价格和供应量直接影响着企业产品的质量、价格和销售利润。企业应从多方面获得供应资源，而不可依赖于单一供应商。

3. 营销中介

营销中介是指对把企业的产品送到消费者手中给予帮助的有关机构，它是市场营销微观环境中的第三力量。营销中介包括：商人中间商，即从事产品购销活动，并对所经营的产品拥有所有权的中间商，如批发商、零售商等；代理中间商，即协助买卖成交，推销产品，但对所经营的产品没有所有权的中间商，如经纪人、制造商代表等；营销服务机构（广告公司等）和金融中介（银行、保险公司等）。这些都是市场营销过程中不可缺少的力量，各生产企业营销活动的顺利进行需要营销中介的参与。企业在产品营销过程中必须处理好与行业内外部各种营销中介的关系。

4. 消费者

市场营销微观环境中的第四力量是消费者，即目标市场。消费者是企业服务的对象，是企业的"上帝"和"商业伙伴"，是营销活动的起点和终点，是企业最重要的环境因素。企业需要仔细了解目标市场，应当根据目标市场中需求的变化，以不同的方式提供不同的产品和服务，并分析和掌握消费者需求的变化趋势，以确定不同的营销策略。

5. 竞争者

市场营销微观环境中的第五力量是企业面对的一系列竞争者。在市场竞争中，任何企业都应该研究如何加强对竞争者的辨认与抗争，采取适当而明智的策略谋取胜利，以不断巩固和扩大市场。

企业主要与以下4种类型的竞争者展开产品市场争夺。

（1）品牌竞争者。品牌竞争者是指生产相同规格、型号、款式的产品，但品牌不同的竞争者。品牌竞争者生产的产品的相互替代性较高，以电视机为例，创维、康佳、海信、TCL 等众多品牌就互为品牌竞争者。

（2）品种竞争者。品种竞争者是指生产的产品在功能上基本相同，但在规格或档次上不同的竞争者。另外，其产品结构组合的状态也影响营销水平。例如，企业主要是靠"薄利多销"的产品结构盈利，还是靠"厚利限销"的产品结构盈利，是企业在竞争中所要做好的一篇文章。

（3）品类竞争者。品类竞争者是指生产的产品的门类不同，但其所满足的消费者的需求基本相同的竞争者。例如，汽车与摩托车都能满足代步的交通需求，消费者会在其中进行选择。

（4）潜在竞争者。潜在竞争者往往会看中最具有市场发展前景的产品种类。

6. 公众

市场营销微观环境中的第六力量是影响企业达到预期目标的公众。企业所面对的公众主要有以下6类。

（1）政府公众。企业营销的成败在一定程度上取决于政府的支持。企业在制订营销计划时，必须考虑各级政府的方针与政策，妥善处理好与各级政府的关系。

（2）媒介公众。媒介公众指的是报纸、杂志、电台、电视台等大众传播媒介。媒介公众对企业声誉的正、反面宣传起着举足轻重的作用。

（3）金融公众。金融公众指的是可能影响企业获得资金能力的银行、保险公司、投资公司、证券公司等。

（4）群众团体。群众团体指的是各种保障消费者权益的组织、环境保护组织、未成年人保护组织等。它们是企业必须重视的力量，因为它们在社会中具有相当大的影响力。

（5）社区公众。社区公众指的是企业所在地附近的居民和社区组织。企业在营销活动中要避免与社区公众发生冲突，应指派专人负责维护社区关系，并努力为公益事业做出贡献。

（6）一般公众。企业的公众形象是指企业在一般公众心目中的形象，它对企业的经营发展是至关重要的。企业必须了解一般公众对它的产品和活动的态度，争取在一般公众心目中树立良好的企业形象，这对于搞好企业营销是非常有帮助的。

现代企业是一个开放的系统，上述公众都与企业的营销活动有着直接或间接的关系，企业及其营销人员务必妥善处理好与各类公众的关系。

1.2　宏观环境分析

宏观环境是指环境中间接影响企业营销活动的，企业不可控制的，但应尽量去适应的外部力量，主要有人口环境、政治与法律环境、经济环境、科技环境、社会文化环境等。宏观环境制约着微观环境，微观环境又影响着宏观环境。

宏观环境引导着企业营销活动的方向。对于这部分企业不可控制的因素，企业除了要在分析研究的基础上尽快适应其变化，还要应用经济、心理、政治等手段对其施加影响，尽力使其向有利于企业发展的方向转变。

1. 人口环境

市场是由那些对产品有需求且有购买能力的人构成的。人口是影响企业营销活动的重要因素，决定市场的潜在容量。人口的年龄结构、地理分布、婚姻状况、出生率、死亡率、密度、流动性、文化教育程度等特性，都会对市场需求的格局产生深刻影响。老年人会有不同于年轻人的消费需求。同样，男性与女性、南方人与北方人、不同文化教育程度的人、不同民族的人、不同职业的人，在消费需求、消费习惯与消费方式方面，都会有明显的差异。

2. 政治与法律环境

政治环境指国内与国际的政治环境。国内的政治环境主要是指党和政府的路线、方针、政策的制定与调整。国际的政治环境主要是指国与国之间的关系等。法律环境包括国际和本国主管部门及各级政府颁布的各项法规、法令、条例等。

一个国家的政府所制定的方针与政策对企业的营销活动会产生深刻的影响。为此，企业要想搞好营销，就必须了解与营销业务相关的国家方针与政策。如果企业要开展国际营销，那么必须关注对方国家的政府和政策的稳定程度。企业一方面应凭借法律、政策维护自己的正当权益，另一方面应根据这些法律、政策来进行生产和营销活动。

3. 经济环境

经济环境是影响市场营销最活跃的因素，它直接影响人们的购买力和当前的市场容量，也决定着企业的经营方式。

经济环境中影响企业营销活动的一个重要因子就是消费者的经济收入，它直接决定着购买力的大小，从而决定市场规模的大小和消费者的支出模式。消费者从各种来源中所得到的全部收入，分为个人可支配收入和个人可任意支配收入。个人可支配收入是指扣除消费者个人所缴纳的各种税款和交给政府的非商业性开支后用于个人消费和储蓄的那部分个人收入。若从个人可支配收入中再减去维持生活所必需的费用，其余额即个人可任意支配收入。对于这部分收入，消费者可任意支配，市场营销人员应当对此密切关注。

在经济环境中，我们还要注意到随着消费者经济收入水平的变化，消费支出和消费者的支出模式也会发生相应的变化，从而使消费结构也随之改变。在收入既定的情况下，支出越多，用于购买产品和服务的可能性就越大；反之，用于购买产品和服务的可能性就越小。市场营销人员务必对此给予重视。

此外，消费者储蓄和消费者信贷也会影响企业的营销活动。当消费者的收入既定时，用于储蓄的收入越多，用于现实支出的收入就越少，从而影响企业的销售量。同时，消费者用于储蓄的收入越多，其潜在购买力就越强。消费者信贷也是影响消费者购买力和支出的一个重要因素，是指消费者先凭借信用取得商品使用权，然后按期归还贷款以购买商品。

4. 科技环境

科学技术是社会生产力中最活跃的因素之一。作为营销环境的一部分，科技环境不仅直接影响企业内部的生产和经营，还与其他环境因素相互依赖、相互作用。尤其是新技术革命，给市场营销既创造了机会，又带来了威胁。

新技术革命改变了企业经营的内部因素和外部环境，给企业产品和目标市场的确定带来了前所未有的困难和巨大的压力，从而促使企业不断调整营销策略，以适应变化后的市场条件。

"新零售、新制造、新金融、新技术、新能源"的到来，对零售商业和消费者的购物习惯产生了重大影响，不仅使零售商业的结构发生了变化，而且使消费者的购买不受时间和地点的限制，给消费者带来了极大的方便。

5. 社会文化环境

市场营销的社会文化环境是指可能对企业产生影响的各种社会人文因素。文化是影响人们的欲望和行动（包括消费者购买行为）的最重要因素之一。每个人都在一定的社会文化环境中生活，不同社会文化环境中的人们有着不同的认识事物的方式、行为准则和价值观念。例如，我们中国人视春节为最重要的节日，市场营销人员在进行市场营销时就要考虑和利用这一点。西方人注重圣诞节，会通过寄圣诞卡、买圣诞礼物来欢度圣诞节，这显然也影响着西方国家的市场营销。

企业在考虑社会文化环境时，应注意以下几个方面。

（1）不同民族有不同的文化传统和民风习俗，这影响着营销方式的选择。

（2）宗教信仰的不同，会导致文化倾向、禁忌的不同。

（3）不同职业、不同阅历的人，其购买倾向往往有所不同。

企业在开展市场营销时，必须深入分析上述差别，区别不同的情况，采用不同的营销策略与方式。

1.3 应对环境因素的策略

1. 分析市场营销环境的方法

与市场营销环境保持协调是企业生存和发展的必要条件。企业应建立市场营销环境的监测预警系统，使市场营销人员能够时刻关注市场营销环境的变化，采取措施以适应该变化，提高企业的竞争力。

所谓 SWOT 分析，即基于内外部竞争环境和竞争条件的态势分析，就是将与研究对象密切相关的内部的优势与劣势和外部的机会与威胁等，通过调查列举出来，并依照矩阵形式排列，然后用系统分析的思想，把各种因素相互匹配起来加以分析，从中得出一系列的结论。这些结论通常具有一定的决策性。S（Strengths）、W（Weaknesses）是内部因素，O（Opportunities）、T（Threats）是外部因素。按照企业竞争战略的完整概念，战略应是一个企业"能够做的"（组织的优势与劣势）和"可能做的"（环境的机会与威胁）的有机组合。

（1）优势与劣势分析（SW）。

由于企业是一个整体，并且竞争优势的来源具有广泛性，因此，在做优势与劣势分析时必须在整个价值链的每个环节上，将企业与竞争对手做详细的对比。比如，产品是否新颖，制造工艺是否复杂，销售渠道是否畅通，以及价格是否具有竞争性等。如果一个企业在某一方面或几个方面的优势正是该行业企业应具备的关键成功要素，那么，该企业的综合竞争优势就会大一些。需要指出的是，衡量一个企业及其产品是否具有竞争优势，只能站在现有潜在消费者的角度上，而不能站在企业的角度上。

（2）机会与威胁分析（OT）。

比如，虽然盗版替代品限定了企业产品的最高价，但盗版替代品给企业带来的不仅有威胁，可能还有机会。企业必须分析：盗版替代品给自己的产品带来的是"灭顶之灾"还是更高的利润或价值；消费者转而购买盗版替代品的转移成本；企业可以采取什么措施来降低成本或增加附加值，从而降低消费者购买盗版替代品的风险。

2. 确定各环境因素的重要程度

企业面临多种环境威胁和营销机会，但并非所有的环境威胁都一样大，也不是所有的营销机会都具有同样的吸引力。企业必须采用适当的方法进行分析评价，一般可采用"环境威胁矩阵图"和"市场机会矩阵图"来进行分析评价。

假设，某烟草公司通过市场营销信息系统和市场营销研究了解到影响其业务经营的动向有以下 5 个。

（1）有些国家的政府颁布了法令，规定所有的香烟广告和包装上都必须有关于吸烟危害健康的严重警告。

（2）有些国家的某些地方禁止在公共场所吸烟。

（3）许多发达国家的吸烟人数在减少。

（4）本烟草公司的研究实验室已发明了用莴苣叶制造无害烟叶的方法。

（5）发展中国家的吸烟人数在迅速增加。

显然，动向（1）至动向（3）给这家烟草公司造成了环境威胁，动向（4）和动向（5）则给这家烟草公司带来了市场机会，使该烟草公司有可能享有差别利益。

下面利用"环境威胁矩阵图"（见图 2.1）和"市场机会矩阵图"（见图 2.2）来进行分析和评价。

环境威胁矩阵图的横排代表"出现威胁的可能性"，纵列代表"潜在的严重性"，表示盈利减少程度。

该烟草公司在环境威胁矩阵图中有 3 个"环境威胁"，即动向（1）、动向（2）和动向（3）。其中，动向（2）和动向（3）潜在的严重性大，出现威胁的可能性也大，这两个动向是主要威胁，该烟草公司应对这两个动向十分重视；动向（1）潜在的严重性大，但出现威胁的可能性小，所以这个动向不是主要威胁。

市场机会矩阵图的横排代表"成功的可能性"，纵列代表"潜在的吸引力"，表示潜在盈利能力。

该烟草公司在市场机会矩阵图中有两个"市场机会"，即动向（4）和动向（5）。其中，最好的机会是动向（5），其潜在的吸引力和成功的可能性都大；动向（4）潜在的吸引力虽然大，但其成功的可能性小。

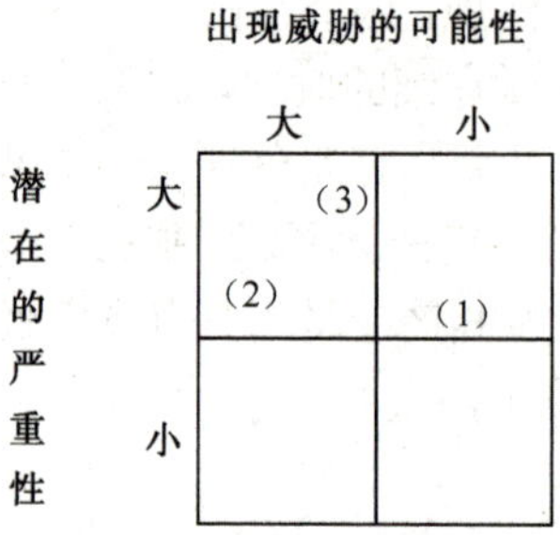

图 2.1　环境威胁矩阵图 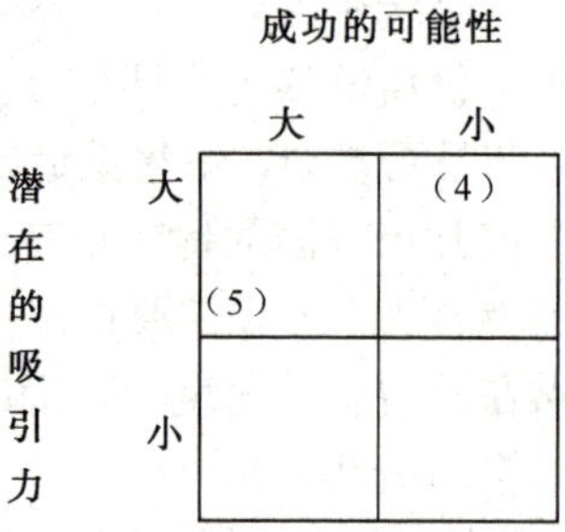　　　　　图 2.2　市场机会矩阵图

从上面的分析中可以看出，这家烟草公司共有两个主要威胁和一个最好的机会。因此，这家烟草公司属于高机会、高风险的冒险企业，经营的是一项冒险业务。用上述方法来分析和评价企业所经营的业务，会出现 4 种不同的结果，如图 2.3 所示。

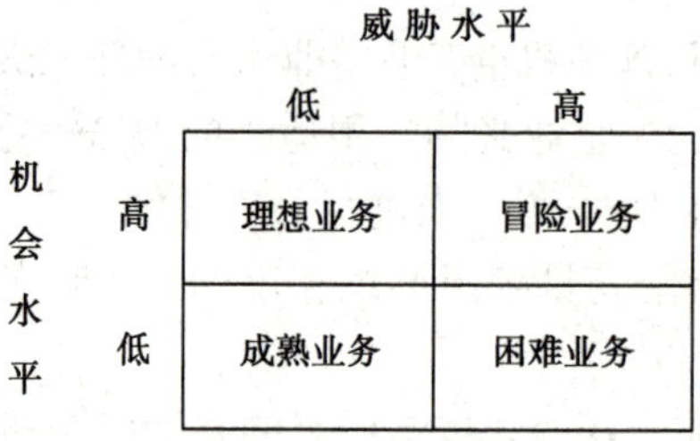

		威胁水平	
		低	高
机会水平	高	理想业务	冒险业务
	低	成熟业务	困难业务

图 2.3　对企业业务的分析与评价

从图 2.3 中可以看出：理想业务属于高机会和低威胁业务；冒险业务属于高机会和高威胁业务；成熟业务属于低机会和低威胁业务；困难业务属于低机会和高威胁业务。

3. 企业对策

企业通过对环境因素的分析，可找出重大的发展机会，避开主要威胁，以谋求更好的发展。对于企业所面临的机会，企业决策者必须慎重地评价其质量。对于所面临的威胁，企业有以下 3 种可选择的策略。

（1）对抗策略。企业试图限制或扭转不利状况的发展。例如，通过各种方式促使（或阻止）政府通过某种法令，或达成某种协议，或制定某项策略，以抵制不利因素的影响。

（2）减轻策略。企业通过采取各种营销措施来改善环境，降低威胁的严重性。例如，以扩大销售来降低成本的上升幅度。

（3）转移策略。企业转移到其他盈利更多的行业、市场，实行多元化经营。例如，某食品厂原本生产婴儿食品，但随着出生率下降和老龄化来临，市场逐渐萎缩。该食品厂经过调研发现老年人与婴儿在某些食物需求上相近，于是将部分市场转移到老年群体中。

知识点 2　划分消费者购买行为

2.1　影响消费者购买行为的因素

影响消费者购买行为的因素，除了"产生购买动机"这一最重要的因素，还包括心理因素、经济因素、社会文化因素等。

1. 心理因素

（1）知觉。知觉是指消费者直接接触商品所获得的直观的、形象的感觉，属于感性认识。任何消费者在购买商品时，都要根据自己对商品所产生的印象来决定是否购买。由于不同消费者对同一商品所产生的印象可能有很大差别，因而所形成的知觉也有很大差异。例如，甲乙二人同时进入某一商店购买同一种商品，甲对该商品的印象很好，乙却不喜欢该商品。同一刺激物为什么会使消费者产生不同的反应、不同的知觉呢？心理学认为，产生知觉的过程是一个具有选择性的心理过程，包括选择性注意、选择性曲解和选择性记忆。

市场营销人员只有以重复的、有吸引力的强烈刺激加深消费者对商品的直观印象，才能突破其牢固的知觉壁垒。例如，广告语言的长期重复出现，较成功地利用了上述心理过程，给人们留下了深刻的印象。有些企业在商标设计或产品包装上极力模仿名牌，企图利用消费者的上述心理过程，但这不是一个好办法，企业应当致力于创新。

（2）学习。消费者在购买和使用商品的实践中可逐步获得和积累经验。根据经验调整购买行为的过程称为学习。人类的行为有些是与生俱来的，但大多数行为（包括购买行为）是从"后天经验"中得来的，即通过学习、实践得来的。例如，某位消费者在购买了某品牌的手机后，如果在使用时感到满意，就会经常使用它并"强化"对它的印象。今后在遇到同样的情况时，他便会做出相同的反应，甚至在相似的刺激物上延伸他的反应，购买同一厂家或同一品牌的其他商品；反之，如果他在使用该品牌的手机时感到失望，以后就不会再做出相同的反应。这就是消费者的学习过程。企业在营销活动中要注意发挥消费者购买行为中"学习"这个内在因素的作用。

（3）信念和态度。信念是指人们对事物所持的认识。消费者对商品的信念可以建立在不同的基础上：有的建立在科学的基础上，有的建立在某种见解的基础上，有的建立在信任（如对名牌商品）的基础上，有的则建立在偏见、讹传的基础上。不同的信念可导致人们产生不同的态度、不同的倾向，如消费者对名牌商品争相选购，而对不熟悉的商品犹豫、观望，疑虑重重。消费者一旦对某种商品或商标形成态度，往往不会轻易改变这种态度。企业应设法适应消费者持有的态度，而不要去勉强改变消费者的态度，因为这将付出很大代价，企业要在权衡得失后再做决策。

消费者态度的形成一般基于 3 个主要方面：一是消费者与商品的直接接触；二是消费

者受其他消费者（如亲友或团体中的其他成员）直接或间接的影响；三是消费者的家庭教养和社会经历。

总之，分析和研究影响消费者购买行为的心理因素，目的是采取适当的营销技巧诱导消费者做出对企业有利的购买决策。

2. 经济因素

概括地说，影响消费者购买行为最重要的经济因素有 3 个：一是商品价格，二是消费者的收入，三是商品的效用。

（1）商品价格。商品价格是影响消费者购买行为最关键、最直接的因素。一般情况是，质量相同而品牌有别的商品，价格低的商品比价格高的商品更能吸引消费者；收入低的消费者比收入高的消费者更关心商品价格的高低。

（2）消费者的收入。消费者的收入是决定消费者购买行为的根本因素。如果消费者仅有购买欲望，而无一定的收入作为购买能力的保证，则其购买行为就无法实现。只有既有购买欲望又有购买能力的消费者才能实现购买行为。消费者的收入和购买能力与价值观念也有直接的关系。不同的收入水平决定了需求的不同层次和倾向。在发达国家，由于个人可支配收入达到相当高的水平，已经进入价值观念个性化和多样化的时代，因此很难有一种价值观念占据统治地位。

（3）商品的效用。消费者的购买行为，特别是购买价值较高的耐用品的行为，是一种理性化的行为。消费者总是在其收入允许的范围之内做出最合理的购买决策，尽量以最合理的方式安排其开支，以得到满足自己需要的最大限度效用。这种现象遵循的是"最大边际效用"原则。

企业可以通过调查消费者购买某种商品的频率来预测其市场需求量。同时，企业可以采取各种措施，如降低价格、提高质量、延长寿命、增加服务项目等，使消费者购买本企业商品所支付的每一元钱都能体现最大的边际效用，从而促使更多的消费者购买本企业的商品。

经济因素对消费者购买行为的影响是不断变化的。在消费者收入水平较低的情况下，经济因素对消费者购买行为具有决定性影响。但随着个人可任意支配收入的增加和市场商品供应的日益多样化，消费者对商品的要求将越来越高，经济因素对消费者购买行为的影响将越来越小。

3. 社会文化因素

每个消费者都是社会的一员，其行为不可避免地要受到社会各方面因素的影响和制约。消费者的购买行为受到社会阶层、文化和亚文化、相关群体、家庭等社会文化因素的影响。

（1）社会阶层。不同社会阶层的人们的经济状况、价值观念、生活方式、消费特征和兴趣不同，他们对品牌、商店、闲暇活动、大众传播媒体等都有各自不同的偏好，因而有不同的消费需求和购买行为。不同阶层消费者的消费需求和购买行为的差异，不仅在于购买力水平的不同，还在于心理上的差异。例如，西方社会的上层消费者往往追求新颖奇特、唯我独有，而不计贵贱；中下层消费者则较注重经济、实惠。

（2）文化和亚文化。文化属于宏观环境因素之一，人们的风俗习惯、伦理道德、价值观念和思维方式等都受文化的制约。例如，在我国市场上常有一些商品是老年人专用的，很受老年人欢迎。但在美国等西方国家，这样的商品肯定要受冷落，因为人们忌言年老，像"老先生、老太太"这样的称呼，在我国表示尊重，但在西方国家则可能会引起对方的反感。虽然文化不是一成不变的，在各种复杂因素的影响下也会发生变化，但这需要一个漫长的过程。每一种文化内部包含若干亚文化群体，主要有民族群体、宗教群体、种族群体和地理区域群体。

文化和亚文化对消费者购买行为有直接或间接的影响。因此，市场营销人员在选择目标市场和制定营销方案时，必须了解各种不同的文化对其商品的销售具有什么样的影响。

（3）相关群体。相关群体是指对个人的态度、意见和偏好有重大影响的群体。对消费者的生活方式和偏好有影响的各种社会群体，就称为消费相关群体。相关群体可分为三类：一是对个人影响最大的群体，如家庭、亲朋好友、邻居和同事等；二是对个人的影响较次一级的群体，如个人所参加的各种社会团体；三是个人并不直接接触，但对其影响也很显著的群体，如知名人士、影视明星、体育明星等，这种群体被称为崇拜性群体。崇拜性群体的一举一动常会成为人们模仿的样板。

（4）家庭。家庭是社会的细胞，对人们的影响深刻而持久，人们的价值观、审美观、偏好和习惯多半都是在家庭的影响下形成的。根据婚姻家庭状况、是否有子女等，可将家庭生命周期划分为 9 个阶段。

① 单身期：成年后离开父母独居的阶段。

② 新婚期：新婚的年轻夫妻，无子女。

③ "满巢" Ⅰ 期：子女在 6 岁以下，即学龄前儿童。

④ "满巢" Ⅱ 期：子女年龄大于或等于 6 岁，已入学。

⑤ "满巢" Ⅲ 期：结婚已久，子女已长大，但仍需要抚养。

⑥ "空巢" Ⅰ 期：结婚已很久，子女已成年，夫妻仍有劳动能力。

⑦ "空巢" Ⅱ 期：已退休的老年夫妻，子女早已离家。

⑧ 鳏寡就业期：独居老人，尚有劳动能力。

⑨ 鳏寡退休期：独居老人，已退休养老。

不同阶段的家庭有不同的需求。例如，处于新婚期的家庭同处于"空巢"Ⅱ期的家庭，肯定有不同的需求和不同的消费行为。市场营销人员只有明确自己的目标市场处于家庭生命周期的什么阶段，并据以推出适销的商品和制订适当的营销计划，才能取得成功。

2.2　消费者购买行为的类型

消费者购买行为是指消费者个人或所在家庭为了满足物质生活和精神生活的需求，在某种动机的驱使和支配下，用货币换取商品和服务的实际活动。消费者购买行为总是以购买动机为先导，没有购买动机，就不会产生购买行为。消费者购买行为有多种类型，我们可从不同角度对其进行划分。

1. 根据消费者购买行为的复杂程度和所购商品的差异性划分

根据消费者购买行为的复杂程度（花费时间、精力的多少和谨慎程度）和所购商品的差异性，可将消费者购买行为分为复杂型、和谐型、习惯型和多变型 4 种，如表 2.1 所示。

表 2.1　消费者购买行为的类型

角度		消费者购买行为的复杂程度	
		高	低
所购商品的差异性	大	复杂型	多变型
	小	和谐型	习惯型

（1）复杂型。消费者在初次购买差异性很大的商品时，通常要经过一个认真考虑的过程，要广泛收集各种信息，对可供选择的品牌反复评估，在此基础上建立起品牌信念，形成对各个品牌的态度，最后慎重地做出购买选择。购买大件商品属于这种类型的购买行为。

（2）和谐型。和谐型购买行为是消费者在购买差异性不大的商品时产生的一种购买行为。由于商品本身的差别不明显，消费者一般不必花费很多时间去收集并评估不同品牌的各种信息，而主要关心价格是否优惠，购买时间、地点是否便利等。因此，和谐型购买行为从创造需求、产生购买动机到决定购买所用的时间较短。购买纸、笔等文化用品属于这种类型的购买行为。

（3）习惯型。习惯型购买行为是一种简单的购买行为和一种常规的反应行为。消费者已熟知商品特性和其主要品牌的特点，并已形成品牌偏好，因而不需要寻找、收集有关信息。一般这种类型的购买行为发生频率较高，涉及的商品的价格较低，如每天买一包香烟，每月买两块肥皂等。

（4）多变型。多变型购买行为是为了使消费多样化而常变换品牌选择的一种购买行为，一般购买的是品牌差别虽大但较易于选择的商品。与习惯型购买行为一样，多变型购买行为也是一种简单的购买行为。

2. 根据消费者的性格划分

根据消费者性格的不同，可将消费者购买行为划分为 6 种类型。

（1）习惯型。消费者忠于某一个或某几个品牌，有固定的消费习惯和偏好，在购买时心中有数，目标明确。

（2）理智型。消费者在做出购买决策之前已经进行了仔细的比较和考虑，不容易被打动，不轻率做出决定，在做出决定后也不轻易反悔。

（3）冲动型。消费者易受商品外观、广告宣传或相关人员的影响，轻率地做出决定，易于动摇和反悔。这类消费者是企业在促销过程中可大力争取的对象。

（4）经济型。消费者特别重视价格，一心寻求最合算的商品，并由此得到心理上的满足。在促销过程中，企业要使这类消费者相信，他所选中的商品是最物美价廉的、最合算的，要称赞他是很内行、很善于选购的消费者。

（5）情感型。消费者具有明显的心理特征，情绪性比较强，情感体验深刻，想象力丰富，审美能力较强，因而在购买行为上容易受情感影响，也容易受广告宣传及其他促销手段的诱导。

（6）不定型。年轻的、刚开始独立购物的消费者易于接受新的东西，缺乏主见，没有固定的偏好。其消费习惯和消费心理正在形成之中，尚不稳定。

市场营销人员应了解目标市场的消费者购买行为属于哪种类型，然后有针对性地开展营销活动。

知识点 3　探索消费者做出购买决策的过程

3.1　影响消费者做出购买决策的因素

研究消费者购买行为，就是要掌握消费者如何做出购买决策——把他们可用的资料（金钱、时间、精力）用于研究有关消费事项（见表 2.2），可了解他们购买何物、在何时购买、在何处购买、如何购买、由谁购买等问题，也就是掌握消费者购买的规律。

表 2.2　消费者消费事项

消费事项	举　　例
购买什么（What）	空调？取暖器？
购买时间（When）	节假日？周末？平日？白天？晚上？
购买地点（Where）	百货大楼？银泰？京东？
购买方式（How）	亲自购买？托人代买？网上订购？
购买者（Who）	女士（太太）？男士（先生）？
购买价格（Price）	实价？折扣价？
购买数量（Amount）	一台？两台？三台？

1.　购买何物

购买何物是指分析购买客体（消费者）要买什么商品。企业要通过市场调查，研究和了解消费者需要什么样的商品，尽量在花色品种、质量、性能、价格、包装等方面满足消费者的需求。商品有成千上万种，同种商品又有不同质量、不同价格、不同式样、不同花色、不同包装等的区分。一般来说，消费者总是喜欢物美价廉的商品、式样新颖的商品、具有特色的商品。

2.　在何时购买

何时购买是指分析购买时间，即消费者在什么时间购买商品。对于这一问题，从具体的个人来讲，什么时间需要就什么时间购买，这是毫无疑问的。从表面上看，消费者购买商品的时间是没有规律的；但从宏观上看，消费者购买商品的时间还是有一定规律的。消费者在什么时间购买商品，受到商品本身的用途和消费者的闲暇时间两个因素的制约。一般来说，对于日常生活消费品，消费者在工作之余和休息日购买较多，对于季节性商品，消费者在当季购买较多。企业应研究和掌握消费者购买商品的时间和规律，以便在适当时间将商品推向市场，满足消费者的需求。此外，当消费者较多时，应当增加服务人员，备足商品，以免错失销售良机。集中销售服务力量，既可满足消费者的需求，又可扩大企业经营效果。

3. 在何处购买

在何处购买是指分析购买地点，即消费者在什么地方购买商品。对于这个问题，仔细分析起来，有两个方面值得注意：一是消费者在何处决定购买，二是消费者在何处实际购买。这两种行为可以在同一个地方发生，也可以在不同的地方发生。对于不同的商品，消费者购买的地点可能是不一样的，这与商品的价值和用途有直接关系。对于价值不大但常用的物品，消费者一般愿意就近购买，而且越近越好，以方便为主，并且通常在购买现场做出购买决策。

企业应该对商品进行广告宣传，并注意企业形象和商品形象的确立，从而获得众多的购买前定向消费者。对于需要消费者即时做出购买决策的商品，要十分重视其包装、布置，以及购买现场的广告和销售服务，以此争取更多的在现场做出购买决策的消费者。

4. 如何购买

如何购买是指分析购买方式，即消费者采取什么方式购买商品。消费者的需求决定他们购买什么，而消费者的经济条件则决定如何购买。消费者的经济条件不同，导致其在购买商品时对价格反应的灵敏程度也不同。消费者采用什么方式购买，将影响企业经营策略与经营计划的制订。因此，企业必须认真加以研究。例如，某些消费者重视价格，更愿意购买便宜的商品；有些消费者要求物美价廉；有些消费者愿意付出较高的价钱去购买他所喜爱的商品；有些消费者希望分期付款或赊销。企业只有掌握了上述现象和规律，才能确定满足各种需求的商品价格，选择合适的销售渠道，并推出相应的促销策略，从而实现营销目标。

5. 由谁购买

由谁购买是指分析购买主体，即商品由谁购买。由于消费者在年龄、性别、收入、职业、文化教育程度、性格等方面存在不同，因而在需求与爱好上也存在着很大的差异。企业在分析消费者的购买行为时，必须明确商品由谁来买、他有什么需求与爱好，以及自己能否满足其需求与爱好。

购买商品从表面上看似乎是一个人的行为，但实际上往往有好几个人参与购买活动，其中包括起不同作用的 5 种角色，即发起者、影响者、决策者、购买者和使用者，如表 2.3 所示。

表 2.3　购买活动中的角色

角　色	角 色 描 述
发起者	首先提出购买某个商品的人
影响者	对最终购买商品有直接或间接影响的人
决策者	对购买商品有最终决定权的人
购买者	实际从事购买的人
使用者	实际使用商品的人

在个人购买活动中，一个人可以扮演 5 种不同的角色；在家庭购买活动中，会有不同

角色的多种组合。例如，某个家庭购买计算机，发起者和使用者是孩子，决策者和购买者是父母。

不同类型的家庭对购买决策的影响是不同的。例如，美国社会学家按照家庭权威中心的不同，把家庭分为 4 类：丈夫主导型、妻子主导型、共同决定型、各自做主型。

购买不同的商品，可体现出的家庭成员在家庭购买决策中的影响力也不同。商品通常可分为 3 类：丈夫有较大影响力的商品，如汽车、摩托车、自行车、电视机、烟酒等；妻子有较大影响力的商品，如服饰、洗衣机、餐具、吸尘器等；夫妻共同决定的商品，如住宅、家具、旅游和某些文娱活动等。

在家庭购买决策中，5 种角色的地位不同，心理状态也不同，满足他们需求的方法也不同。市场营销人员必须看到这一点，有针对性地制定与营销工作相适应的策略和方法。

3.2　消费者做出购买决策的过程

消费者购买行为集中表现为购买商品，但消费者做出购买决策并非一种偶然发生的孤立现象。消费者在实际购买商品之前，必然会有一系列的活动，在购买商品之后还要产生购后感受。消费者做出购买决策的完整过程是以购买为中心，包括购前、购后一系列活动在内的复杂的行为过程。具体来说，消费者做出购买决策的过程一般可分为 5 个阶段，如图 2.4 所示。

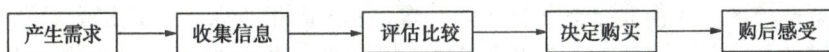

产生需求　→　收集信息　→　评估比较　→　决定购买　→　购后感受

图 2.4　消费者做出购买决策过程的 5 个阶段

1. 产生需求

产生需求是消费者购买行为的起点。当消费者产生一种需求并准备购买某种商品以满足这种需求时，做出购买决策的过程就开始了。这种需求可能是由内在的生理活动引发的，也可能是由外界的某种刺激引发的，或者是由内外两方面因素共同引发的。

市场营销人员应注意的是，要不失时机地采取适当的措施，唤起和强化消费者的需求。例如，对于时令性商品，要在相应季节到来之前及时宣传、及时备货。

2. 收集信息

如果唤起的需求很强烈，可满足需求的商品易于得到，那么消费者就会希望马上满足自己的需求。但在多数情况下，消费者的需求并非马上就能得到满足，他必须积极收集信息，以便尽快完成从知晓到确信的心理程序，做出购买决策。信息一般有以下 4 个来源。

（1）个人来源，即从家庭、朋友、邻居和其他熟人处得到信息。

（2）商业来源，即从广告、售货人员介绍、商品展览或陈列、商品包装和说明书等方面得到信息。

（3）公众来源，即从网络、电视、报刊等大众传播媒介的宣传报道和消费者组织的有关评论中得到信息。

（4）经验来源，即从通过参观、检验和实际使用商品得来的经验中得到信息。

在这一阶段中，市场营销人员既要千方百计地做好商品广告宣传，吸引消费者的注意力，又要努力搞好商品陈列和说明，使消费者迅速获得对企业有利的信息。

3．评估比较

消费者得到的各种信息可能是重复的，甚至是互相矛盾的，因此消费者还要对其进行分析、评估和比较，这是做出购买决策过程中具有决定性的一环。例如，某人要买电冰箱，收集了相关信息，比较各品牌电冰箱的特点：××牌电冰箱价廉、耐用、省电、维修方便，但功能略少；××牌电冰箱质优，但价格高、费电……不同品牌的商品各有利弊，消费者在权衡利弊后方能做出购买决策。

对于消费者的评估比较过程，有以下几点值得市场营销人员注意：第一，商品性能是消费者所考虑的首要问题；第二，不同消费者对商品的各种性能给予的重视程度或评估标准不同；第三，消费者既定的品牌信念（品牌形象）与商品的实际性能可能有一定差距；第四，消费者对商品的每一种属性都有一个效用函数，即消费者对价格、外观、安全性和保质期等属性的偏好程度不同；第五，大多数消费者的评估比较过程是将实际商品同自己理想中的商品相比较。

4．决定购买

决定购买是消费者做出购买决策过程中的中心一环，通常有 3 种情况：一是消费者认为商品的质量、款式、价格等符合自己的要求和购买能力，决定立即购买；二是消费者认为商品的某些方面还不能完全满足自己的需求，决定延期购买；三是消费者对商品的质量、价格等不满意，决定不买。消费者的购买决策是由许多项目共同构成的，具体包括购买何种商品、购买何种品牌、购买何种款式、购买多少，在何时购买、何处购买，以什么价格购买、以什么方式付款等。

该阶段是消费者购买行为过程中的关键阶段，市场营销人员在这一阶段一方面要向消费者提供更多、更详细的商品信息，以便使消费者消除各种疑虑；另一方面要通过提供各种销售服务，方便消费者选购，促进消费者做出购买本企业商品的决策。

5．购后感受

购后感受是指消费者通过自己使用或通过他人评估已购商品，对商品是否满足自己的预期需求做出反馈，重新考虑购买这个商品的决策是否正确、是否符合理想等，从而形成的感受。这种感受一般分为满意、基本满意和不满意 3 种情况。消费者购后感受的好坏，会影响消费者自身是否重复购买，还将影响他人的购买决策，对企业信誉和形象的影响极大。

消费者购后感受是判断企业商品是否适销的一种极为重要的反馈信息，它关系到这个商品在市场上的命运。因此，企业要注意及时收集信息，加强售后服务，采取相应措施，进一步改善消费者购后感受和提高商品的适销程度。

从以上分析可知，消费者做出购买决策过程中的每个阶段都会影响其做出购买决策。研究这一过程，就是为了针对每个阶段的特点采取适当的营销措施，积极地引导消费者的行为，更好地满足消费者的需求。

任务技能点

技能点1   分析白酒行业的市场营销环境

技能要点

（1）分组对当前我国白酒行业的市场营销环境进行调研。

（2）针对几个主要的白酒品牌进行环境分析，制作环境分析调研报告。

训练过程

（1）每组5～6人，由组长带领，深入市场调研白酒行业的市场营销环境。

（2）各组完成市场调研资料的整理，并分析白酒行业面临的市场机会与环境威胁。

（3）为白酒行业面临的市场机会与环境威胁制定相应的对策。

（4）每组将分析结果制作成汇报PPT，推荐一位同学进行演示。

关键点提示

（1）对白酒行业的市场机会与环境威胁的分析是否准确、到位？

（2）根据市场营销环境制定的对策是否正确、可行？

技能点2   探索消费者做出购买决策的过程

技能要点

（1）深入当地市场，观察并研究消费者做出购买决策的过程。

（2）对不同消费者做出购买决策的过程进行分析，并制作调研报告。

训练过程

（1）每组5～6人，由组长带领，深入市场观察消费者做出购买决策的过程。

（2）各组完成市场观察资料的整理，并分析消费者做出购买决策的过程。

（3）先在小组内模拟表演在观察中发现的典型消费者做出购买决策的过程，再上台表演。

（4）根据表演的消费者做出购买决策的过程，做出相应的分析说明。

关键点提示

（1）教师协助联系当地市场或指导学生自行联系。

（2）模拟表演过程是否真实、生动，能否提供相应的佐证材料？

（3）对消费者做出购买决策过程的分析是否贴切、准确、完整？

效果评估

评估点1　家庭生命周期分析

1. 情境描述

通过实际调查以下家庭的成员构成情况和消费支出情况等，分析判断这些家庭在家庭生命周期中所处的阶段。

（1）你自己的家庭。

（2）你的祖父祖母的家庭或外祖父外祖母的家庭。

（3）你的堂兄堂姐（已参加工作的）的家庭。

（4）你熟悉的某个老师的家庭。

（5）你的工作单位中某个领导的家庭。

2. 评估标准与结果分析

请认真分析各个家庭所处的阶段，并进一步探索各个家庭的消费偏好及其主要购买的商品大类和商品特点，从而深入分析家庭生命周期对消费者购买行为的影响。

评估点2　购买决策风格知多少

1. 情境描述

消费者的购买决策风格多种多样，典型的购买决策风格有以下几种。

（1）完美质量导向，对商品的质量要求非常高，寻找满意度最高的商品。

（2）品牌高价导向，偏爱购买知名品牌、价格高的商品。

（3）新奇时尚导向，乐于购买新奇度高的商品，紧跟潮流。

（4）消遣享乐导向，倾向于把购物看成一种乐趣，目的是让自己快乐。

（5）价格敏感导向，对价格和价值比较关注，注重性价比。

（6）冲动导向，没有事先计划，不关心花了多少钱或所买商品是否划算。

（7）选择困难导向，对品牌和商店的相关信息关注过多，在做出购物决策时比较困难。

（8）习惯忠诚导向，偏向于在经常去的商店购买商品，或购买经常使用的商品品牌，并形成习惯。

2. 评估标准与结果分析

根据实际购物场景、商品品类等多种因素，分析自己的购买决策风格，对以上的购买决策风格进行打分，打分范围为1～10分。

如果有显著高分的情况，则意味着得高分的购买决策风格为你的主导购买决策风格。

如果突出的购买决策风格有多个，则意味着你兼具多种购买决策风格。

如果各购买决策风格的分数都差不多，则意味着你的购买决策风格不明显。

拓展空间

【消费者决策风格】

研究者从个人的心理特征层面出发，在 1986 年提出了消费者决策风格这个概念。之后多个国家的跨文化研究发现，人们的购买决策风格确实存在，而且与人口学特征及价值观相关。消费者决策风格是消费者在做决策时表现出的一种心理导向，这种心理导向有认知和情绪等心理特征。本质上，它是一种消费者的性格，类似于特质。消费者可能在生活中有某种心理上的倾向，那么他在很多生活事件中都会受这种倾向的影响，这种倾向是长期形成的。

【新媒体时代的消费者购买行为】

伴随着经济的高速发展和技术的广泛革新，海量信息爆炸式地涌入人们的视野，大数据时代的格局已经初步形成。在这种背景下，以互联网、智能手机为代表的新兴媒体在信息传播上显现出了得天独厚的优势。新媒体给当今世界带来了全新的商业环境和体验，同时也影响到了消费者的购买行为。

挑战自我

【理论自测】

■ 选择题（第 1～5 题为单项选择题，第 6～10 题为多项选择题。）

1. 在一个家庭中，度假、孩子上学、购买和装修住宅一般由（　　）做出决策。

    A. 夫妻各自　　　　　　　　　　B. 丈夫

    C. 妻子　　　　　　　　　　　　D. 夫妻共同

2. 我国历来有南甜北咸、东辣西酸的食品调味传统，这体现出了亚文化中的（　　）。

    A. 民族亚文化　　　　　　　　　B. 宗教亚文化

    C. 地理亚文化　　　　　　　　　D. 年龄亚文化

3. 影响消费者需求最活跃的因素是（　　）。

    A. 个人可支配收入　　　　　　　B. 个人可任意支配收入

    C. 个人收入　　　　　　　　　　D. 人均国内生产总值

4. 从市场营销的角度分析，若一个家庭中的子女年龄大于 6 岁且已入学，则这个家庭处于家庭生命周期中的（　　）。

    A. "满巢" I 期　　　　　　　　B. "满巢" II 期

    C. "满巢" III 期　　　　　　　 D. "空巢" 期

5．市场营销学认为，企业的市场营销环境包括（　　）。

　　A．人口环境和经济环境　　　　　B．自然环境和文化环境

　　C．宏观环境和微观环境　　　　　D．政治环境和法律环境

6．消费者得到的商品信息，大部分来自（　　）。

　　A．商业　　　　　　　　　　　　B．个人

　　C．家庭　　　　　　　　　　　　D．公众

　　E．经验

7．影响消费者购买行为的主要因素有（　　）。

　　A．经济因素　　　　　　　　　　B．收入因素

　　C．社会文化因素　　　　　　　　D．情感因素

　　E．心理因素

8．以下因素属于企业微观环境的有（　　）。

　　A．竞争者　　　　　　　　　　　B．公众

　　C．供应商　　　　　　　　　　　D．经济收入

　　E．消费者

9．消费者在购买活动中扮演的角色主要有（　　）。

　　A．发起者　　　　　　　　　　　B．影响者

　　C．决策者　　　　　　　　　　　D．购买者

　　E．使用者

10．消费者做出购买决策的过程一般可以划分为（　　）几个阶段。

　　A．产生需求　　　　　　　　　　B．收集信息

　　C．评估比较　　　　　　　　　　D．决定购买

　　E．购后感受

■ 判断题

1．一般而言，对家庭财务贡献度越大的家庭成员在购买决策中的发言权越大。

（　　）

2．消费者的购买动机是多种多样的。（　　）

3．消费者每个月收入的多少会影响购买行为，但其生活方式不会影响购买行为。

（　　）

4．消费者的购买行为是由消费者的经济因素决定的。（　　）

5．由于消费者购买行为受复杂性、习惯性、多变性等的影响，故不具有和谐性。

（　　）

6．消费者购买了商品就意味着购买行为的结束。（　　）

7．市场机会和环境威胁在一定条件下会互相转化。（　　）

8．市场营销环境是一个动态系统，每个因素都随社会经济的发展而不断变化。

（　　）

9．做出冲动型购买行为的消费者特别重视价格，一心寻求最物美价廉的商品。

（　　）

10．做出情感型购买行为的消费者忠于某一个或某几个品牌，有固定的消费习惯和偏好。

（　　）

■ 简答题

1．什么是消费者需求？它有哪些特征？

2．什么是消费者的购买动机？

3．简述消费者做出购买决策的过程。

【项目案例分析】

"90后"的消费观

众多商家都盯准了"90后""这块肥肉"。然而，"90后"消费起来真的是"有钱就是任性"吗？"90后"都是"品牌控"吗？

（1）内心狂野的"90后"，在消费时其实很保守。"挥金如土"真不是"90后"真实的消费状态，他们其实很"吝啬"。报告显示：超过半数的"90后"认为自己的消费属于实用消费，其中还各有三成的"90后"认同规划消费和节约消费。也就是说，大多数"90后"的消费观偏向理性。"90后"有限的消费能力决定了他们必须选择理性消费。然而，当迈过依靠父母供读或步入工作岗位逐步尝试独立的时期，束缚"90后"消费力和消费欲的经济限制被解除时，他们的消费潜力不可小觑，一场更强、更有个性的消费狂潮或从其而起。

（2）西北地区"90后"的品牌态度指数最高，西南地区的最低。品牌态度指数越高，代表"90后"越会因为品牌有态度而对品牌有好感，从而使品牌具有更强的溢价能力。关于"90后"的品牌态度指数，报告还显示，华东地区紧随西北地区后，华南地区和华中地区也高于平均水平，西南地区、东北地区、华北地区则低于平均水平。具体到省份，京、沪、陕、粤居高不下，徽、滇、桂垫底。由此可见，城市发展水平越高，"90后"的品牌态度指数一般也越高。

（3）对于"90后"，演唱会居然比服装鞋靴重要，也比说走就走的旅行重要。衣鞋诚可贵，旅行价更高，若为演唱会，两者皆可抛。报告显示，"90后"在演唱会、体育赛事和汽车这3个消费项目上随性消费的比例最高，旅行和服装鞋靴次之。所以，企业要想讨好年轻人，不妨与明星演唱会合作。比如，康师傅冰红茶赞助了EXO的上海演唱会，号称"摇滚界半壁江山"的"音帝"汪峰的演唱会也很受商家追捧。

（4）"90后"男生更早买奢侈品，女生逐渐"入坑"。报告显示，"90后"男生买奢侈品的比例远高于"90后"女生，而且他们普遍更忠诚于名牌，而女生对品牌则更博爱，具有"一遇打折促销就狂掏腰包"的属性。

（5）除食品饮料外，有恋爱经历的"90后"更在意品牌。报告显示，有恋爱经历的"90后"比没有恋爱经历的"90后"更在意诸如珠宝饰品、服装鞋靴、汽车、箱包皮具等类别的品牌。

（6）仅有不到两成的"90后"会因为品牌代言人而喜欢该品牌的广告或营销。报告显示，因品牌代言人与自己调性相符而喜欢这类广告的"90后"只占19.3%。因为"90后"的广告观已较成熟——报告显示，创意十足、丰富多彩和"有鲜明的品牌态度且同自己的观点一致"才是他们对广告的最普遍要求，单纯因为品牌代言人与自己的调性相符就"买买买"的"90后"只占较小比重。

■ 分析问题

（1）你认为"90后"有哪些消费特点？

（2）"90后"在购买行为上有什么明显的特征？

（3）商家应采取何种措施促使"90后"做出购买决策？

（4）试比较"90后"与"00后"的不同消费心理。

■ 分析要求

（1）学生分析针对案例提出的问题，拟出"案例分析提纲"。

（2）小组讨论，形成小组"案例分析报告"。

（3）班级交流，教师对各小组的"案例分析报告"进行点评。

（4）在班级展出附有"教师点评"的各小组"案例分析报告"，供学生进行比较研究。

【项目实训】

"消费者购买行为分析"业务胜任力训练

■ 实训目标

引导学生参加"消费者购买行为分析"业务胜任力训练；在切实体验"消费者购买行为实现过程图"的准备与描绘等活动中，培养学生相应的专业能力与职业核心能力；通过践行职业道德规范，促进学生健全职业人格的塑造。

■ 实训内容

依据所学内容，以自身的某次购买经历为例，创造性地进行消费者购买行为过程设计。

■ 操作步骤

（1）教师在课堂上布置实训任务，组织学生温习消费者购买行为实现的相关知识。

（2）将学生分成若干学习小组，组织讨论实现消费者购买行为需要考虑的因素。

（3）每名学生画出一份"消费者购买行为实现过程图"，对消费者购买行为过程的各个步骤进行文字说明。

■ 成果形式

实训课业：制作"消费者购买行为实现过程图"。

■ 实训考核

"活动过程"考核与"实训课业"考核相结合。

（1）"活动过程"考核。根据学生参与实训全过程的表现，就表2.4中的各项"评估指标"与"评估标准"，针对其"职业核心能力培养"与"职业道德素质养成"的训练效果，评出个人"分项成绩"与"总成绩"，并填写"教师评语"。

表2.4　"活动过程"考核成绩表

（实训名称："消费者购买行为分析"业务胜任力训练）

评估指标		评估标准	分项成绩
职业核心能力培养（Σ50分）	自我学习（Σ10分）	根据原劳动和社会保障部制定的《职业核心能力培训测评标准》中的相应规定，由授课教师结合本实训的要求自行拟定	
	信息处理（Σ0分）	根据原劳动和社会保障部制定的《职业核心能力培训测评标准》中的相应规定，由授课教师结合本实训的要求自行拟定	

评估指标		评估标准	分项成绩
职业核心能力培养（∑50分）	数字应用（∑10分）	根据原劳动和社会保障部制定的《职业核心能力培训测评标准》中的相应规定，由授课教师结合本实训的要求自行拟定	
	与人交流（∑10分）	根据原劳动和社会保障部制定的《职业核心能力培训测评标准》中的相应规定，由授课教师结合本实训的要求自行拟定	
	与人合作（∑10分）	根据原劳动和社会保障部制定的《职业核心能力培训测评标准》中的相应规定，由授课教师结合本实训的要求自行拟定	
	解决问题（∑10分）	根据原劳动和社会保障部制定的《职业核心能力培训测评标准》中的相应规定，由授课教师结合本实训的要求自行拟定	
	创新（∑0分）	根据原劳动和社会保障部制定的《职业核心能力培训测评标准》中的相应规定，由授课教师结合本实训的要求自行拟定	
职业道德素质养成（∑50分）	职业观念（∑10分）	对职业、职业选择、职业工作、营销人员职业道德和企业营销伦理等问题有正确的看法	
	职业情感（∑10分）	对职业有愉快的主观体验、稳定的情绪表现、健康的心态、良好的心境，以及强烈的认同感、荣誉感和敬业精神	
	职业理想（∑10分）	对将要从事的职业的种类、方向与成就有积极的向往和执着的追求	
	职业态度（∑0分）	对职业选择有充分的认识和积极的倾向与行动	
	职业良心（∑10分）	在履行职业义务时具有强烈的道德责任感和较强的自我评价能力	
	职业作风（∑10分）	在职业实践和职业生活的自觉行动中，具有体现职业道德内涵的一贯表现	
总成绩（∑100分）			
教师评语		签名： 　年　　月　　日	

（2）"实训课业"考核。根据实训所要求的学生"实训课业"完成情况，就表2.5中各项"课业评估指标"与"课业评估标准"，评出个人和小组的"分项成绩"与"总成绩"，并填写"教师评语"与"学生意见"。

表 2.5 "实训课业"考核成绩表

（课业名称：消费者购买行为实现过程图）

课业评估指标	课业评估标准	分项成绩
1．消费者购买行为实现过程（Σ30分）	（1）过程具有合理性； （2）过程具有创新性； （3）环节之间具有逻辑性	
2．消费者购买行为实现过程图（Σ40分）	（1）过程图制作具有规范性； （2）过程图制作具有科学性	
3．消费者购买行为实现过程图说明（Σ30分）	（1）语言表达具有准确性； （2）语言表达具有逻辑性； （3）语言表达流畅	
总成绩（Σ100分）		
教师评语		签名： 年　月　日
学生意见		签名： 年　月　日

项目 3

打造竞争优势——谋用 STP 战略

项目目标

知识目标

- 复述市场细分、目标市场、市场定位的概念
- 说明市场细分与目标市场选择之间的关系
- 列举目标市场选择的基本方法及其营销策略
- 理解市场定位的策略及其运用要点

技能目标

- 能够选取恰当的标准进行市场细分
- 能够根据企业实际情况选择恰当的目标市场
- 能够为企业选择正确的目标市场营销策略
- 能够明确企业产品的市场定位

项目结构

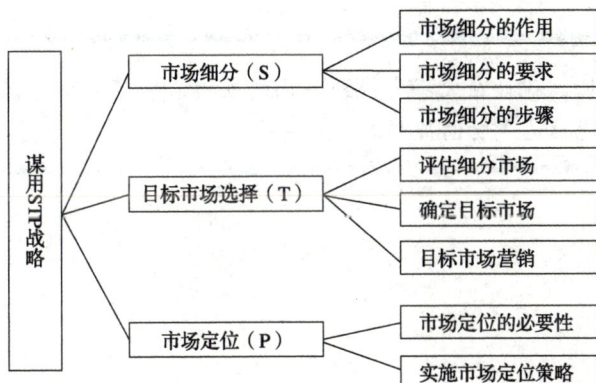

项目重/难点

- 项目重点：对市场细分标准、目标市场营销策略，以及市场定位策略的掌握。
- 项目难点：市场细分、目标市场选择与市场定位三者之间的关系及其相应策略的具体运用。

项目教学建议

- 由于本项目的内容具有抽象性，建议采用授课和案例分析相结合的方式教学，实务训练可以分小组完成。
- 用于教学的案例应具有典型性，以便帮助学生更好地理解知识点。
- 对于教学中所使用的工具图，可结合实际案例让学生动手绘制。

任务导入

在竞争激烈的奶茶市场中，蜜雪冰城以强势的"高性价比"策略，将目标消费者锁定为高校、小城市等下沉市场中的消费者，把低价做到了极致。即使在省会城市最繁华的街头，蜜雪冰城依旧保持低价。在大多数奶茶品牌把目光聚焦在一线城市时，蜜雪冰城却反其道而行，选择了三四线城市，凭借1元冰激凌、3元柠檬水等低价爆款商品迅速抢占市场，并攻陷了各个大学城，成为有名的校园品牌之一。平时消费水平不高的大学生群体和一些低收入群体在蜜雪冰城实现了奶茶自由。对茶饮行业而言，品牌增长的关键在于老客户的复购，蜜雪冰城在私域中借助会员管理体系，培养客户对品牌的忠诚度，提升客户黏性，持续延长客户的生命周期。

[1] 用思维导图解析蜜雪冰城的市场细分活动。

[2] 用产品市场矩阵图描述蜜雪冰城的目标市场。

[3] 你会在目标市场中怎样进行市场定位？

营销箴言

细分市场，犹如在大海中找到自己的航标。明确方向，稳健前行，方能抵达成功的彼岸。

任务知识点

知识点 1　市场细分（S）

1.1　市场细分的作用

所谓市场细分，是指市场营销人员通过市场调研，根据消费者对产品的不同欲望与需求、不同购买行为与购买习惯，把整个市场划分为具有相似性的若干子市场，使企业可以从中认定其目标市场的过程和策略。这里所讲的子市场就是消费者群。每一个消费者群都是一个细分市场，每一个细分市场都是由需求类似的消费者构成的群体，所有细分市场的总和便是整个市场。

1. 市场细分是制定营销策略的关键环节

在完成市场细分后，子市场中消费者的需求大多具有共性，企业可以根据自己的经营思想、方针，以及生产技术和营销力量，确定目标市场。针对具体的目标市场，企业可以制定具体的营销策略。而且，在具体的细分市场上，企业更容易收集信息和接收反馈，一旦细分市场上消费者的需求发生变化，企业就能迅速改变营销策略，提高应变能力。

2. 市场细分有利于发现市场营销机会

市场营销机会是已出现在市场上但尚未被满足的需求。这种需求往往是潜在的，一般不易被发现。运用市场细分的手段便于发现这种需求，并从中寻找适合企业开发的需求，从而抓住市场机会，使企业赢得市场主动权。

3. 市场细分有利于增强企业的竞争力

在企业之间的竞争日益激烈的情况下，通过市场细分，企业能够发现目标消费者的需求特性。由于范围相对较小，服务对象具体、明确，企业的调研更具有针对性，便于企业认识和掌握消费者需求的特点，了解消费者对不同营销手段的反应差异，从而调整产品结构，增加产品特色，增强竞争力，有效地与竞争对手抗衡。

4. 市场细分有利于提高企业产品的市场占有率

市场不是轻易就能拓展出来的，必须从小到大，逐步拓展。通过市场细分，企业可先选择将最适合自己的某些子市场作为目标市场，在占领这些子市场后再逐渐向外推进、拓展，从而提高产品的市场占有率。

5. 市场细分有利于企业发挥优势

每一家企业的营销能力对整个市场来说都是有限的。所以，企业必须将整个市场细分，确定自己的目标市场，把自己的优势集中到目标市场上。否则，企业就会丧失优势，进而在激烈的市场竞争中遭受失败。特别是一些小企业，更应该利用市场细分选择目标市场。

1.2 市场细分的要求

企业进行市场细分的目的是通过对消费者需求的差异进行定位，取得较大的经济效益。由此，有效的市场细分必须满足以下要求。

1. 可衡量性

可衡量性是指用来细分市场的标准及细分后的市场是可以识别和衡量的，既有明显的区别，又有合理的范围。如果某些细分市场的标准很难衡量，在细分市场后无法界定、难以描述，那么市场细分就失去了意义。一般来说，一些具有客观性的标准，如年龄、性别、收入、地理位置、民族等，都易于确定，并且有关的信息和统计数据也比较容易获得；一些具有主观性的标准，如心理和性格方面的标准，比较难以确定。

2. 可进入性

可进入性是指企业能够进入所选定的市场，能在其中进行有效的促销和分销。可进入性实际上就是营销活动的可行性：一是企业能够通过一定的广告媒体把产品信息传递给该市场中众多的消费者，二是产品能通过一定的销售渠道抵达该市场。

3. 可盈利性

可盈利性是指细分市场的规模要大到能够使企业获得足够的利润的程度，使企业值得为它设计一套营销方案，以便顺利地实现其营销目标。细分市场还要有可拓展的潜力，以保证企业可以按计划获得理想的经济效益和社会效益。

4. 差异性

差异性是指各细分市场的消费者对同一营销方案的反应会有差异。或者说，对于营销方案的变动，不同细分市场会有不同的反应。如果不同细分市场的消费者对产品的需求差异不大，在行为上的同质性远大于其异质性，那么企业就不必费力对市场进行细分了。另外，对于细分出来的市场，企业应当分别制定独立的营销方案。如果无法制定出这样的营销方案，或其中某个细分市场在采用不同的营销方案时没有较大的差异反应，那么企业也就不必进行市场细分了。

5. 稳定性

稳定性是指细分后的市场在一定时间内具有相对稳定性。细分后的市场能否在一定时间内保持相对稳定，直接关系到企业生产、营销的稳定性。特别是大中型企业，以及投资周期长、转产慢的企业，如果其细分市场缺乏稳定性，就容易出现经营困难等问题，严重影响经营效益。

此外，市场细分的基础是消费者的需求具有差异性，所以凡是使消费者的需求产生差异的因素都可以被作为市场细分的标准。由于各个市场的特点不同，因此市场细分的要求也有所不同。

1.3　市场细分的步骤

根据国内外市场营销专家的普遍看法，市场细分一般分为以下 7 个步骤。

1. 选定产品市场范围

选定产品市场范围，也就是确定企业进入什么行业，生产什么产品。产品市场范围的确定应以消费者的需求为标准，而不是以产品本身的特性为标准。比如，一家房地产企业要在乡村建一座简朴的住宅，从消费者的角度来考虑，一些高收入的消费者厌倦了城市的喧闹和高楼大厦，可能会非常向往乡间清静、简单的生活，因此可能会买这座住宅。但是，单从这座住宅的特性来考虑，企业可能会认为这座住宅对收入不高的消费者来说不会带来什么利益，也就没有投资的必要。所以企业在确定产品市场范围的时候一定要确定好标准。

2. 明确潜在消费者的基本需求

潜在消费者的基本需求也是一个非常重要的因素。企业应该通过调查，了解潜在消费者的基本需求。还以上述房地产企业为例，潜在消费者对住宅的基本需求可能包括遮风挡雨、保暖、安全、经济、方便、设计合理、室内装修完备、工程质量高等内容，企业只有在了解这些基本需求之后才能去建住宅。

3. 了解不同消费者的需求

消费者的需求是多种多样的，不同层次的消费者群体对同一产品的需求也是不一样的。也就是说，在了解的这些基本需求中，不同消费者强调的重点可能不一样。比如，对于同样一座房子，遮风挡雨、安全、经济等内容可能是所有消费者都会关心的问题，但是在其他的基本需求中，有的消费者会强调方便、设计合理，有的消费者则会强调安静、内部装修完备等。通过这种比较，不同消费者的需求差异便会显现出来，然后企业就可以在这种差异的基础上，优先选择更能取得效益的细分市场了。

4. 选取重要的差异需求作为细分标准

在开展市场细分的时候，可以抽掉消费者的共同需求，把消费者的差异需求作为市场细分的标准。常用的细分标准包括以下几种。

（1）地理因素。按地理因素细分市场就是把市场分为不同的地理区域，如国家、地区、省市，东部、西部，南方、北方，城市、农村，山区、平原、高原、湖区、沙漠等。将地理因素作为细分市场的依据，是因为地理因素影响消费者的需求和反应。由于自然气候、交通条件、通信条件、传统文化、经济发展水平等因素的影响，各地区的消费者形成了不同的消费习惯和偏好，其需求具有不同的特点。比如，生活在我国不同地区的人们在食物口味上有很大差异，由此形成了粤菜、川菜、鲁菜等著名菜系。又如，我国不同地区的人养成了不同的洗浴习惯，因此对沐浴露、洗发水等的要求也不同。

（2）人口因素。按人口因素细分市场是指按年龄、性别、家庭人数、收入、职业、受教育程度、宗教、民族、国籍等人口统计维度，将市场细分为若干子市场。例如，可以把服装市场按照"性别"这个维度分为两个子市场：男装市场和女装市场。还可以按照"年龄"这个维度，将服装市场分为7个子市场：童装市场，青年男、女装市场，中年男、女装市场，老年男、女装市场。

把人口因素作为细分市场的标准，是因为人口是构成市场最主要的因素，它与消费者的需求及许多商品的销售都存在密切的联系。因此，企业认真研究人口因素对生活资料市场的影响是十分必要的。

（3）心理因素。在市场营销活动中，常常出现这种情况，即人口因素相同的消费者，对同一产品的态度截然不同，这主要是由于心理因素的影响。心理因素复杂而广泛，涉及消费者一系列的心理活动和心理特征，主要包括消费者的个性、生活方式、社会阶层、动机、价值取向、对产品和服务的感受或偏好、对产品价格的敏感程度、对企业促销活动的反应等。下面对其中的部分内容加以说明。

① 生活方式。人们在消费、工作和娱乐上表现出特定的习惯，构成不同的生活方式，这往往使其产生不同的消费需求和购买行为，即使对同一种产品，也会在质量、外观、款式、规格等方面产生不同的需求。如今，许多消费者购买产品不仅是为了满足物质方面的需求，更重要的是为了表现他们的生活方式，满足其心理需求，如彰显身份、地位及追求时髦等。

② 社会阶层。由于不同社会阶层的人所处的社会环境、成长背景不同，因而其兴趣偏好和消费特点不同，对产品和服务的需求也不尽相同。

③ 个性。每个人都有影响其购买行为的独特个性。在特定的个性同产品或品牌的选择之间存在很强相关性的前提下，个性就可以成为细分市场的标准。

④ 偏好。偏好是指消费者偏向于某一方面的喜好。比如，有的消费者爱抽烟，有的消费者爱喝酒，有的消费者爱吃辣的食物，有的消费者爱吃甜的食物。在市场上，消费者对不同品牌的喜爱程度是不同的，有的消费者有特殊偏好，有的消费者没有什么偏好。因此，企业为了维持和扩大经营，就要了解消费者的各种偏好，掌握其需求的特征，以便从产品和服务等方面满足他们的需求。

（4）行为因素。按行为因素细分市场是指根据消费者购买和使用产品的时机、从产品中追求的不同利益，以及对产品的态度、使用状况及其反应将市场细分为若干子市场。

① 时机。可按消费者购买和使用产品的时机细分市场。这些时机包括结婚、购房、搬家、拆迁、入学、升学、退休、出差、旅游、节假日等。时机细分有助于提高产品使用率，增强营销的针对性。例如，旅行社可以在"十一"黄金周期间提供专门的旅游服务，文具企业可以在新学期开始时提供学习用品。

② 利益。利益细分是指根据消费者从产品中追求的不同利益对市场进行划分的一种方法。在进行利益细分时，必须确定消费者从产品中追求的主要利益、有谁在追求这些利益、这些利益对他们的重要程度如何、哪些产品可以提供这些利益、哪些利益还没有得到满足，进而有针对性地进行产品营销策划。

③ 使用状况。许多企业根据消费者对产品的使用状况将消费者分为曾经使用者、未曾使用者、潜在使用者、初次使用者、偶尔使用者和经常使用者等类型，针对不同类型的

消费者采用不同的营销策略和方法。拥有市场占有率高的产品的企业特别重视将潜在使用者转变为实际使用者，一些小企业只能以经常使用者为服务对象。

④ 品牌忠诚度。消费者的忠诚是企业宝贵的财富。美国商业研究报告指出：相比初次登门者，多次光顾的消费者可为企业多带来 20%～85%的利润；固定消费者数目每增长5%，企业的利润则增加 25%。根据消费者的品牌忠诚度，可将消费者分为 4 种类型：专一忠诚者、潜在忠诚者、迟钝忠诚者和缺乏忠诚者。

⑤ 态度。消费者对产品的态度大体可分为 5 种，即热爱、肯定、冷淡、拒绝和敌意。态度是人们生活方式的一种体现，态度决定着成败，也决定着产品定位。企业可以通过调查、分析，针对不同态度的消费者采取不同的营销策略。例如，对于对产品持拒绝和敌意态度的消费者，企业就不必浪费时间去改变他们的态度了；对于对产品持冷淡态度的消费者，则应设法去争取他们。

5. 根据所选标准细分市场

在营销时，根据潜在消费者在需求上的差异，将消费者划分为不同的群体或者子市场，实现具体的市场细分。例如，汽车公司将消费者划分为高收入人群、中等收入人群、低收入人群等多个群体，并采取不同的营销策略，这样就能更加直接地定位到某种需求上。

6. 复盘各个细分市场

企业的经营目标是盈利。因此，能够带来较大收益的市场细分才是最佳选择，这就要求企业进一步细分市场需求和购买行为，并找到原因，以便在此基础上决定是否可以合并这些细分市场或者对细分市场再进行细分。

7. 评估各个细分市场的规模

企业应在仔细调查的基础上，评估每一个细分市场的消费者数量、购买频率、平均每次购买数量等，并对细分市场上的产品竞争状态及发展趋势进行分析。因为这些因素影响着消费者的购买力，也间接地影响到了企业的利润。

知识点 2　目标市场选择（T）

2.1　评估细分市场

懂得如何评估不同细分市场的吸引力，能为企业的盈利多争取一份希望。当细分市场符合企业的要求时，企业还需要考虑自己是否拥有足够的技能和资源，以保证在细分市场上取得成功。只有当企业能够提供具有价值的产品和相关服务时，它才可以进入这个细分市场。

企业在对市场进行细分之后，还要对不同的细分市场进行评价，进而明确自己准备服务于哪一个细分市场。企业在评估细分市场时主要考虑以下因素。

1．细分市场的规模和增长潜力

细分市场的规模和增长潜力是指潜在的细分市场是否具备适度规模和发展前景。"适度规模"是一个相对的概念。大的企业一般重视销售量大的细分市场，而小的或新兴的企业则应避免进入规模较大的细分市场，因为那样需要更多的资源投入。细分市场的发展前景通常是一种期望特征，因为企业总是希望销售额和利润不断增加。但需要注意的是，竞争对手也会迅速抢占正在发展的细分市场，从而抑制本企业盈利水平的提高。

2．细分市场的吸引力

有些细分市场虽具备了企业所期望的规模和发展前景，但可能缺乏盈利潜力。企业要评价 5 种因素对长期盈利的影响，即同行竞争者、潜在的竞争加入者、替代产品、购买者和供应商。

3．企业自身的目标和资源

即使某个细分市场具有较大的规模、良好的发展前景和富有吸引力的市场结构，企业仍然需要结合自身的目标和资源进行考虑。企业有时需要自动放弃一些具有吸引力的细分市场，因为它们并不符合自身的长远目标。当细分市场符合自身的长远目标时，企业还必须考虑自己是否拥有足够的技能和资源，以保证在该细分市场上取得成功。

2.2　确定目标市场

目标市场是指企业在细分市场的基础上，经过评价和筛选所确定的为实现经营目标而开拓的特定市场，即企业能以某种相应的产品和服务去满足消费者的需求、为其服务的那几个消费者群体或细分之后的子市场。市场细分是选择目标市场的前提和条件，而选择目标市场是市场细分的目的和归宿。

企业在市场细分的基础上进行目标市场的选择，首先要确定对于一个已经细分的市场，应选取多少个细分市场作为目标市场，这就是确定目标市场的范围。目标市场的范围通常采用产品—市场矩阵图来确定。一般情况下，确定目标市场范围的策略有 5 种，如图 3.1 所示。

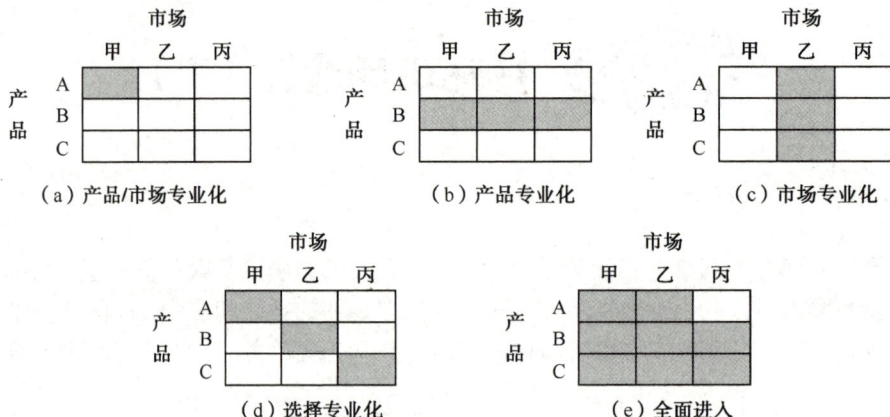

注：甲——女青年，乙——中年妇女，丙——老年妇女；A——变速车，B——女车，C——小三轮车

图 3.1　确定目标市场范围的策略

1. 产品/市场专业化

产品/市场专业化是指企业只生产经营某一种产品,产品只供应某一类消费者群体。这样企业既能获得较好的效益,又能发挥自己的能力。也就是说,企业的目标市场无论从消费者(市场)角度来看,还是从产品角度来看,都集中在一个细分市场上。这种确定目标市场范围的策略较适用于小型企业,如自行车厂只为女青年生产女式变速车。

2. 产品专业化

企业只生产某种产品,向各种不同的消费者群体同时供应该产品。例如,自行车厂只生产女车,同时为女青年、中年妇女、老年妇女提供服务。

3. 市场专业化

企业生产各种产品,向某一类消费者群体供应这些产品,满足其不同需求。例如,自行车厂生产变速车、女车、小三轮车,为中年妇女提供服务。

4. 选择专业化

企业决定有选择地进入若干不同的细分市场,为不同的消费者群体提供不同性能、规格的同类产品。例如,经过市场分析,自行车厂为女青年生产变速车,为中年妇女生产女车,为老年妇女生产小三轮车。企业在采用这种策略确定目标市场的范围时,应当慎重考虑这几个细分市场能否使自己实现盈利。

5. 全面进入

全面进入指的是目标市场的范围包括整个市场,即企业为所有的消费者生产他们所需要的性能不同的各种产品。例如,自行车厂为女青年、中年妇女生产各种型号的自行车,为老年妇女生产女车、小三轮车(变速车对老年妇女不适宜),这是大企业为垄断市场所采取的策略。在市场经济条件下,竞争十分激烈,企业很少甚至不可能真正垄断市场。因此,企业在运用这种策略时务必慎重,应做好周密的调查研究和分析。

企业在运用上述 5 种策略时,一般先进入最有吸引力的细分市场,待条件成熟时再有计划、有步骤地扩大目标市场的范围。

2.3　目标市场营销

企业应明确为哪一类消费者服务、满足消费者的哪一种需求。选择目标市场营销策略是企业在营销活动中的一项重要任务。

1. 目标市场营销策略的类型

(1)无差异营销策略。企业采用无差异营销策略来开拓市场,即企业着眼于消费者需求的同质性,把整个市场看成一个大市场,对市场的各个部分同等看待,推出一种产品,采用一种价格,使用相同的分销渠道,进行相同的广告设计和广告宣传,去占领整个市场。其指导思想是,市场上所有消费者对某一产品的需求是基本相同的,只要企业大批量生产,就能满足消费者的需求,获得较高的销售额,因而企业把整个市场作为目标市场。

这一策略的优点是大批量生产和经营有利于企业降低成本,取得规模效益;由于企业不需要对市场进行细分，可相应地节省市场调研和宣传费用，有利于提高利润水平。其缺点是难以满足消费者多样化的需求，不能适应瞬息万变的市场形势，应变能力差。因此，一般来说，选择性不强或差异性不大的产品、供不应求的产品、具有专利权的产品等宜采用此策略。在生产观念和推销观念盛行的时期，它是大多数企业实施的营销策略。随着消费者的需求向多样化、个性化发展，生产力水平和科技进一步发展，其适用范围逐步缩小。

（2）差异性营销策略。差异性营销策略就是把整个市场细分为若干子市场，针对不同的子市场设计不同的产品，制定不同的营销策略，满足不同的消费需求。比如，服装企业针对不同性别、不同收入水平的消费者推出不同品牌、不同价格的产品，并采用不同的广告主题来宣传这些产品，根据每个子市场的特点，制定不同的市场营销策略。

这一策略的优点是能满足不同消费者的不同要求，有利于扩大销售、占领市场。其缺点是产品和促销方式的差异化增加了管理难度，增加了生产和销售费用。目前只有实力雄厚的大企业采用这种策略。

（3）集中性营销策略。集中性营销策略是指在细分后的市场上，选择一个或少数几个子市场作为目标市场，进行专业化生产和销售。企业在个别市场上发挥优势，提高市场占有率。采用这种策略的企业对目标市场有较深的了解，这是大部分中小型企业应当采用的策略。例如，加多宝公司为所有消费者提供一种凉茶饮料。据中国食品工业协会的介绍，随着消费者对健康的诉求的提升，以凉茶、纤维饮料、近水饮料（清淡饮料）为代表的新品类迅速增长，并占有一定的市场份额。

采用集中性营销策略，能使企业集中优势力量，生产适销对路的产品，降低成本，提高产品的知名度；但会使企业面临较大的经营风险，因为它的目标市场范围小，品种单一。如果目标市场上消费者的需求发生变化，企业就可能因应变不及时而陷入困境。同时，当强有力的竞争者打入目标市场时，企业就会受到严重影响。因此，为了分散风险，中小企业应选择一定数量的子市场作为目标市场。

2. 影响目标市场营销策略选择的因素

上述3种目标市场营销策略各有利弊，企业在进行决策时要具体分析产品和市场的状况及本身的特点。影响企业选择目标市场营销策略的因素主要有企业资源、产品特点、市场特点和竞争者的策略。

（1）企业资源。资源雄厚的企业，如拥有大规模的生产能力和广泛的分销渠道、自动化程度很高、产品标准化、内在质量和品牌信誉好的企业，可以考虑采用无差异营销策略；如果企业拥有雄厚的设计实力和优秀的管理能力，则可以考虑采用差异性营销策略；对实力较弱的中小企业来说，应采用集中性营销策略。企业在初次进入市场时，往往采用集中性营销策略，在积累了一定的经验后再采用差异性营销策略或无差异营销策略，以扩大市场份额。

（2）产品特点。产品的同质性表明，产品在性能、规格等方面差异性的大小，是企业选择目标市场时不可不考虑的因素之一。一般对于同质性高的产品（如食盐等），企业宜采用无差异营销策略；对于同质性低的产品或异质性产品，企业宜采用差异性营销策略或集中性营销策略。

此外，产品因所处生命周期的阶段不同而表现出不同特点，这也不容忽视。当产品处于导入期和成长初期时，消费者刚刚接触产品，对产品的了解还停留在较粗浅的层次，竞争尚不激烈，企业在这时的营销重点是挖掘市场对产品的基本需求，往往采用无差异营销策略。等到产品进入成长后期和成熟期时，消费者已经熟悉产品的特性，其需求向深层次发展，表现出多样性和不同的个性，竞争空前激烈，此时企业应将策略转变为差异性营销策略或集中性营销策略。

（3）市场特点。供与求是市场中的两大基本力量，它们的变化趋势往往是决定市场发展方向的根本因素。当供不应求时，企业重在扩大供给，无暇考虑需求差异，所以采用无差异营销策略；当供过于求时，企业为刺激需求、扩大市场份额殚精竭虑，多采用差异性营销策略或集中性营销策略。

从市场需求的角度来看，如果消费者对产品的需求偏好、购买行为相似，则这样的市场称为同质市场，企业应采用无差异营销策略；反之，当市场为异质市场时，企业应采用差异性营销策略或集中性营销策略。

（4）竞争者的策略。企业可与竞争者选择不同的目标市场营销策略。例如，当竞争者采用无差异营销策略时，企业采用差异性营销策略或集中性营销策略更容易发挥优势。

企业应慎重选择目标市场营销策略，一旦确定，应保持相对稳定，不能朝令夕改；但也不应忽视灵活性，没有永远正确的策略，一定要密切注意市场需求的变化和竞争动态。

知识点 3　市场定位（P）

3.1　市场定位的必要性

市场定位又称"营销定位"，是市场营销人员在目标消费者的心目中塑造产品、品牌、组织的形象或个性的一种营销技术。企业应根据竞争者现有产品在市场上所处的位置，针对消费者对该产品某种特征或属性的重视程度，强有力地塑造出本企业产品与众不同的、给人留下鲜明印象的形象或个性，并把这种形象或个性生动地传递给消费者，从而使该产品在市场上拥有适当的位置。简而言之，市场定位就是在目标消费者心目中树立产品独特的形象。

市场定位在营销中具有举足轻重的地位，它的必要性主要体现在以下 3 个方面。

1. 有利于塑造企业特有的形象

企业通过市场定位向消费者传达信息，将自己的产品、品牌与其他产品、品牌的差异清楚地展现在消费者面前，从而引起消费者的注意，并使其产生联想。若市场定位与消费者的需求吻合，则产品就可以留驻在消费者心中。例如，在品牌极多的洗发水市场上，海飞丝洗发水的市场定位为去头屑的洗发水，这在当时独树一帜，因而海飞丝洗发水一经推出就立即引起了消费者的注意，使消费者认定它不是普通的洗发水，而是具有去头屑功能的洗发水。当消费者需要解决头屑问题时，第一个想到的自然就是它。

2. 有利于满足消费者的需求

一种产品不可能满足所有消费者的要求，企业只有以市场上的部分特定消费者为服务对象，才能发挥其优势，提供更有效的服务。因而明智的企业会根据消费者需求的差别将市场细分，并从中选出有一定规模和发展前景并符合企业目标和能力的细分市场作为目标市场。但只确定目标消费者是远远不够的，因为这时企业还处于"一厢情愿"的阶段，让目标消费者将本企业产品作为他们的购买目标更为关键。为此，企业需要将产品放在目标市场消费者所偏爱的位置上，并通过一系列的营销活动向目标消费者传达这一定位信息，让目标消费者注意到产品并感觉到它就是自己所需要的，从而使所选定的目标市场真正成为市场。如果说市场细分和选择目标市场是寻找"靶子"，那么市场定位就是将"箭"射向"靶子"。

3. 有利于形成竞争优势

在当今信息爆炸的社会中，消费者大都被过量的产品信息所困扰，他们不可能在做每项购买决策时都对产品进行重新评价。为了简化购买决策，消费者往往会对产品进行归类，即将某个企业及其产品与竞争者及其产品相比较，为企业及其产品在他们心目中"定个位置"。企业的市场定位一旦得到消费者的认可，就会使企业形成巨大的竞争优势，且这种优势往往不是产品质量和价格所带来的优势可比拟的。例如，"可口可乐才是真正的可乐"这一广告使可口可乐在消费者心目中确立了"可口可乐是唯一真正的可乐"这一独特的地位。

3.2　实施市场定位策略

市场定位是一种竞争性定位，它反映了市场竞争中各方的关系，是为企业有效参与市场竞争服务的。市场定位策略主要有以下3种。

1. 产品定位策略

（1）根据产品属性定位。根据产品属性定位是最常见的一种市场定位方法，这是一种以产品的特点和属性为基础，依托产品独特的品质、优势、特色来进行市场定位的策略。一些典型的属性定位产品包括：功能性产品，如激光切割机、工业机器人等；高技术含量产品，如智能手机、电子游戏等；环保和健康产品，如有机食品、绿色家电等。这些产品都通过自身的优势和特点，找到了适合自己的市场定位，并在市场竞争中获得了成功。

（2）根据价格与质量定位。价格是产品最明显、最能反映其质量的信息。高价格是一种高质量的象征。只要产品属于"高质"的类别，且其高质量、高水平服务、高档次能被消费者实实在在地感受到，企业就可以用高质高价为其定位。有一些企业将高质低价作为一种竞争手段，目的在于渗透市场，提高市场占有率。

（3）根据产品的功能和利益定位。产品能帮助消费者解决问题，为消费者带来方便，使其获得心理上的满足，这就是产品的功能。企业可通过对各种产品功能的突破、强调自己的产品能给消费者带来比竞争者的产品更多的利益来进行定位。例如，提供多种功能，建立起产品"功能齐全"的市场形象；也可以将产品关键的、重要的功能作为突破点，使消费者在产品主要功能方面获得最大程度的满足，树立产品独特的形象；还可以将产品的某一功能设计得特别突出，使该产品能够完全满足一种功能需要，从而突出产品的差异。

（4）根据使用者定位。使用者就是目标消费者，所以根据使用者定位，实际上就是选定一个独特的目标市场，并使产品在此目标市场上获得难以被取代的优势地位，如老年人高钙铁质奶粉。

2. 品牌定位策略

品牌是商业化的现实生活中常见的东西，在国际上有好多产品是靠品牌成交的，如瑞士的手表、法国的化妆品、日本的电子产品和小汽车、德国的相机、美国的可口可乐、中国的丝绸等。

（1）档次定位。依据品牌在消费者心目中的价值高低将其分为不同的档次，如酒店、宾馆按星级划分为 1～5 个等级就是档次定位的一个典型例子。定位于中低档次的品牌，针对的是其他的细分市场，如追求实惠和廉价的低收入群体。

（2）类别定位。类别定位力图在消费者心目中形成该品牌等同于某类产品的印象，以此成为某类产品的代名词或领导品牌，这样在消费者有了某种特定需求时就会联想到该品牌。在饮料市场中，"七喜"汽水的"非可乐"定位就是借助类别进行定位的一个经典的例子。"非可乐"定位使"七喜"处于与"可口"和"百事"对立的类别，成为可乐饮料之外的另一种选择。这样不仅使七喜避免了与两巨头的正面竞争，还巧妙地将其与两品牌挂钩，使其处于和它们并列的地位。

（3）比附定位。比附定位就是依靠攀附名牌、比拟名牌来给自己的品牌定位，目的是借名牌之光来提升自己品牌的价值和知名度，如明确承认同类产品中另有最负盛名的品牌，自己提供的产品只不过位居第二而已。这种策略会给人一种谦虚、诚恳的印象，让人相信其所说的是真实可靠的。又如，企业强调自己是某个具有良好声誉的小团体的成员之一。美国克莱斯勒公司就宣称自己是美国"三大汽车公司之一"，其在推出这个俱乐部的概念后，立即使自己和"巨头"们坐在一起了，很容易在消费者心目中留下深刻的印象。

（4）情境定位。将品牌与一定环境、场合下产品的使用情况联系起来，以唤起消费者在特定情境下对该品牌的联想。比如，"八点以后"（After Eight）巧克力薄饼的定位是"适合晚上八点以后吃的甜点"，"米开威"（Milky Way）则自称为"可在两餐之间吃的甜点"。它们在时段上进行了区分：八点以后想吃甜点的消费者自然而然地就想到了"八点以后"这个品牌；而在两餐之间想吃甜点的消费者首先会想到"米开威"这个品牌。

3. 企业定位策略

消费者在购买一种产品的时候，常常会面临着品牌太多，而自己又对品牌不了解的情形。这时消费者往往会倾向于看生产产品的企业是哪一家，之后再做决定。企业作为一个整体，在消费者的心目中具有一定的位置。一般有 4 种可以选择的企业定位策略。

（1）市场领导者的策略。在同一行业中，往往有一类这样的大企业，它们经济实力雄厚，产品拥有较高的市场占有率，公认处于市场领导者的地位。这类企业为了维护其领导者的地位，通常把自己的整体形象定位在消费者偏爱范围的中心位置，这样定位最能满足广大消费者的需求。

（2）市场挑战者的策略。在同一行业中，一些企业处于第二、第三位的市场地位，它们不甘心被领导，因而会进行市场竞争，抢占市场领导者的位置，以提高市场占有率。这类企业把自己的整体形象确定在尽量靠近市场领导者的位置上，缩小自己与市场领导者之间的差距，便于争夺市场领导者地位。

（3）市场追随者的策略。在同一行业中，一些处于市场第四、第五位的企业，或处于第二、第三位的企业，它们从利润出发，不愿意冒风险争夺市场领导者地位，甘愿居次要地位，追随、模仿市场领导者。这类企业一般选择的定位策略有3种：一是紧随其后，二是有距离追随，三是有选择追随。

（4）市场补缺者的策略。在同一行业中，一些小型企业因为资源有限，无法与大企业相争，只能经营一些被大企业忽视的小市场。这类企业把自己的整体形象确定在远离市场领导者的位置上，以避免市场竞争，进而发展自己的市场。

任务技能点

技能点1　解读市场细分标准

技能要点

（1）根据地理因素对羽绒衣市场进行细分。
（2）根据人口因素对羽绒衣市场进行细分。
（3）根据心理因素对羽绒衣市场进行细分。
（4）根据行为因素对羽绒衣市场进行细分。

训练过程

（1）每组5～6人，由组长带领，根据常用的市场细分标准对羽绒衣市场进行分析。
（2）各组完成分析后，将分析结果做成PPT，进行展示。
（3）分小组对分析结果进行展示。

关键点提示

（1）教师协助学生提前联系好市场。
（2）可深入市场实地了解羽绒衣的产品情况，为市场细分提供依据。
（3）对羽绒衣市场进行细分的结果是否准确？

技能点2　解读市场定位

技能要点

（1）深入当地市场，确定进行市场定位分析的具体产品。
（2）通过实地考察等不同渠道收集相关信息，确定该产品的市场定位策略。
（3）对市场上同类产品的定位进行分析。

训练过程

（1）每组 5～6 人，由组长带领，深入市场，通过各种渠道收集信息。

（2）对收集的信息进行归纳分析，确定产品的市场定位策略。

（3）将分析结果以 PPT 的形式进行汇报。

关键点提示

（1）教师协助联系当地市场或指导学生自行联系。

（2）对产品的市场定位分析是否准确、到位？

（3）在实训过程中所有学生是否都参与了资料的收集、整理、分析？

效果评估

评估点1　目标市场分析

1. 情境描述

通过实际调查，确定以下产品或品牌的目标市场。

（1）华为 mate 系列的目标市场。

（2）华为 nova 系列的目标市场。

（3）卫龙辣条的目标市场。

（4）宝洁公司各大洗发水产品的目标市场。

（5）海澜之家的目标市场。

2. 评估标准与结果分析

请认真分析相应的目标市场中消费者的特征，进一步分析这些特征对消费者购买行为的影响。

评估点2　分析元气森林的市场定位策略

1. 情境描述

饮料行业竞争激烈，一直处于红海状态。可口可乐、农夫山泉、康师傅、统一等品牌稳固占据着一定的市场份额，新的品牌似乎没有太大的机会再分一杯羹。但是，2016 年元气森林横空出世，爆红出圈，深受年轻人的喜爱。元气森林强劲的发展势头不容小觑。

2. 评估标准与结果分析

请仔细分析元气森林是如何利用市场定位策略在巨头林立的饮料市场中飞速发展的。

拓展空间

【市场定位工具】

市场定位是一种思考，在实践中需要专业的工具使操作具体化。定位图就是进行市场定位时最常使用的一种工具，它是一种直观的、简洁的定位分析工具，一般以平面二维坐标图的形式对品牌识别、品牌认知等状况进行直观比较，以解决有关定位问题。定位图可以显示各产品、各品牌在消费者心目中的形象及它们之间的差异，有助于企业在此基础上进行定位决策。

【社会阶层细分法】

由于不同社会阶层的消费者所处的社会环境不同、成长背景不同，因而拥有不同的兴趣偏好和消费特点，对产品和服务的需求也不尽相同。美国著名营销大师菲利普·科特勒将美国社会划分为7个阶层。①上上层：继承巨额财产，拥有强大的家庭背景的社会名流；②上下层：在职业或生意中因具有超凡活力而获得较高收入或财富的人；③中上层：对其"事业前途"极为关注，且获得专门职业者，一般是独立企业家和公司经理等职业人士；④中间层：中等收入的白领和蓝领工人；⑤劳动阶层：低等收入的蓝领工人和那些过着"劳动阶层生活"的人；⑥下上层：工资低，生活水平处于贫困线上，追求财富但无技能的人；⑦下下层：贫困潦倒，常常失业，长期靠公众或慈善机构救济的人。处于不同社会阶层的人，在汽车、服装、家具、娱乐、阅读等方面的需求有较大的差异。

挑战自我

【理论自测题】

■ 选择题（第1～5题为单项选择题，第6～10题为多项选择题。）

1. 采用无差异营销策略的最大优点是（　　　）。
   A. 市场占有率高 　　　　　　　　　B. 成本的经济性
   C. 市场适应性强 　　　　　　　　　D. 需求满足程度高

2. 若消费者对某种产品的需求和爱好比较接近，企业在选择目标市场时可采取（　　　）。
   A. 无差异营销策略 　　　　　　　　B. 差异性营销策略
   C. 集中性营销策略 　　　　　　　　D. 全面覆盖策略

3. 市场定位是给产品在（　　　）确定一个恰当的位置。
   A. 市场的地理位置上 　　　　　　　B. 产品质量上
   C. 消费者心目中 　　　　　　　　　D. 产品价格上

4. 市场细分的依据是（　　）。

    A. 消费者需求的共同性　　　　　B. 消费者需求的差异性

    C. 产品的共同性　　　　　　　　D. 产品的差异性

5. 加多宝公司采用的目标市场营销策略是（　　）。

    A. 无差异营销策略　　　　　　　B. 差异性营销策略

    C. 集中性营销策略　　　　　　　D. 全面覆盖策略

6. 按购买行为细分市场，要考虑消费者（　　）等因素。

    A. 对商品利益的追求　　　　　　B. 对商品的忠诚度

    C. 购买动机　　　　　　　　　　D. 所处购买阶段

    E. 对商品的态度

7. 市场细分的标准有（　　）。

    A. 地理因素　　　　　　　　　　B. 人口因素

    C. 人事因素　　　　　　　　　　D. 心理因素

    E. 行为因素

8. 影响目标市场营销策略选择的主要因素有（　　）。

    A. 企业资源　　　　　　　　　　B. 产品特点

    C. 市场特点　　　　　　　　　　D. 竞争者的策略

    E. 消费者的选择

9. 有效市场细分必须满足（　　）的要求。

    A. 可衡量性　　　　　　　　　　B. 可进入性

    C. 可盈利性　　　　　　　　　　D. 差异性

    E. 稳定性

10. 企业作为一个整体，在消费者心目中占据一定的位置，（　　）是可以选择的企业定位策略。

    A. 市场领导者的策略　　　　　　B. 市场挑战者的策略

    C. 市场追随者的策略　　　　　　D. 市场补缺者的策略

■ 判断题

1. 目标市场选择就是在市场细分的基础上，选择一个特定的市场作为企业提供产品和服务的市场。（　　）

2. 集中性营销策略就是集中所有力量，以一个或几个相似的市场为目标市场，以便在较小的市场上获得较多的市场份额。（　　）

3. 市场定位就是企业对产品及其价格进行适当的规定。（　　）

4. 在同类产品市场上，同一细分市场中消费者的需求偏好具有较大的共同性。（　　）

5. 同质产品适宜采用集中性营销战略。（　　）

6. 市场细分的目的是使企业准确选择目标市场，市场定位的目的是为企业找到自己的市场位置。（　　）

7．在企业之间的竞争日益激烈的情况下，通过市场细分，可以发现目标消费者群体的需求特性。　　　　　　　　　　　　　　　　　　　　　　　　（　　）

8．人口因素相同的消费者对同一商品的态度截然不同，这主要是由于心理因素的影响。　　　　　　　　　　　　　　　　　　　　　　　　　　　　　（　　）

9．差异性营销策略的优点是大批量生产和经营，有利于企业降低成本，取得规模效益。　　　　　　　　　　　　　　　　　　　　　　　　　　　　　（　　）

10．当供过于求时，企业为刺激需求、扩大市场份额殚精竭虑，多采用无差异营销策略或集中性营销策略。　　　　　　　　　　　　　　　　　　　　　　（　　）

■ 简答题

1．什么是市场细分？市场细分的标准有哪些？

2．影响目标市场营销策略选择的因素有哪些？

3．简述无差异营销策略。

【项目案例分析】

伊利的冰激凌之路

伊利在1996年正式进军北京市场，凭借百年奥运会的契机，打出了"亚特兰大奥运会许可产品"的招牌以扩大知名度。1997年，伊利产品的广告进入中央电视台电影频道，各式的串旗、遮阳伞也开始在北京的街头出现。当各地的冰激凌生产厂家纷纷与国外企业合资的时候，伊利提出了"内不联营，外不合资"的口号，要在外国企业面前做纯粹的中国名牌。

伊利当时主要的竞争者有"和路雪"和"雀巢"。与它们相比，伊利在企业实力、产品知名度方面还有相当大的差距。"和路雪"是世界上有名的冰激凌制造商。1996年，"和路雪"经过3年的征战，逐步在中国市场上站稳了脚跟，在产品知名度和销售量上占据着绝对的优势。1996年，"雀巢"也将它在中国的总部由香港迁至北京，同时在天津和青岛投巨资兴建现代化的冰激凌生产线。1997年，人们发现街头"和路雪"的冰柜和广告旁并排摆着"雀巢"的冰柜和价格牌。"雀巢"将冰柜染成了淡蓝色，使消费者能迅速地将自己与竞争者区别开，同时这样的颜色在炎热的夏天能给人清爽的感觉。

对大多数工薪阶层的消费者来说，他们在选择冰激凌时除了追求口感，价格更是主要的决定因素。伊利正是在这一点上迎合了大多数人的需求，它希望能在同样的产品中占据价格上的优势，在同样的价格中以高质量取胜。伊利能够迅速地在北京打开销路，得益于"低廉的价格、较高的品质"这一避强定位策略。之所以能够实施这一定位策略，是因为伊利具有许多别的企业没有的优势：在能源方面，当时北京的煤价为每吨150～160元，而内蒙古的煤价为每吨70～80元；在电费、人员工资方面，内蒙古也比北京要便宜得多。当时铁路运费又相对不高，低廉的成本使伊利的产品能够以较低的价格出现在市场上。另外，由于产地临近草原牧场，牛奶供应充足，每天厂家的收奶车直接到牧场收购鲜奶，在对其消毒后直接送入生产线。因此在口感方面，伊利的产品有较强的奶香味，具备了较高的品质。

■ 分析问题

（1）请分析当时中国冰激凌市场的竞争状况。几个竞争者各有哪些优势和劣势？

（2）几个竞争者各自采取了哪些目标市场营销策略？

（3）伊利公司面对竞争采取了何种市场定位策略？你认为这种策略有何利弊？

■ 分析要求

（1）学生分析针对案例提出的问题，拟出"案例分析提纲"。

（2）小组讨论，形成小组"案例分析报告"。

（3）班级交流，教师对各小组的"案例分析报告"进行点评。

（4）在班级展出附有"教师点评"的各小组"案例分析报告"，供学生进行比较研究。

【项目实训】

"市场定位策划"业务胜任力训练

■ 实训目标

引导学生参加"市场定位策划"业务胜任力训练；在切实体验"市场定位策划书"的准备与撰写等活动的过程中，培养学生相应的专业能力与职业核心能力；通过践行职业道德规范，促进学生健全职业人格的塑造；通过实训，使学生了解、掌握市场定位策划方案的框架构成、具体内容、格式要求，重点掌握市场定位策划的程序、方法、技巧和重点内容。

■ 实训内容

依据所学内容，对市场定位策划的程序和步骤、市场细分、目标市场选择与定位方案设计进行分析。

■ 操作步骤

（1）将学生分为若干学习小组，对实训项目进行市场细分分析。

（2）设计目标市场进入策略和市场定位方案。

（3）撰写"市场定位策划书"。

■ 成果形式

实训课业：制作"市场定位策划书"。

■ 实训考核

"活动过程"考核与"实训课业"考核相结合。

（1）"活动过程"考核。根据学生参与实训全过程的表现，就表 3.1 中的各项"评估指标"与"评估标准"，针对其"职业核心能力培养"与"职业道德素质养成"的训练效果，评出个人"分项成绩"与"总成绩"，并填写"教师评语"。

表 3.1　"活动过程"考核成绩表

（实训名称："市场定位策划"业务胜任力训练）

评估指标		评估标准	分项成绩
职业核心能力培养（Σ50分）	自我学习（Σ10分）	根据原劳动和社会保障部制定的《职业核心能力培训测评标准》中的相应规定，由授课教师结合本实训的要求自行拟定	
	信息处理（Σ0分）	根据原劳动和社会保障部制定的《职业核心能力培训测评标准》中的相应规定，由授课教师结合本实训的要求自行拟定	

续表

评估指标		评估标准	分项成绩
职业核心能力培养（Σ50分）	数字应用（Σ10分）	根据原劳动和社会保障部制定的《职业核心能力培训测评标准》中的相应规定，由授课教师结合本实训的要求自行拟定	
	与人交流（Σ10分）	根据原劳动和社会保障部制定的《职业核心能力培训测评标准》中的相应规定，由授课教师结合本实训的要求自行拟定	
	与人合作（Σ10分）	根据原劳动和社会保障部制定的《职业核心能力培训测评标准》中的相应规定，由授课教师结合本实训的要求自行拟定	
	解决问题（Σ10分）	根据原劳动和社会保障部制定的《职业核心能力培训测评标准》中的相应规定，由授课教师结合本实训的要求自行拟定	
	创新（Σ0分）	根据原劳动和社会保障部制定的《职业核心能力培训测评标准》中的相应规定，由授课教师结合本实训的要求自行拟定	
职业道德素质养成（Σ50分）	职业观念（Σ10分）	对职业、职业选择、职业工作、营销人员职业道德和企业营销伦理等问题有正确的看法	
	职业情感（Σ10分）	对职业有愉快的主观体验、稳定的情绪表现、健康的心态、良好的心境，以及强烈的认同感、荣誉感和敬业精神	
	职业理想（Σ10分）	对将要从事的职业的种类、方向与成就有积极的向往和执着的追求	
	职业态度（Σ0分）	对职业选择有充分的认识和积极的倾向与行动	
	职业良心（Σ10分）	在履行职业义务时具有强烈的道德责任感和较强的自我评价能力	
	职业作风（Σ10分）	在职业实践和职业生活的自觉行动中，具有体现职业道德内涵的一贯表现	
总成绩（Σ100分）			
教师评语		签名： 年　　月　　日	

（2）"实训课业"考核。根据实训所要求的学生"实训课业"完成情况，就表3.2中的各项"课业评估指标"与"课业评估标准"，评出个人和小组的"分项成绩"与"总成绩"，并填写"教师评语"与"学生意见"。

表 3.2　"实训课业"考核成绩表

（课业名称：市场定位策划书）

课业评估指标	课业评估标准	分项成绩
1. 市场细分（Σ20 分）	依据充实，正确选择市场细分标准	
2. 目标市场营销（Σ20 分）	正确分析与选择目标市场营销策略	
3. 市场定位（Σ20 分）	市场定位准确，市场定位策略运用得当	
4. 实训报告撰写（Σ40 分）	内容完整，结构合理，语言通顺	
	总成绩（Σ100 分）	
教师评语		签名： 　年　　月　　日
学生意见		签名： 　年　　月　　日

项目 4

以人为本——运用营销产品策略

项目 4 数字资源

项目目标

知识目标

- 复述产品的整体概念及其不同层次
- 说明产品线、产品项目及产品组合的长度、宽度和深度
- 澄清品牌名称、标志和商标
- 了解产品经济生命周期的不同阶段及其特点

技能目标

- 能够根据产品的整体概念提炼产品的卖点
- 能够运用品牌策略制定品牌推广方案
- 能够运用包装策略设计不同产品的包装
- 能够判断企业产品所处的产品经济生命周期阶段，并采取恰当的营销策略

项目结构

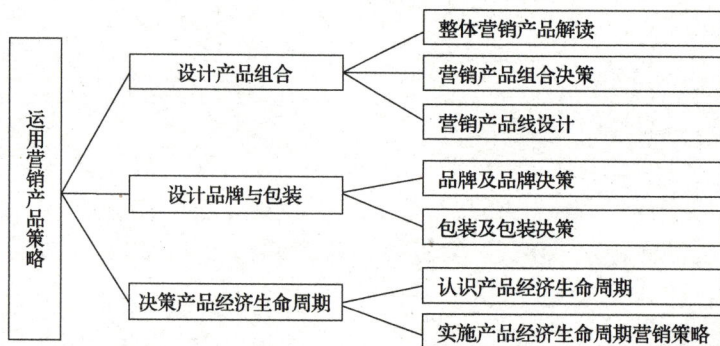

项目重/难点

● 项目重点：熟练掌握营销产品组合决策，掌握营销品牌及包装决策。
● 项目难点：对产品所处的经济生命周期阶段进行判断，并采取恰当的营销策略。

项目教学建议

● 由于本项目的内容具有抽象性和多样性，建议采用授课和现场观察相结合的方式教学，实务训练可以分小组完成。
● 现场观察的场所应具有较大的客流量，选取的品牌应具有一定的代表性。
● 教师应提前确定现场观察的场所。

任务导入

　　全民体育潮流正盛，国货运动品牌东风正起，李宁、安踏、鸿星尔克等品牌越来越火热。同时代的运动品牌青岛双星去哪了？双星集团始于 1921 年，是我国最早的民族制鞋企业。双星专业鞋、双星旅游鞋、双星皮鞋曾荣获"中国名牌"称号。双星还发过一笔"空调鞋"财。原来，双星人发现：夏季人们所穿的鞋需要具有很强的排汗功能，而市场上根本没有具备这种功能的优质鞋。双星的研发人员经过反复研究和充分的市场调查，想出了一个妙法，即生产"空调鞋"，解决鞋内的通风问题。研发人员在鞋的底部设计了一条贯穿前后的通气道，在人们穿着这样的鞋行走时，脚在无形中对具有打气筒功能的鞋底做了功，实现了空气的吸进与排出功能，保持了鞋内的干燥。这种具有呼吸功能的"空调鞋"一上市便引起了市场的轰动，在短短 3 个月内就销售了近 15 万双。双星通过把握消费者的消费需求开发了新的产品，创造了新的市场空间，取得了巨大的利润。然而在今天，国潮风生水起，双星鞋却被尘封在了博物馆里。

　　[1] 列出并说明双星集团的产品组合。
　　[2] 分析双星产品的品牌策略与价值。
　　[3] 画出双星集团的产品经济生命周期图。

> **营销箴言**
>
> 　　品牌之力，源自其坚守的品质与细致入微的服务；品牌之光，照亮前路，激发内心的无限勇气与力量；品牌之旅，最耀眼的并非瞬间的辉煌，而是长久以来累积的信任与陪伴。

任务知识点

知识点 1 设计产品组合

传统营销观念认为，产品是指具有特定形态和一定用途的物品。这种观点反映了狭义的产品概念，即产品仅指有形的物品。

用现代营销观念对产品进行界定，产品是指能提供给市场，用于满足人们某种需求的任何东西，包括实物、劳务、场所、组织和思想等各种有形或无形的东西。

1.1 整体营销产品解读

1. 产品的整体概念

以往，学术界曾用3个层次来表述产品的整体概念，即核心产品、形式产品和附加产品，这种研究思路与表述方式被沿用了多年。美国著名营销大师菲利普·科特勒等学者更倾向于使用5个层次来表述产品的整体概念，他们认为这5个层次能够更深刻而准确地表达产品的整体概念。

（1）核心产品。核心产品是指消费者在购买某种产品时所追求的使用价值和核心利益。例如，消费者购买电视机，他真正追求的是"娱乐享受"、"艺术享受"和"知识享受"，而不是电视机这个实物。企业应正确把握消费者所追求的价值和利益，并积极进行销售。

（2）形式产品。形式产品是指企业向市场提供的产品的外观。产品外观指产品出现在市场时的面貌，它有5个主要标志：质量、外观特色、式样、品牌和包装。形式产品既能体现核心产品的内容，又能激起消费者的购买欲望，是消费者选择产品的重要依据，对产品销售具有决定性作用。形式产品可在一定意义上创造产品的文化价值，从而提高产品的价值含量。例如，一些果农为生长中的苹果加上"福""禄""寿""喜"等字，形成具有喜庆文化的苹果，在市场上其价格要比普通苹果高一倍。

（3）期望产品。期望产品是指消费者在购买产品时期望得到的东西，实际上是指一系列属性和条件。例如，在住宾馆时，消费者期望享受到干净的床铺、毛巾、衣柜和安静的环境等。

（4）附加产品。附加产品是指消费者在购买产品时所获得的全部附加利益和服务，是形式产品和实质产品的统一，包括提供信贷、送货、保证、安装及维修等销售服务。例如，消费者购买一台组合音响，他需要商家为其送货，同时最好能根据客厅的实际情况布置声场，获得最佳的音响效果。另外，消费者还希望获得一定的使用期限保证和维修服务。这一系列的附加利益和服务使消费者买得放心、买得满意。

（5）潜在产品。潜在产品包括现有产品的所有延伸和演进部分，这些延伸和演进部分最终可能发展为未来产品的潜在状态。潜在产品预示着现有产品的可能发展前景。例如，电视机可能发展为计算机的终端等。

2．产品的分类

在现代营销观念下，产品分类的思维方式是，每个产品类型都有与之相适应的市场营销组合策略。下面列举3种常见分类方式。

（1）根据耐用性，可将产品分为以下两类。

① 非耐用品。非耐用品一般是指有一种或多种消费用途的低值易耗品，如啤酒、肥皂和盐等。

② 耐用品。耐用品一般是指使用年限较长、价值较高的有形产品，如冰箱、电视机、机械设备等。

（2）根据消费者的购买行为和购买习惯，可将产品分为以下4类。

① 便利品。便利品是指消费者频繁购买或需要随时购买的产品，如粮食、衣服和洗发水等。便利品可进一步分成常用品、冲动品及救急品。常用品是指消费者经常购买的产品。冲动品是指消费者没有经过计划或搜寻而顺便购买的产品。救急品是指消费者在对其的需求十分紧迫时购买的产品。救急品的地点效用很重要，一旦消费者需要，就能够迅速实现购买。

② 选购品。选购品是指消费者在购买过程中，对适用性、质量、价格和式样等基本方面要进行认真权衡比较的产品，如家具、服装、汽车和大的器械等。选购品可划分为同质品和异质品。同质品是指消费者认为在产品属性上，如质量、外观等方面，没有什么差别的产品。异质品是指消费者认为在产品属性上有差别的产品。

③ 特殊品。特殊品是指具备独有特征和（或）品牌标记的产品。例如，特殊品牌和特殊式样的花色产品、小汽车、立体声音响、摄影器材及男式西服等。对于这些产品，有相当多的消费者愿意做出购买努力。

④ 非渴求品。非渴求品是指消费者不想了解或即便了解也不想购买的产品。传统的非渴求品有保险、墓地、墓碑及百科全书等。企业对非渴求品需要付出大量营销努力，如广告和人员促销等。

（3）根据产业组织的需要，可将产品分为以下3类。

① 材料和部件。材料和部件是指完全转化为制造商产成品的那类产品，如农产品、构成材料（铁、棉纱等）和构成部件（发动机、轮胎等）。

② 资本项目。资本项目是指部分进入产成品中的产品，如装备和附属设备。装备包括建筑物（如厂房）与固定设备（如发动机、电梯），附属设备包括轻型制造设备和工具，以及办公设备。附属设备不会成为最终产品的组成部分，它们在生产过程中仅起辅助作用。

③ 供应品与服务。供应品与服务是指不构成最终产品的那类产品，如打印纸、铅笔等。供应品相当于工业领域内的方便品，消费者人数众多、销售区域分散且产品单价低，一般通过中间商销售。服务包括维修或修理服务，以及商业咨询服务。服务的特点是无形、易变和不可储存。

1.2　营销产品组合决策

营销产品组合决策是指企业根据自己的营销目标，对产品组合的长度、宽度、深度和相关性进行的最优组合决策。常见的营销产品组合决策有以下 5 种。

1. 全线全面型

采用这种决策类型的企业向任何消费者都提供其所需要的一切产品，采用这种决策类型的条件是企业有能力满足整个市场的需要。整个市场的含义可以是广义的，即不同行业的产品市场的总和；也可以是狭义的，即某个行业的各个细分市场的总和。广义市场的全线全面型营销产品组合决策就是尽可能增加产品组合的宽度和长度，不受产品线之间相关性的约束；狭义市场的全线全面型营销产品组合决策是只提供一个行业内的全部产品，也就是说，这样的企业的产品线之间具有密切相关性。比如，通用电气公司虽然有很多条产品线，但这些产品线都与电气有关。

2. 市场专业型

采用这种决策类型的企业向某个专业市场（某类消费者）提供其所需的各种产品。例如，以建筑业为产品市场的工程机械公司，其产品组合应由推土机、翻斗机、挖沟机、起重机、水泥搅拌机、压路机、载重卡车等组成。又如，旅游服务公司的产品组合应包括旅游者所需要的一切产品，如住宿、饮食、交通，以及旅游者所需要的其他产品。这种产品组合方式以满足某类消费者的需求为目标。

3. 产品线专业型

采用这种决策类型的企业专注于某类产品的生产，并将其推销给各类消费者。例如，某汽车制造厂的产品都是汽车，但根据不同的市场需求，该汽车制造厂设立了小轿车、大客车和运货卡车 3 条产品线，以分别满足家庭消费者、团体消费者和工业消费者的需求。

4. 有限产品线专业型

采用这种决策类型的企业根据自己的专长，集中经营有限的甚至单一的产品线，以求在某个特定的细分市场上提高产品的市场占有率。例如，有的汽车制造厂专门生产作为个人交通工具的小汽车，不生产大客车、运货卡车及其他用途的汽车。

5. 特殊产品专业型

采用这种决策类型的企业根据自己的专长，生产某些具有优越销路的特殊产品。例如，生产某些特效药品、具有特殊用途的器材。企业在采用这种决策类型时，由于产品的特殊性，虽然所能开拓的市场有限，但面对的竞争威胁很小。

在某一时期，企业究竟采用何种类型的营销产品组合决策，要根据自身条件、自身优势，以及市场需求和竞争情况来确定。

1.3　营销产品线设计

通过对营销产品组合决策的分析可知，企业的最佳产品组合是暂时的，是在一定环境下的动态最佳。企业应随着环境的变化不断开发新产品，淘汰老产品，这就与企业的产品线决策密切相关了。

为了追求更高的销售量和利润，产品线经理希望增加产品线上的产品项目。市场营销人员和分销商也希望产品线更加全面，以满足消费者的需求。但是在产品项目增加后，一些费用也会相应地增加。这些费用包括设计费、仓储费、转产费、订货处理费、运输费，以及新产品项目的促销费用。随着费用的增加，最终会有人要求遏制产品线如此迅速发展的势头。由于资金短缺和生产能力的不足，企业的高层管理者可能会冻结一些计划。产品线主管人员可能就产品线的盈利能力提出一些问题，并进行研究，通过研究发现大量亏损的产品项目。为了提高产品线的盈利能力，应将这些产品项目从产品线中去除。

1. 产品线增长决策

企业可以采用两种决策来增加产品线的长度：产品线延伸决策和产品线填充决策。

（1）产品线延伸决策。每个企业的产品线只是该行业中整个产品范围的一部分。企业超出现有的产品范围来增加它的产品线长度，称为产品线延伸决策。产品线可以向下延伸、向上延伸和双向延伸。

① 向下延伸。许多企业最初将产品定位于高档市场，随后将产品线向下延伸。例如，一些亚洲的手表制造商最初将产品定位在高档产品市场，随后向低档产品市场推出产品。企业可能出于如下原因向下延伸其产品线：企业在高档产品市场上受到攻击，决定以拓展低档产品市场作为反击；企业发现高档产品市场的利润增加缓慢；企业最初进入高档产品市场是为了树立高质量的形象，然后再向下延伸；企业为了填补市场空隙，增加了低档产品项目，否则，其竞争者就会乘虚而入。

② 向上延伸。在市场上将产品定位于低档产品市场的企业打算进入高档产品市场。它们也许被高档产品市场较高的增长率和较高的利润率所吸引，或者为了有机会把自己定位成拥有完整产品线的制造商。

③ 双向延伸。将产品定位于市场中端的企业决定朝上、下两个方向延伸其产品线。例如，得克萨斯仪器制造公司先以中等价格和中等质量推出了第一批计算器；然后，逐渐在低端产品中增加机型，从玻玛公司手中夺取了市场份额；接着推出了一种价格低于惠普公司产品价格的计算器，控制了高档产品市场。双向延伸决策使得克萨斯仪器制造公司占据了袖珍计算器市场的领先地位。

（2）产品线填充决策。产品线可以填充，办法是在现有产品范围内增加一些产品项目。

采取产品线填充决策有这样几个动机：获取增量利润；满足那些经常抱怨由于产品线不足而使销售额下降的经销商的需求；充分利用剩余的生产能力；争取成为领先的产品线全满的企业；设法填补市场空隙，防止竞争者进入。

2. 产品线削减决策

产品线经理必须定期检查产品项目，研究产品线削减问题。削减产品线的原因通常有以下两个。

（1）产品线中有使利润减少的卖不掉的陈货。企业可以通过对销售额和成本进行分析来识别疲软的产品项目。许多企业都对产品线进行过重大削减，以取得丰厚的利润。

（2）企业缺乏使所有产品项目都达到预期产量的生产能力，必须集中精力生产利润较高的产品项目。当需求紧迫时，企业通常缩短产品线；当需求松缓时，企业则拉长产品线。

3. 产品线更新决策

有时，产品线的长度适中，但是其中的产品项目需要更新。例如，某企业生产的机械工具看起来像20世纪50年代的产品，那么它的市场可能会被那些拥有造型较好的产品的竞争者夺取。产品线更新可以采取逐项更新和一次全部更新两种方式。

4. 产品线特色决策

产品线经理通常会选择一个或数个产品项目作为产品线的特色。有时，产品线经理会促销产品线上一些较低级的产品，制造销售声势。例如，西尔斯公司推出低价缝纫机以吸引消费者。又如，罗尔斯—罗伊斯公司宣布推出定价为4.9万美元的经济型汽车（该公司的高级汽车定价达10.8万美元），其目的是吸引消费者到它的汽车展销店去。一旦消费者进店，推销员就会说服消费者购买较高级的汽车。

有时，产品线经理会利用较高级的产品项目来提高整条产品线的水准。奥迪马·皮盖公司曾促销过一款定价为2.5万美元的手表，虽然很少有人买它，但它有助于提高整条产品线的身价。

知识点 2　设计品牌与包装

2.1　品牌及品牌决策

在现代营销观念中，品牌是构成产品的一个重要组成部分。一个好的品牌，有助于新产品尽快被消费者接受，有助于促进销售，甚至提高产品的身价。因此，品牌决策是企业市场营销决策的重要内容。

1. 品牌与名牌

（1）品牌。品牌的定义不一。广告专家约翰·菲利普·琼斯对品牌的定义是，品牌是指能为消费者提供其认为值得购买的功能利益及附加价值的产品。美国市场营销学会对品牌的定义是，品牌是一种名称、术语、标记、符号或设计，或者它们的组合运用，其目的是借以辨认某个销售者或某群销售者的产品和服务，并将之与竞争者的产品和服务区别开来。品牌是一个包括许多名词的总名词，它包括品牌名称、品牌标志、商标等。

① 品牌名称。品牌名称是指品牌中可用语言表达的部分。例如，可口可乐、百事可乐、松下、万宝路等都是国外著名的品牌名称；娃哈哈、茅台、五粮液等都是我国著名的品牌名称；迪士尼、全聚德、六必居等也是品牌名称。

② 品牌标志。品牌标志是指品牌中可被识别的但不能用语言表达的部分，包括符号、图案或专门设计的颜色、字体等。以汽车为例，消费者能根据各种汽车上的标志识别出大

众、丰田、奥迪、奔驰等品牌。

③ 商标。在西方，商标实质上是一种法律名称。经企业向政府有关部门注册登记后获得专利权，受到法律保护的品牌或品牌中的一部分称为商标。在我国，"商标"与"品牌"这两个术语基本通用，没有太大的区别。商标有注册商标与未注册商标之分。注册商标是指在政府有关部门注册后，享有专用权的商标，区别于一般未注册商标。

（2）名牌。名牌并无准确的概念，但名牌是有一定知名度和美誉度的品牌。名牌代表着优良品质，但名牌并不代表高价位，名牌产品可以是高质高价、高质中价，甚至高质低价的。另外，名牌是有时效性的，以往的名牌在今天未必是名牌。例如，"荷花"牌洗衣机、"燕京"牌 VCD 等都是昔日名牌，但如今在市场上已很少见到。所以品牌可以转化为名牌，名牌若不注意宣传或经营不当，就会失去名牌效应，甚至消失。

2. 品牌的意义

（1）品牌对消费者的意义。

① 有利于消费者权益的保护。1993 年 10 月 31 日，我国第八届全国人民代表大会常务委员会第四次会议通过了《中华人民共和国消费者权益保护法》（2009 年第一次修正，2013 年第二次修正），该法规定："保护消费者的合法权益是全社会的共同责任""消费者因购买、使用商品或者接受服务受到人身、财产损害的，享有依法获得赔偿的权利""经营者应当标明其真实名称和标记"。

② 有利于消费者选购商品。消费者经过学习形成经验，对品牌积累了一定知识，很容易辨别哪类品牌适合自己。对品牌的了解有助于消费者降低搜索购买信息的成本。在信息爆炸的今天，这对于生活节奏日益加快的人们来说可降低时间成本，减少为购买商品所付出的精力，从而有利于消费者选购商品。

③ 有利于消费者形成品牌偏好。消费者一旦形成品牌偏好，就可减少消费失调行为，从而获得一种满足感。在再次购买该品牌的商品时，消费者就会认为自己购买了同类较好的商品，从而获得一种满足感。而且，消费者已经了解了购买该品牌的商品所能带来的好处，乐意继续购买，认为购买是值得的。

（2）品牌对生产者的意义。

① 有助于产品的销售和占领市场。一旦品牌具有一定的知名度和美誉度，企业就可利用品牌的优势扩大市场，促使消费者对品牌忠诚。消费者对品牌忠诚使销售者在竞争中得到某些保护，并使他们在制订市场营销计划时具有较大的控制能力。

② 有助于稳定产品的价格，增强其对动态市场的适应性，降低未来的经营风险。品牌具有排他专用性和不可替代性，是产品差异化的重要因素，可减少价格对需求的影响。例如，国际品牌可口可乐相关产品的价格均由公司统一制定，价格弹性非常小。

③ 有助于市场细分，进而进行市场定位。企业可以在不同的细分市场推出不同品牌，以适应消费者的个性差异，更好地满足消费者的需求。很多企业都采用多品牌战略，根据产品的特性、品质、功能等多种因素，给每种产品分别命名，使每个品牌都在消费者心中占据独特的、适当的位置。

④ 有助于新产品开发，降低将新产品投入市场的成本。企业通过品牌延伸，借助已成功或成名的名牌，扩大产品组合或延伸产品线，可节省新产品的广告费。在正常情况下，

使消费者熟悉一个新品牌的费用是相当高的。国际上有研究认为，创造一个名牌，一年至少需要 2 亿美元的广告投入，且成功率不足 10%。

⑤ 有助于企业抵御竞争者的攻击，保持竞争优势。新产品一经推向市场，如果畅销，就很容易被竞争者模仿，但品牌是企业特有的一种资产，它可通过注册得到法律保护。当市场趋向成熟、市场份额相对稳定时，品牌忠诚是企业抵御竞争者的攻击的最有力的武器。另外，品牌忠诚也为其他企业的进入构筑了壁垒。所以，在某种程度上说，品牌可以被看作企业保持竞争优势的一个强有力的工具。

3. 品牌决策

品牌决策是指企业如何合理地选择和使用品牌，以促进产品的销售。在市场营销活动中，企业在品牌方面面临着多种决策。

（1）品牌化决策。企业决定给产品起名字、设计标志的活动就是企业的品牌化决策。

尽管品牌化是商品市场发展的大趋势，但对单个企业而言，是否要使用品牌还必须考虑产品的实际情况。因为在品牌为企业带来好处的同时，建立、维持、保护品牌也要投入一定的费用，如包装费、广告费、标签费和法律保护费等。所以在欧美的一些超市中出现了一种无品牌化的现象，如面条、卫生纸等一些包装简单、价格低廉的基本生活用品，基本没有品牌。这使得企业可以减少在包装和广告上的开支，以取得价格优势。

一般来说，对于那些在加工过程中无法形成一定特色的产品，由于其同质性很高，消费者在购买时不会过多地注意其品牌。此外，品牌与产品的包装、产地、价格和生产厂家等一样，都是消费者选择和评价产品的一种外在线索，对于那些只看重产品的式样和价格而忽视品牌的消费者，品牌化的意义就很小。对于那些未加工的原料产品，以及那些不会因生产商不同而具有不同特色的产品，仍然可以使用无品牌策略，这样可以节省费用，降低价格，扩大销售。

（2）品牌使用者决策。企业决定是使用本企业（制造商）的品牌，还是使用经销商的品牌，或两种品牌兼用，称为品牌使用者决策。

一般情况下，品牌是制造商的产品标记，制造商决定产品的设计、质量、特色等。享有盛誉的制造商还将其品牌租借给其他中小制造商，收取一定的特许使用费。近年来，经销商的品牌日益增多。例如，许多享有盛誉的百货公司、超级市场、服装商店等都开始使用自己的品牌；同时很多实力很强的批发商也开始使用自己的品牌，以便增强对价格、供货时间等的控制能力。

经销商品牌已经成为品牌竞争的重要因素。经销商使用自身的品牌会享有诸多好处。例如，进货数量较大则进货成本较低，因而销售价格较低，竞争力较强，可以得到较高的利润。同时，经销商可以较好地控制价格，可以在某种程度上控制其他中间商。但使用自身的品牌对经销商来说也会带来一些问题。例如，经销商大量订货会占用大量资金，承担的风险较大；同时经销商为扩大自身品牌的声誉，需要大力宣传其品牌，导致经营成本提高。

在现代市场经济条件下，制造商品牌和经销商品牌之间经常展开激烈的竞争。一般来说，制造商品牌和经销商品牌之间的竞争，本质上是制造商和经销商之间实力的较量。在制造商拥有良好市场声誉、较大市场份额的条件下，应多使用制造商品牌。无力经营自己的品牌的经销商只能接受制造商品牌；相反，当经销商在某一市场领域中拥有良好的品牌信誉及庞大、完善的销售体系时，采用经销商品牌也是有利的。因此，在进行品牌使用者决策时，要结合具体情况，对制造商和经销商进行充分的实力对比，以求客观地进行决策。

（3）品牌名称决策。企业决定所有的产品是使用一个或几个品牌，还是不同产品分别使用不同的品牌，这就是品牌名称决策。在这个问题上，大致有以下 4 种决策模式。

① 个别品牌名称策略。个别品牌名称策略是指企业决定每种产品使用不同的品牌。采用个别品牌名称策略，即为每种产品寻求不同的市场定位，有利于增加销售额和对抗竞争者，还可以分散风险，使企业的整体声誉不致因某种产品表现不佳而受到影响。

② 全部产品采用统一品牌名称策略。对于那些享有高声誉的著名企业，全部产品采用统一品牌名称策略可以充分利用其名牌效应，使企业的所有产品都畅销。同时，企业宣传介绍新产品的费用也相对较低，有利于新产品进入市场。

③ 各大类产品使用不同的家族品牌名称策略。企业采用这种策略，一般是为了区分不同大类的产品，一个产品大类下的产品使用共同的家族品牌，以便在不同产品大类中树立各自的品牌形象。例如，史威夫特公司的一个产品大类是火腿，另一个产品大类是化肥，分别取名为"普利姆"和"肥高洛"。

④ 个别品牌名称与企业名称并用策略。企业决定对不同类别的产品使用不同的品牌名称，且在品牌名称之前都加上企业名称。企业多把此种策略用于新产品的开发。在新产品的品牌名称前加上企业名称，可以使新产品享受企业的声誉；而使用不同的品牌名称，又可使各种新产品显示出自己的特色。

（4）品牌战略决策。品牌战略决策有 5 种，即产品线扩展策略、品牌延伸策略、多品牌策略、新品牌策略和合作品牌策略。

① 产品线扩展策略。产品线扩展策略是指企业现有的产品线使用同一品牌，当增加该产品线上的产品时，仍沿用原有的品牌。这种新产品往往都是对现有产品进行局部改进而得到的产品，如增加新的功能、包装、式样和风格等。通常企业会在这些产品的包装上标明不同的规格、不同的功能特色或不同的使用者。

② 品牌延伸策略。品牌延伸策略是指将一个现有的品牌名称用到一个新类别的产品上。品牌延伸策略并非只借用表面上的品牌名称，而是对整个品牌资产的策略性使用。使用新品牌或延伸旧品牌是企业在推出新产品时必须面对的品牌决策。品牌延伸策略是实现品牌无形资产转移、发展的有效途径。

③ 多品牌策略。在相同产品类别中引进多个品牌的策略称为多品牌策略。证券投资者往往同时投资多只股票，一个投资者所持有的所有股票的集合即所谓的证券组合。为了降低风险，增加盈利机会，投资者必须不断优化股票组合。同样，一个企业建立品牌组合，实施多品牌战略，往往也是基于这样的考虑。品牌组合中的各个品牌之间既有差别又有联系，组合的概念蕴含着整体大于个体的意义。

④ 新品牌策略。为新产品设计新品牌的策略称为新品牌策略。当企业在推出一个新产品时，可能发现原有的品牌名称不适合这个新产品，或者对新产品来说有更好、更合适的品牌名称，这时企业需要设计新品牌。例如，春兰集团以生产空调著名，后来决定开发摩托车，但采用"春兰"这个品牌名称就不太合适，于是采用了新的品牌名称"春兰豹"。

⑤ 合作品牌策略。合作品牌策略（又称双重品牌策略）是指将两个或更多个品牌在

一个产品上联合使用。每个品牌都期望另一个品牌能强化整体的形象或增强消费者的购买意愿。合作品牌策略的形式有 3 种：第一种是中间产品合作品牌，如在富豪汽车公司的汽车广告中强调，它使用的是米其林轮胎；第二种是同一企业合作品牌；第三种是合资合作品牌。

（5）品牌再定位决策。也许一个品牌在市场上最初的定位是适宜的、成功的，但是到后来企业不得不对其重新定位。原因是多方面的：竞争者可能继企业品牌之后推出其他品牌，并因此抢占了企业的市场份额；消费者偏好发生转移，对企业产品的需求减少；企业决定进入新的细分市场。

在进行品牌再定位决策时，首先应考虑将品牌转移到另一个细分市场所需要的成本，包括产品品质改变费、包装费和广告费。一般来说，再定位的跨度越大，所需成本就越高。其次，要考虑在进行品牌再定位后可能产生的收益。收益大小是由以下因素决定的：细分市场的消费者人数；消费者的平均购买率；在同一细分市场中竞争者的数量和实力，以及在该细分市场中进行品牌再定位要付出的代价。

（6）品牌更新决策。品牌更新决策是指随着企业经营环境的变化和消费者需求的变化，品牌的内涵和表现形式也要不断地变化，以适应社会经济发展的需要。品牌更新是社会经济发展的必然。只要社会经济环境在发展变化，人们的需求趋向多样化，就不会存在永远受欢迎的品牌。只有不断设计出符合时代需求的品牌，企业才有生命力。

品牌更新决策主要有形象更新、定位修正，以及产品的更新换代和管理的创新。

2.2 包装及包装决策

包装是实体产品的一个重要组成部分，具有保护和美化产品、便于经营和消费及促进销售等功能。在西方，包装一向受到产品生产者和经营者的高度重视，有些营销学家甚至把包装称为 4 个"P"[产品（Product）、价格（Price）、渠道（Place）、促销（Promotion）]之外的第 5 个"P"（Packaging），但多数学者还是把包装视为产品决策的一个重要组成部分。

1. 包装的含义

包装是指为了保护产品，使产品便于运输、装卸、储存和销售，采用合适的材料制成与产品相适应的容器。包装化是指这一系列的活动和措施。

包装的含义可以多达 3 个层次：第一层次的包装是指最接近产品的容器；第二层次的包装是指保护第一层次的包装的材料，当产品被使用时，它即被丢弃；第三层次的包装是运输包装，指在运输、装卸、储存产品时所必需的包装。

另外，标签是包装的一个组成部分，它由印刷好的表明该产品的信息构成，出现在包装上面或与包装合为一体。

2. 包装的作用

目前，包装已成为强有力的营销手段。设计良好的包装能为消费者创造方便价值，为生产者创造促销价值。

（1）保护产品，便于储运。产品包装最基本的作用便是保护产品，便于储运。有效的产品包装可以起到防潮、防热、防冷、防挥发、防污染、保鲜、防碎、防变形等作用。因此，在进行产品包装时，要注意包装材料的选择，以及对包装的技术控制。

（2）有助于吸引消费者的注意力，说明产品的特色，使消费者对产品形成一个有利的总体印象。很多消费者愿意为良好包装带来的方便、美观、可靠性和声望多付些钱。很多企业已意识到设计良好包装的巨大作用，它有助于消费者迅速辨认产品属于哪家企业或哪个品牌。

（3）能提供创新的机会。包装的创新能够给消费者带来巨大的好处，也能给生产者带来利润。例如，1899 年尤尼达饼干公司推出一种添加了保鲜装置的包装（包含纸板、内部纸包扎、外部纸包扎），使饼干的货架寿命长于用饼干盒、饼干箱和饼干桶包装的饼干，为消费者带来了方便，也为自己带来了好处。

3. 包装设计要求

（1）包装设计应与产品的价值或质量水平相一致。对于贵重产品，包装要烘托出它的高雅和艺术性；对于一般产品或低档产品，不宜采用过分华丽的包装，否则包装的价值将超过产品的价值。

（2）包装造型应美观大方，图案形象生动、不落俗套，避免雷同。如果包装设计平庸，就不能引起消费者的注意，不能激发其购买欲望。

（3）包装设计应显示产品的特点或风格。对于以外形和色彩表现其特点和风格的产品，如服装、装饰品、食物等，在设计包装时应考虑能向消费者直接显示产品本身，以便于选购。常用的方法是全透明包装、开天窗包装，或者在包装上附有彩色图片。对于儿童物品，包装上的图案要生动活泼，色彩要鲜艳。

（4）包装设计应符合消费者的风俗习惯和心理要求。相同的色彩、图案对具有不同风俗习惯的消费者来说可能具有不同的含义，甚至完全相反。例如，中国人在喜庆节日都喜欢用红色，而日本人却喜欢互赠白毛巾。不同年龄段的人也有不同的偏好，如老年人喜欢冷色调，年轻人喜欢暖色调等。对于这些情况，企业在设计包装时必须予以注意。

（5）包装的文字说明应能增加消费者对产品的信任感，并指导其消费。产品的性能、使用方法和维修保养信息等不能直接显示，需要通过文字表达。包装的文字设计应以满足消费者的心理需求为重点。例如，食品包装上的文字应说明用料、功效和使用方法。同时，文字说明要真实可信，既不能夸大事实，损害消费者的利益，又不能损害企业的信誉。

（6）包装造型和结构设计应便于销售、使用、保管和携带。容易开启的包装适合密闭式产品使用；喷射式包装适合液体、粉末状、胶状产品使用。包装的大小和形状直接影响消费者的使用方便程度。因此，企业在设计包装时要考虑到产品使用、陈列、携带的方便性。

4. 包装策略

（1）类似包装策略。企业对其生产的产品采用相同的图案、近似的色彩、相同的包装材料和造型进行包装，便于消费者识别出本企业的产品。对于忠实于本企业的消费者，类似包装策略无疑具有促销的作用，企业还可因此节省包装的设计和制作费用。但类似包装策略只适用于质量相差不大的产品，对于品种差异大、质量水平悬殊的产品则不适用。

（2）配套包装策略。按照消费者的消费习惯，将数种有关联的产品配套包装在一起成套供应，便于消费者购买、使用和携带，同时还可扩大产品的销售。如果在配套产品中加进某种新产品，可使消费者不知不觉地习惯使用新产品，有利于新产品的上市和普及。

（3）再使用包装策略。这是指在包装内的产品使用完后，包装物还有其他的用途。例如，各种形状的香水瓶可作为装饰物，精美的食品盒也可再利用等。再使用包装策略可使消费者感到自己购买产品后能实现一物多用，从而产生购买欲望，而且包装物的重复使用也对产品起到了广告宣传作用。

（4）附赠包装策略。这是指在产品包装中附赠奖券或实物，或用包装本身可以换取礼品，从而吸引消费者惠顾。例如，我国出口的"芭蕾珍珠膏"，每个包装盒都带有一颗珍珠，消费者购至50盒则可将积累的珍珠串成一条美丽的珍珠项链，这使得该产品在国际市场上十分畅销。

（5）改变包装策略。这是指改变和放弃原有的包装，改用新的包装。由于包装技术、包装材料不断更新，消费者的偏好不断变化，因此采用新的包装可以弥补原包装的不足。企业在改变包装的同时必须做好宣传工作，以避免消费者误认为产品质量下降或产生其他误解。

知识点 3　决策产品经济生命周期

3.1　认识产品经济生命周期

产品经济生命周期又称产品市场生命周期或产品寿命周期，是指产品从进入市场开始，直到最终退出市场所经历的全部时间。

1. 产品经济生命周期各阶段及其特点

产品经济生命周期一般可分为4个阶段：介绍期（或引入期）、成长期、成熟期和衰退期。

（1）介绍期。产品刚刚进入市场，这时消费者对其还不了解，只有少数追求新奇的消费者购买，销售量低。为了打开销路，企业需要投入大量的促销费用对产品进行宣传。在这个阶段，由于产品的生产批量小，生产成本高，销售额增长缓慢，因此企业的利润很低，有时可能为负数。

（2）成长期。消费者对产品已经熟悉，大量新的消费者开始购买，市场逐步扩大。产品已具备大量生产的条件，生产成本降低，企业的销售额迅速上升，利润也迅速增长。在这个阶段，竞争者看到有利可图，纷纷进入市场参与竞争，使产品的供给量增加，价格随之下降。

（3）成熟期。竞争加剧，销售额和利润增长缓慢，到后期则呈下降趋势。在这个阶段，销售额和利润达到最大值。

（4）衰退期。产品已陈旧老化，销售额下降很快，费用增加，利润大幅度下降，竞争淡化，产品即将被市场淘汰。

2. 判断产品经济生命周期阶段的方法

虽然根据销售量来划分产品经济生命周期的各个阶段比较准确，但是根据销售量将产品经济生命周期描绘出来，需要等到产品退出市场之后才能划分出各个阶段。但这样等到产品已经没有销路时再来判断产品经济生命周期阶段，已经没有实际意义了。为了及时判断产品所处的经济生命周期阶段，可以采用以下 3 种方法，以得出近似的判断结果。

（1）类比法。将类似产品所经历的经济生命周期作为参照，看现在正在销售的产品是否出现了某阶段类似的现象，来判断该产品可能处于的经济生命周期阶段。例如，前代产品在经济生命周期某阶段出现的一些现象，在现有产品的经济生命周期中也出现了，则可考虑现有产品也处于这个阶段。

（2）产品普及率法。通常，对家用电器来说，普及率达到 5% 之前为介绍期；5%～50% 为成长前期；50%～80% 为成长后期；80%～90% 为成熟期；普及率为 90% 以上为衰退期。在采用产品普及率法判断产品所处的经济生命周期阶段时，要注意不同种类产品的普及率与产品经济生命周期的关系有所不同。可利用统计资料进行分析，来确定划分阶段的标准。

（3）销售增长率法。在采用销售增长率法进行判断时通常采用的标准是，投入期的销售增长率不够稳定；成长期的销售增长率在 10% 以上；成熟期的销售增长率为 0.1%～10%；衰退期的销售增长率在零以下，即销售增长率为负数。国家经常采取一些政策和措施对经济进行调整，使经济发展产生波动，因而采用销售增长率法来判断不太准确。

从实际获得的经验来看，用某个单一指标判断产品所处的阶段往往不够准确。因此，以上方法只是分析时的依据，最终还要依靠经验，综合考虑各种因素才能得出结论。

3. 学习产品经济生命周期概念时应注意的问题

（1）产品两种寿命的区分。产品的经济寿命是指产品的市场寿命，它与产品的使用寿命是不同的。产品的使用寿命是指产品使用时间的长短，即具体物质形态的使用、维修、保存的寿命。它的长短取决于使用次数、使用强度、保养情况等。产品的市场寿命是指产品寿命周期，它的长短取决于科学技术的发展情况、需求的变化速度、竞争情况等。两种寿命之间没有必然的、直接的关系。有的产品市场寿命短，使用寿命长，如时装等；有的产品市场寿命长，使用寿命短，如鞭炮等。

（2）产品经济生命周期的种类。产品经济生命周期一般包括产品种类的经济生命周期、产品品种的经济生命周期和产品品牌的经济生命周期。它们分别是以一大类产品、某一品种、某一品牌为出发点去研究产品经济生命周期的。产品种类的经济生命周期最长，有些产品种类受人口、经济因素的影响，其生命周期变化无法预测，几乎可以无限期地延续下去。产品品牌的经济生命周期不规则，受企业决策影响较大，可以长期延续下去，也可以经常变化。只有产品品种的经济生命周期是典型的，它的发展变化有一定的规律。因此，一般主要研究产品品种的经济生命周期。

（3）产品经济生命周期曲线的形状。典型的产品经济生命周期曲线呈"S"形，但并非每种产品的经济生命周期曲线都呈"S"形。有的产品在进入市场后就快速进入成长期，而没有经过介绍期；有的产品可能要经过很长时间才能进入成长期；有的产品可能会中途夭折。美国市场营销学家柯克斯研究了754种医药产品，发现了6种不同形式的产品经济生命周期曲线，其中典型的为"循环—再循环型"和"扇型"。出现"循环—再循环型"产品经济生命周期曲线是由于企业采取各种不同的市场营销策略，使产品的经济生命周期出现了再循环现象。出现"扇型"产品经济生命周期曲线是由于企业发现了产品的新特性，找到了产品的新用途，或者开发了新市场，从而使其经济生命周期不断延长。

3.2　实施产品经济生命周期营销策略

1. 介绍期营销策略

根据介绍期的特点，企业营销策略的重点是使产品尽快地为消费者所接受，缩短产品的市场投放时间，突出一个"快"字。

（1）产品策略。产品策略是指进行产品定型，完善产品的性能，稳定产品的质量，为产品进入成长期做好准备。

（2）价格和促销策略。在介绍期，产品的价格和促销策略与能否尽快打开产品销路有很大关系。价格和促销策略根据不同产品及其所面向市场的不同，分为以下4种策略。

① 快速撇脂策略，即以高价格和高促销水平的方式推出新产品。企业采用高价格是为了在每单位销售中尽可能获取更多的毛利。同时，企业投入巨额促销费用说明虽然该产品的定价水平高，但是物有所值。高水平的促销活动可提高产品的市场渗透率。

② 缓慢撇脂策略，即以高价格和低促销水平的方式推出新产品。采用高价格是为了从每单位销售中获得尽可能多的毛利，而采用低促销水平是为了获取大量利润。

③ 快速渗透策略，即以低价格和高促销水平的方式推出新产品。这一策略能给企业带来最快速的市场渗透和最多的市场份额。

④ 缓慢渗透策略，即以低价格和低促销水平的方式推出新产品。这样，企业可降低促销成本，以获取较多的利润。这时，企业确信市场需求对价格的弹性很大，而对促销的弹性较小。

（3）渠道策略。对于大多数新产品，企业一般采用比较短的分销渠道进行销售。

2. 成长期营销策略

针对成长期的特点，企业的营销重点在于提供比竞争者的产品更具竞争力的产品，更好地满足消费者的需求，突出一个"好"字。

（1）产品策略。努力提高产品质量，增加花色、款式，改进包装，实行产品差异化策略；增强企业的创名牌意识，树立产品的独特形象。

（2）价格策略。使产品价格保持在适当水平。这时若采用高价策略，会失去许多消费者；若采用低价策略，因产品已被广大消费者接受，企业将失去该得的利润。

（3）分销策略。完善分销渠道，增加商业网点。

（4）促销策略。改变广告宣传的重点，把广告宣传的重点从介绍产品转到使广大消费者信任本企业的产品上。

3. 成熟期营销策略

在成熟期，企业应当采取进攻和防御并举的策略，营销重点是尽量延长成熟期的时间，使产品的市场占有率保持稳定。

（1）产品改进策略。产品改进策略又称产品再推出策略，即对产品的性能、品质等予以明显的改进，以便留住老消费者，吸引新消费者，从而延长成熟期，甚至使产品再次进入介绍期。此外，提供新的服务也是产品改进策略的重要内容。

（2）市场改进策略。市场改进策略就是寻求新消费者。市场开发可以通过3种方式实现：一是开发产品的新用途，寻找新消费者；二是刺激现有消费者，提高产品使用率；三是重新为产品定位，寻求新消费者。

（3）营销组合改进策略。这种策略通过改变市场营销组合因素来延长产品的成熟期。例如，通过降价、开辟多种销售渠道、有奖销售等来刺激消费者购买。

4．衰退期营销策略

在衰退期，由于技术的进步，消费者的需求发生变化，或者由于激烈的竞争，导致生产过剩，使得产品的销售额、利润下降。这时企业的营销重点是怎样使产品有计划地退出市场。通常，退出市场的策略有以下4种。

（1）继续策略，即继续沿用过去的策略，仍在原来的市场中营销，使用相同的销售渠道、定价及促销方式，直到产品完全退出市场为止。采用这种策略的企业，其产品仍可盈利，在市场上拥有较强的竞争力，并且该企业仍有其他处于成熟期的产品。

（2）集中策略，即把企业的资源集中用在最有利的细分市场、最有效的销售渠道和最易销售的品种、款式上。概括起来，就是缩短战线，从最有利的局部市场获得尽可能多的利润。

（3）收缩策略，即大幅度降低促销水平，尽量减少销售和推销费用，以增加利润。这样虽然可能导致产品在市场上的衰退加速，但企业又能从忠实于这种产品的消费者处获得利润。

（4）放弃策略，即对于衰退比较迅速的产品，应当当机立断，放弃经营。企业可以采取完全放弃的方式，也可以采取逐步放弃的方式。

任务技能点

技能点1　解读产品组合决策

技能要点

（1）深入当地市场，观察并研究某品牌的产品组合决策。
（2）对调研得出的产品组合决策进行梳理，并制作调研报告。

训练过程

（1）每组5～6人，由组长带领，深入市场考察某品牌的产品组合决策。
（2）各组完成市场考察资料的整理，并分析产品组合决策的类型。
（3）完成某品牌产品组合决策调研报告，并做成PPT进行汇报。

关键点提示

（1）教师协助联系当地市场或指导学生自行联系。

（2）产品组合决策调研过程是否真实、全面？

（3）产品组合决策分析是否贴切、准确、完整？

技能点2 调研品牌决策

技能要点

（1）深入当地市场，调研品牌决策。

（2）锁定一个品牌，对其采取的品牌策略进行评价，并制作调研报告。

训练过程

（1）每组5～6人，由组长带领，深入市场考察产品的品牌决策。

（2）各组完成市场考察资料的整理，并分析品牌决策的类型和特点。

（3）对不同的品牌决策进行评价，并提出建议。

关键点提示

（1）教师协助联系当地市场或指导学生自行联系。

（2）调研过程是否真实、有效，能否提供相应的佐证材料？

（3）品牌决策分析是否贴切、准确、完整？

效果评估

评估点1 华龙方便面的产品组合决策

1. 情境描述

华龙拥有方便面、调味品、饼业、面粉、彩页、纸品六大产品线，也就是说，其产品组合的长度为6。方便面是华龙的主要产品线，在这里，主要研究华龙方便面当时的产品组合决策。

华龙方便面的产品组合方式非常丰富，其产品线的长度、宽度和深度都达到了比较合理的水平。它共有17种产品、十几种产品口味、上百种产品规格。其合理的产品组合，便于企业充分利用已有资源，发掘生产潜力，更广泛地满足市场的各种需求，占有更广的市场面。华龙丰富的产品组合有力地推动了其产品的销售，有力地促进了华龙方便面行业地位的形成。

华龙方便面采取的是高、中、低档相结合的产品组合形式，低档面占据着其市场总量的大部分份额。

（1）全国市场。全国市场上既有低档的大众系列，又有中档的甲一麦和高档的今麦郎。

（2）不同区域。例如，华龙在方便面竞争非常激烈的河南市场上一直主推超低价位的六丁目系列。六丁目系列的主打口号就是"不跪（贵）"。这是华龙为了与河南市场上的众多方便面品牌竞争而开发出来的一种产品，它的零售价只有 0.4 元/包（给经销商的价格为 0.24 元/包）。同时，华龙将工厂设在河南许昌，导致河南很多方便面品牌难以为继。在全国其他市场，如在东北，华龙继"东三福"之后投放中档的"可劲造"系列，在大城市投放"今麦郎"系列。

（3）同一区域。在同一区域开发不同消费层次的市场。例如，在山东等地，华龙推出高、中、低 3 种不同档次及不同价位的产品，以满足不同消费者对产品的需求。

2. 评估标准与结果分析

请认真分析华龙方便面的产品组合决策有什么特点，并进一步探析华龙方便面采取这种产品组合的原因，从而更深入地分析其产品组合决策。

评估点 2　产品包装策略分析

1. 情境描述

由于茶叶本身的独特性，茶叶包装的主要要求是防潮、防高温、防异味和便于运输携带。然而随着经济的发展和人们生活水平的提高，茶叶的包装除了具备原有的实用功能，更大的作用在于提升茶叶自身的价值和文化品位。

茶叶的包装已经从过去的散装纸包、塑料袋包、罐装发展到了现在流行的高档精美礼品纸质盒（罐）装、铝箔精致小包装。琳琅满目、绚丽多彩、千姿百态、富有创意和文化品位的茶叶包装已成为茶文化的重要组成部分。

茶叶作为一种特殊的产品，历来就同我国的传统文化元素连接在一起，所以茶叶的包装始终离不开我国的传统文化元素和精神。

设计茶叶包装首先要考虑的还是包装的材料，因为包装材料选用得是否合适，直接影响茶叶的保存。而在图案、文字等其他造型设计方面，除了要结合茶文化的元素和传统文化元素，还要强调产品的形象性。盲目追求华丽、艺术性的包装会使其失去原有的功能。包装的目的始终是传达产品信息，让消费者能够直观地看到产品的属性。

2. 评估标准与结果分析

请举例分析说明利用我国传统文化元素凸显茶叶价值的茶叶品牌，并评价其包装对品牌推广所起的作用。

拓展空间

【《贫女》诗的市场启迪】

唐代诗人秦韬玉曾经写过一首《贫女》诗：

蓬门未识绮罗香，拟托良媒益自伤。

谁爱风流高格调，共怜时世俭梳妆。

> 敢将十指夸针巧，不把双眉斗画长。
>
> 苦恨年年压金线，为他人作嫁衣裳。

这首诗描写的是一个贫穷的女孩悲惨的处境和难言的苦衷，其住得、穿得都很简陋。俭妆是当时流行的妇女妆饰，虽然叫俭妆，但实际上很费钱，只有有钱的女子才画得起。这个女孩勤俭朴素，品德好，又有一双巧手，做的针线活儿很精细；她气质很好，长得十分俊俏，有两道长眉，不用化妆就显出了天然的气质。可是有谁爱她呢？媒人就是不上门来，还得自己去求媒人。她年年月月地忙着赶制漂亮的嫁衣，却全是替有钱人家的女子做的。

诗中的贫女技术过硬，制作的嫁衣符合市场需求，可见拥有市场很重要。然而其生活依旧贫苦，且贫女不止一个两个，她们需要懂得拥有市场的办法是拥有品牌。

【波士顿矩阵】

波士顿矩阵（BCG Matrix），又称市场增长率—相对市场份额矩阵、波士顿咨询集团法、四象限分析法、产品系列结构管理法等，由美国著名的管理学家、波士顿咨询公司创始人布鲁斯·亨德森于 1970 年首创。根据波士顿矩阵，会出现 4 种不同性质的产品群，形成不同的产品发展前景：①销售增长率和市场占有率"双高"的产品群（明星类产品）；②销售增长率和市场占有率"双低"的产品群（瘦狗类产品）；③销售增长率高、市场占有率低的产品群（问题类产品）；④销售增长率低、市场占有率高的产品群（现金牛类产品）。

挑战自我

【理论自测题】

■ 选择题（第 1～5 题为单项选择题，第 6～10 题为多项选择题。）

1. 消费者购买了一台计算机，同时也获得了计算机的维修服务，这属于产品整体概念中的（　　）。

　　A．核心产品　　　　　　　　　　B．形式产品

　　C．期望产品　　　　　　　　　　D．附加产品

2. 九阳豆浆机根据不同的市场需求研制出家用豆浆机和商用豆浆机，它的产品组合决策属于（　　）。

　　A．全线全面型　　　　　　　　　B．市场专业型

　　C．产品线专业型　　　　　　　　D．特殊产品专业型

3. 养生堂在开发饮用水时，使用"农夫山泉"品牌，这属于（　　）。

　　A．多品牌策略　　　　　　　　　B．合作品牌策略

　　C．新品牌策略　　　　　　　　　D．品牌再定位策略

4. 企业决定每种产品使用不同的品牌，这个品牌名称决策属于（　　）。

　　A．个别品牌名称策略

B．全部产品采用统一品牌名称策略

C．各大类产品使用不同的家族品牌名称策略

D．个别品牌名称与企业名称并用策略

5．包装最基本的作用是（　　）。

A．保护产品　　　　　　　　B．吸引消费者的注意力

C．销售　　　　　　　　　　D．提供创新的机会

6．品牌对消费者的意义在于（　　）。

A．有利于消费者权益的保护　　B．有利于消费者选购产品

C．有利于消费者形成品牌偏好　D．有利于市场细分

E．有利于提高社会身份

7．产品经济生命周期一般可分为（　　）4 个阶段。

A．介绍期　　　　　　　　　B．成长期

C．成熟期　　　　　　　　　D．衰退期

E．扩大期

8．衰退期产品退出市场的策略有（　　）。

A．继续策略　　　　　　　　B．集中策略

C．收缩策略　　　　　　　　D．放弃策略

E．包围策略

9．产品包装已成为强有力的营销手段，包装的作用有（　　）。

A．保护产品、便于运输　　　B．吸引消费者的注意力

C．提供创新的机会　　　　　D．提高产品的价格

E．在无形中推销产品

10．以下属于产品经济生命周期介绍期特点的是（　　）。

A．销售量低　　　　　　　　B．成本高

C．利润低　　　　　　　　　D．知名度高

E．促销费用高

■ 判断题

1．核心产品是指消费者在购买某种产品时所追求的使用价值和核心利益。（　　）

2．企业可以采取产品线延伸决策和产品线填充决策来增加产品线的长度。（　　）

3．品牌有助于稳定产品价格，减少价格弹性。（　　）

4．品牌定位一旦确定，就不可更改。（　　）

5．产品包装的价值可以高于产品本身的价值。（　　）

6．介绍期的营销策略突出一个"快"字。（　　）

7．成熟期的营销重点是延长成熟期的时间，稳定产品的市场占有率。（　　）

8．质量、外观特色、包装等都是产品整体概念中的形式产品。（　　）

9．核心产品是产品整体概念最关键的部分，务必紧抓核心产品的打造。（　　）

10．产品线消减有时是因为企业营销战略的调整。（　　）

■ 简答题

1．品牌的意义何在？如何进行品牌决策？

2．包装的作用有哪些？简述包装的各种策略。

3．产品经济生命周期各阶段有何特点？对此应分别采取哪些营销策略？

4．判断产品所处的经济生命周期阶段的方法有哪些？

【项目案例分析】

"1点点"奶茶的产品决策分析

"1点点"奶茶属于创立于1994年的中国台湾奶茶品牌"50岚"。"50岚"以上海为起点（由于"50岚"品牌名在大陆被注册，因此改名为"1点点"），于2015年开始快速拓展，后期以每月新增20家左右店铺的趋势来"攻城拔寨"，在一些城市采取了单店加盟和区域授权等灵活方式开拓市场。

■ 分析问题

（1）"1点点"的产品组合有何特点？

（2）"1点点"目前正处于产品经济生命周期的哪个阶段？有什么特点？

（3）"1点点"采取了哪些营销策略？

（4）根据产品经济生命周期各阶段的特点，"1点点"现阶段应如何开展营销活动？

■ 分析要求

（1）学生分析针对案例提出的问题，拟出"案例分析提纲"。

（2）小组讨论，形成小组"案例分析报告"。

（3）班级交流，教师对各小组的"案例分析报告"进行点评。

（4）在班级展出附有"教师点评"的各小组"案例分析报告"，供学生进行比较研究。

【项目实训】

"营销品牌策略分析"业务胜任力训练

■ 实训目标

引导学生参加"营销品牌策略分析"业务胜任力训练；在切实体验"营销品牌策略分析报告"的准备与撰写等活动中，培养学生相应的专业能力与职业核心能力；通过践行职业道德规范，促进学生健全职业人格的塑造。

■ 实训内容

依据所学内容，以自身熟悉的品牌为观察切入点，分析其营销品牌策略。

■ 操作步骤

（1）教师在课堂上布置实训任务，组织学生温习营销品牌策略的相关知识。

（2）将学生分成若干学习小组，组织讨论选择营销品牌策略需要考虑的因素。

（3）每组学生深入市场进行营销品牌策略情况调研，撰写"营销品牌策略分析报告"。

■ 成果形式

实训课业：制作"营销品牌策略分析报告"。

■ 实训考核

"活动过程"考核与"实训课业"考核相结合。

（1）"活动过程"考核。根据学生参与实训全过程的表现，就表4.1中各项"评估指标"与"评估标准"，针对其"职业核心能力培养"与"职业道德素质养成"的训练效果，评出个人"分项成绩"与"总成绩",并填写"教师评语"。

表 4.1　"活动过程"考核成绩表

(实训名称:"营销品牌策略分析"业务胜任力训练)

评估指标		评估标准	分项成绩
职业核心能力培养(∑50分)	自我学习(∑10分)	根据原劳动和社会保障部制定的《职业核心能力培训测评标准》中的相应规定,由授课教师结合本实训的要求自行拟定	
	信息处理(∑0分)	根据原劳动和社会保障部制定的《职业核心能力培训测评标准》中的相应规定,由授课教师结合本实训的要求自行拟定	
	数字应用(∑10分)	根据原劳动和社会保障部制定的《职业核心能力培训测评标准》中的相应规定,由授课教师结合本实训的要求自行拟定	
	与人交流(∑10分)	根据原劳动和社会保障部制定的《职业核心能力培训测评标准》中的相应规定,由授课教师结合本实训的要求自行拟定	
	与人合作(∑10分)	根据原劳动和社会保障部制定的《职业核心能力培训测评标准》中的相应规定,由授课教师结合本实训的要求自行拟定	
	解决问题(∑10分)	根据原劳动和社会保障部制定的《职业核心能力培训测评标准》中的相应规定,由授课教师结合本实训的要求自行拟定	
	创新(∑0分)	根据原劳动和社会保障部制定的《职业核心能力培训测评标准》中的相应规定,由授课教师结合本实训的要求自行拟定	
职业道德素质养成(∑50分)	职业观念(∑10分)	对职业、职业选择、职业工作、营销人员职业道德和企业营销伦理等问题有正确的看法	
	职业情感(∑10分)	对职业有愉快的主观体验、稳定的情绪表现、健康的心态、良好的心境,以及强烈的认同感、荣誉感和敬业精神	
	职业理想(∑10分)	对将要从事的职业的种类、方向与成就有积极的向往和执着的追求	
	职业态度(∑0分)	对职业选择有充分的认识和积极的倾向与行动	
	职业良心(∑10分)	在履行职业义务时具有强烈的道德责任感和较强的自我评价能力	
	职业作风(∑10分)	在职业实践和职业生活的自觉行动中,具有体现职业道德内涵的一贯表现	
总成绩(∑100分)			
教师评语		签名:　　　年　　月　　日	

（2）"实训课业"考核。根据实训所要求的学生"实训课业"完成情况，就表4.2中各项"课业评估指标"与"课业评估标准"，评出个人和小组的"分项成绩"与"总成绩"，并填写"教师评语"与"学生意见"。

表4.2　"实训课业"考核成绩表

（课业名称：营销品牌策略分析报告）

课业评估指标	课业评估标准	分项成绩
1. 营销品牌策略调研（∑30分）	（1）过程具有合理性； （2）过程具有创新性； （3）环节之间具有逻辑性	
2. 营销品牌策略分析报告（∑40分）	（1）报告具有规范性； （2）分析具有科学性	
3. 营销品牌策略分析汇报（∑30分）	（1）语言表达具有准确性； （2）语言表达具有逻辑性； （3）语言表达流畅	
总成绩（∑100分）		
教师评语	签名： 年　　月　　日	
学生意见	签名： 年　　月　　日	

项目 5

有本有则——运用定价策略

项目 5 数字资源

项目目标

知识目标

● 复述影响营销定价的因素
● 列举营销定价的基本方法和策略
● 选择企业应对价格变动的策略

技能目标

● 能够根据实际情况分析影响营销定价的因素
● 能够根据实际情况，正确运用定价方法和策略确定合理的价格
● 能够根据市场情况适时调整价格

项目结构

运用定价策略
- 确定营销定价方法
  - 成本导向定价法
  - 市场需求导向定价法
  - 竞争导向定价法
  - 密封投标定价法
- 运用营销定价策略
  - 心理定价策略
  - 地理定价策略
  - 价格折扣与折让
  - 产品阶段定价
  - 产品组合定价
- 营销价格变动与企业对策
  - 企业降价与提价
  - 消费者对企业变价的反应
  - 竞争者对企业变价的反应
  - 企业对竞争者变价的反应

项目重/难点

● 项目重点：熟练掌握影响营销定价的因素、定价方法和策略。
● 项目难点：根据实际情况正确运用定价方法和策略确定合理的价格；根据市场情况适时进行价格调整。

项目教学建议

● 由于本项目的内容具有实践性，建议采用案例授课和实训练习相结合的方式教学，实务训练可以分小组完成。
● 用于课堂教学的案例需要具有一定的代表性。
● 教师应提前确定好实训场所，帮助或指导学生联系实训场所。

任务导入

近年来，共享单车遍布了全国各大城市的大街小巷。共享单车的定价策略影响着共享单车的发展和市场份额，所以如何进行合理的定价是共享单车能否长久运营的一个关键因素。部分共享单车的定价如下。

甲：押金 99 元，每半小时 1.5 元，如果不足半小时按半小时计算。

乙：押金 299 元，每半小时 1.5 元，如果不足半小时按半小时计算。

丙：押金 199 元，每半小时 1.5 元，如果不足半小时按半小时计算。

丁：免押金，每 15 分钟 1 元，如果不足 15 分钟按 15 分钟计算。

[1] 请列出影响共享单车定价的因素。

[2] 在对共享单车定价时可采取什么定价策略？

[3] 请根据当下的市场需求制定共享单车新的定价模式。

营销箴言

钱是一杆秤，可以称量人心；钱是一把尺，可以丈量人性。价格亦是称量人心的一杆秤。铭记守法之心，不负人生韶华。

任务知识点

知识点 1　确定营销定价方法

1.1　成本导向定价法

成品导向定价法以产品成本作为定价的基本依据，在具体操作时，由于企业对产品成本理解的不同，形成了多种不同的成本导向定价法。

1. 成本加成定价法

成本加成定价法是一种简单的定价方法，就是在单位产品成本的基础上，加上一定比例的预期利润作为产品的价格。价格与成本之间的差额就是利润（这里的成本中包含了税金）。由于利润的多少是按一定比例反映的，这种比例习惯上被称为"几成"，所以这种方法称为成本加成定价法，其计算公式为

$$单位产品价格=单位产品成本×（1+加成率）$$

式中，加成率——预期利润占产品成本的百分比。

【**实例5.1**】　某百货商店经营的某品牌照相机的单位成本为600元/部，加成率为20%，则每部照相机的价格计算方法为

$$照相机的单位价格=600×（1+20\%）=720（元）$$

加成率的确定应综合考虑产品的需求弹性和企业的预期利润。在实践中，同行业往往使用一个为大多数企业所接受的加成率。例如，美国一些产品的加成率一般遵照一定的数值：照相机28%，书籍34%，服装41%，装饰用的珠宝饰物46%，女帽50%。

成本加成定价法具有计算简单、简便易行的特点，在正常情况下，按此方法定价可以使企业获取预期利润。同时，如果同行业中的所有企业都使用这种定价方法，那么它们提供的产品的价格就会趋于一致，这样能避免价格竞争，但它忽视了市场需求和竞争状况的影响，缺乏灵活性，难以适应市场竞争的变化形势。成本加成定价法普遍应用于零售产品。

2. 目标收益定价法

目标收益定价法又称目标利润定价法，或投资收益率定价法。它是在成本的基础上，按照目标收益率的高低计算价格的方法，其计算步骤如下。

（1）确定目标收益率。目标收益率可以表现为目标投资利润率、目标成本利润率、目标销售利润率和目标资金利润率等。

（2）确定目标利润。根据目标收益率表现形式的不同，目标利润的计算方法也不同，

具体计算公式分别为

$$目标利润=总投资额×目标投资利润率$$
$$目标利润=总成本×目标成本利润率$$
$$目标利润=销售收入×目标销售利润率$$
$$目标利润=资金平均占用额×目标资金利润率$$

（3）计算单价。单价的计算公式为

单价=（总成本+目标利润）÷预期销售量或单价=单位变动成本+单位贡献毛利

【实例 5.2】 某企业生产某产品，其固定成本为 700 万元，变动成本为 300 万元，预期销售量为 60 万个。假如该企业的目标收益率（目标成本利润率）为 20%，则该产品的单价为多少？

解：目标利润=总成本×目标成本利润率

　　　　　=（固定成本+变动成本）×目标成本利润率

　　　　　=（700+300）×20%

　　　　　=200（万元）

单价=（总成本+目标利润）÷预期销售量

　　=（700+300+200）÷60

　　=20（元）

因此，该产品的单价为 20 元。

这种方法的优点是有利于加强企业管理的计划性，可较好地实现投资回收计划。但这种方法要求企业必须有较强的计划能力，必须测算好产品价格与预期销售量之间的关系，避免出现确定了产品价格而销售量达不到预期目标的被动情况。

这种方法一般适用于需求价格弹性较小，而且在市场中有一定影响力的企业。市场占有率较高或具有垄断性质的企业、大型的公共事业单位均属于这类企业。这类企业的投资大，业务具有垄断性，又和公众利益息息相关，需求弹性较小。政府通常为保证其有一个稳定的收益率，允许这类企业采用目标收益率进行定价，只对其目标收益率进行限制。

3. 边际成本定价法

边际成本定价法以变动成本为基础，不计算固定成本，其计算公式为

$$单位产品价格=单位变动成本+边际贡献$$

式中的边际贡献是指每增加一单位产品销售量对企业经济收入所做的贡献，它等于每增加一单位产品销售量所增加的销售收入（边际收益或单价）与单位变动成本（边际成本）之差。

这种定价方法说明价格实现的销售收入必须超过变动成本，即边际贡献必须大于零。超过的部分是对企业的贡献（边际贡献）。这一贡献首先用来补偿固定成本，补偿完固定成本以后的贡献才是企业的盈利，如果边际贡献不能完全补偿固定成本，企业就会出现一定程度的亏损。

这种方法的优点是定价灵活性较大，不受固定成本的限制，适用于竞争激烈的市场环境。当市场价格或买方出价低于企业产品的总成本而产品又无其他销路时，如果企业还坚持按单位总成本定价，就卖不出去产品；在停产时，固定成本依旧产生，企业的亏损会更

为严重。按照边际成本定价，只要产品价格实现的销售收入高于变动成本，企业就可获得边际贡献来补偿固定成本。这样，一方面减少了企业的亏损，另一方面可维持企业生存，更为重要的是，为企业重整旗鼓赢得了宝贵的时间。

4. 盈亏平衡分析（量本利）定价法

所谓盈亏平衡，就是指企业生产某种产品所获得的销售收入恰好能够弥补其为生产和销售该产品所支付的全部成本，即总收入等于总成本。能够使盈亏平衡的销售量称为盈亏平衡销售量，而能够使盈亏平衡的价格则称为盈亏平衡价格。但是，企业从事生产的目的并不是保持盈亏平衡，而是在盈亏平衡的基础上获得一定的利润。

这种定价方法的计算公式为

价格＝（固定总成本+变动总成本+目标利润）÷产量

这种定价方法被较多地用于工业企业对产品的定价，商贸企业一般不采用这种定价方法。

1.2 市场需求导向定价法

市场需求导向定价法是一种伴随着营销观念的更新而产生的定价方法。所谓市场需求导向定价法，是指以市场对产品需求的强度和消费者对产品价值的理解程度为依据来确定产品价格的定价方法。这种定价方法综合考虑了成本、产品经济生命周期、市场购买力、销售地区、消费心理等多种因素。市场需求导向定价法在实际操作中有以下两种具体形式。

1. 认知价值定价法

认知价值定价法的基本指导思想是，决定产品价格的关键因素是消费者对产品价值的认知水平，而不是产品的成本。因此，在定价时，先要估计和测算消费者对营销组合中的非价格变量的认知价值，然后根据消费者对产品的认知价值确定产品的价格。

一般而言，消费者在购买产品时总会对其进行比较与鉴别，因为消费者对产品价值的理解不同，所以会形成不同的价格限度。如果产品价格刚好在消费者认定的价格限度内，那么消费者就会顺利购买产品。为此企业应当做好产品的市场定位，突出产品的特性，综合运用各种营销手段，提高产品的知名度，使消费者感到购买这些产品能够获取较多的相对利益，从而提高他们所能接受的价格限度。企业应先据此拟定一个可销价格，进而估计此价格水平下的销售量、成本及盈利情况，最后确定实际价格。

认知价值定价法的关键在于准确地确定消费者对所提供产品的认知价值。如果企业对自己产品的价值估计过高，定价就会过高；如果企业过低地估计产品的价值，定价就会比企业应该获得的价值低。所以企业需要进行市场调研，以便形成指导有效定价的市场认知价值。

2. 需求差异定价法

消费者的需求表现出需求个体差异性，这种需求个体差异性往往因为消费者所处的社会、经济、自然、地理、文化等环境的不同，表现为个体需求层次的不同。在同一层次的消费者中，也会因其经济、地理、文化素养、民族习俗等方面的差异，以及年龄、职业、性别的不同而呈现出对同一产品的不同需求。需求差异定价法就是针对消费者的种种需求差异，对同一产品，根据市场需求的时间、数量、地点，以及消费者的消费水平及心理差异而确定不同的价格，以满足消费者个体需求的一种定价方法。用这种定价方法确定的价格通常与产品的成本无关，只与消费者的需求状况有关。

（1）需求差异定价法的种类。依据划分需求标准的不同，需求差异定价法主要有以下8种。

① 需求对象差别定价法。这种方法主要根据消费者购买能力的差异确定价格。通常，有着不同收入水平、年龄、职业、性别的消费者对价格水平的接受程度有较大的差异。对于低收入者、学生等消费者，定价要低；对于高收入消费者，定价要高。

② 购买时间差别定价法。这种方法是指对同一产品因销售时间不同而按照不同的价格进行出售。这种定价方法反映了企业生产经营成本在时间上的差异。同一产品在不同时间的需求弹性差异是确定时间差别价值的直接标准。对于同一产品，在销售旺季可定高价，在销售淡季可适当降价。

③ 购买地点差别定价法。这种方法是指对同一产品因销售地点不同而按照不同的价格进行出售。同一产品在不同地点的销售存在着效用上的差异，从而会引起消费者需求强度的不同，不同的价格能使其更好地发挥效用。

④ 购买数量差别定价法。这种方法是指对同一产品因购买数量的不同而按照不同的价格进行出售。产品的成本通常随着销售数量的增多而降低，从而使产品价格的调节空间扩大。消费者的购买数量增多，有助于企业扩大生产规模，实现批量生产，从而获得规模经营效益。

⑤ 产品外观、式样、花色等差别定价法。这种方法是指对具有相同功能的产品因其外观、式样、花色等的不同而按照不同的定价进行出售。这种定价方法有利于满足消费者的不同兴趣和爱好。

⑥ 产品用途差别定价法。根据产品的不同用途，对同一产品采取不同的价格策略，有利于拓展产品的新用途，开拓新市场。

⑦ 产品流转环节差别定价法。对处于不同流转环节中的经销商，可提供不同的产品。处于不同流转环节中的经销商，在销售同一产品时所担负的责任和风险不同，实行差别定价有利于维护各环节经销商的利益，调动他们销售产品的积极性。

⑧ 交易条件差别定价法。企业的交易条件涉及所经营产品的数量、付款方式、交货方式和选购方式等，依据这些条件的不同确定不同的产品价格，有利于更好地实现交易。

（2）需求差异定价法的应用条件。

① 整个市场可以细分，而各细分市场的需求程度彼此有差别。

② 在同一种产品价格悬殊的情况下，以较低价格购进的产品无法被转移到另一个高价市场出售。

③ 竞争者很难以较低价格在本企业的高价市场上展开竞争。

④ 因细分市场而增加的开支不会超过高价收入所得，从而不会导致得不偿失。

⑤ 差别定价不会引起消费者的反感。

⑥ 应符合国家的政策和法规。

1.3　竞争导向定价法

竞争导向定价法是指企业为了应对市场竞争而采取的特殊定价方法,主要包括随行就市定价法、倾销定价法和利润陷阱定价法。

1. 随行就市定价法

随行就市定价法根据同行业企业的现行价格水平进行定价,是一种比较常见的定价方法。这是企业在产品成本测算比较困难、竞争者不确定,以及希望得到公平的报酬和不愿打乱市场现有正常秩序的情况下,常采用的一种行之有效的方法。

企业在采用这种方法时,既可以追随市场领先者进行定价,也可以根据市场的一般价格水平进行定价。至于采用哪种做法,企业应根据产品的特征和市场差异性而定。

2. 倾销定价法

倾销定价法是指某国企业为了进入或占领他国市场,排斥竞争者,以低于国内市场的价格,甚至低于生产成本的价格向他国市场抛售产品。

采用这种定价法确定的价格一般使用的时间比较短。一旦达到预期目的,占领了他国市场后,企业就会提高价格,以弥补在倾销中的损失,并获得应得的利润或垄断利润。但是,企业采用这种方法易受反倾销相关法律的限制,因而风险比较大。

3. 利润陷阱定价法

利润陷阱定价法是一种先以高价高利为诱饵设置陷阱,引诱竞争者进入圈套,再以低价击退竞争者的竞争定价。采用这种方法的目的有两个:一是尽可能多地获取市场的利润;二是设置陷阱以诱使其他企业也投入该产品的竞争中。具体做法是,企业首先为自己独家经营的产品确定一个较高价格,以获取高额利润,当竞争者看到有利可图,纷纷生产和销售该产品时,再采取骤然降价的措施,使价格低到竞争者不能维持生产、需要赔本经营的地步,从而实现战胜竞争者、保住市场的目的。

采用该种定价方法,要求企业具有雄厚的实力和独特的技术优势,否则在激烈的市场竞争中将难以与竞争者抗衡,难以维持价格垄断的地位。

1.4　密封投标定价法

密封投标定价法是指卖方在买方的招标期限内,根据对竞争者报价的估计确定相应竞争报价的一种定价方法。

采购机构(买方)一般在报刊上登广告或发出函件,说明拟采购产品的品种、规格、数量等具体要求,邀请供应商在规定的期限内投标。建筑工程承包、大型设备制造、政府大宗采购等通常采用这种办法。卖方竞争投标,密封或公开报价。买方按物美价廉的原则择优选取,到期当众开标,中标者与买方签约成交。

企业参加投标的目的是中标,所以报价应低于竞争者的报价。一般来说,报价高,利润大,但中标机会小,如果投标失败,则利润为零;反之,报价低,中标机会大,但利润低,其机会成本可能大于其他投资方向的机会成本。因此,企业在报价时既要考虑目标利润，又要考虑中标概率。最佳报价应是使预期利润达到最高水平的价格，这里的预期利润是指企业目标利润与中标概率的乘积。不同报价对预期利润的影响如表 5.1 所示。

表 5.1　不同报价对预期利润的影响

企业报价（元）	目标利润（元）	中标概率（%）	预期利润（元）
9 500	100	81	81
10 000	600	36	216
10 500	1 100	9	99
11 000	1 600	1	16

由表 5.1 可知，最佳报价是 10 000 元，因为该报价的预期利润最高。

运用这种方法的主要问题在于测算不同报价水平下的中标概率。这一方面需要通过市场调查及对过去的投标资料进行分析，另一方面需要密切关注竞争者的投标动态。

知识点 2　运用营销定价策略

2.1　心理定价策略

心理定价策略是指企业在定价时，利用消费者的心理，有意识地将产品的价格定得高一些或低一些，以满足消费者在心理、物质和精神等方面的需求，达到扩大市场销售、获得最大效益的目的。常用的心理定价策略有声望定价、尾数定价、招徕定价和习惯定价 4 种。

1. 声望定价

声望定价是指企业利用产品在消费者心目中的声望、信任度和地位来确定价格的一种定价策略。通常，企业故意把产品的价格定成整数或高价，以此来满足消费者的特殊需求。质量不易被鉴别的产品最适合采用这种方法，因为消费者有崇尚名牌的心理，往往根据价格判断质量，认为高价代表高质量，降价或低价的产品反而无人购买。声望定价在饮食、服务、修理、科技、医疗、文化教育等行业中得到了广泛的应用。需要注意的是，在使用声望定价时，需要适当控制产品的市场拥有量。英国名车劳斯莱斯的价格在所有汽车中雄居高位，究其原因，除了其优越的性能、精细的做工，严格控制产量也是一个重要因素。

2. 尾数定价

尾数定价是指保留价格尾数而采用零头标价，将价格定在整数水平以下，使价格保留在较低的档次上。尾数定价一方面给人以便宜感，另一方面因标价精确给人以信赖感。对于需求弹性较强的产品，尾数定价往往能使其需求量大幅度地增加。例如，将产品的价格定为 19.80 元，而不是 20 元，就比较好销售。

在使用尾数定价时，尾数的确定要合乎消费者所在地的风俗习惯，不同的尾数，在不同的国家、不同的地区、不同的民族中收到的效果不同。例如，我国的消费者对 8 这个数字具有好感，在国内销售的产品价格的尾数可以选择 8；欧美国家的消费者对 9 这个数字比较喜欢，在这些国家销售的产品的价格尾数可以使用 9。

当然，企业要想真正打开销路，占有市场，还是应依靠优质的产品，过分看重数字的心理功能，流于文字游戏，只能取宠一时，从长远来看于事无补。

3. 招徕定价

招徕定价是指利用消费者的求廉心理，以接近成本甚至低于成本的价格进行产品销售的策略，目的是在以低价吸引消费者购买"便宜货"的同时，也让其购买其他正常价格的产品，以牺牲局部产品的利益来带动整体产品的销售。例如，各种各样的"优惠大酬宾""特价商店""39 元店"等运用的就是这种策略。企业在采用这种策略时应注意以下问题。

（1）采用招徕定价的产品必须是消费者经常使用的产品，为消费者所熟悉，其价格应对消费者有相当的吸引力。

（2）采用招徕定价的产品必须是真正的削价产品，不能欺骗消费者，只有这样才能取信于消费者。

（3）企业所经营的产品必须具有品种繁多的特点，这样才能吸引消费者在购买采用招徕定价的产品的同时选购其他产品。

（4）采用招徕定价的产品的品种和数量要适当，价格的降幅要适中。因为如果采用招徕定价的产品的品种和数量较多，价格降幅太大，就可能导致企业亏损；如果采用招徕定价的产品的品种和数量太少，价格降幅太小，又难以起到促销的作用，就无法吸引消费者购买。

4. 习惯定价

习惯定价是指按照消费者的习惯性标准来定价。企业在确定日常消费品的价格时，一般采用习惯定价。因为这类产品易于让消费者在心目中建立一种习惯性标准。符合这种习惯性标准的价格容易被接受，否则就容易引起消费者的怀疑。产品的价格高于习惯价格常被认为是变相涨价；产品的价格低于习惯价格又会被怀疑产品质量有问题。因此，这类产品的价格应力求稳定，在不得不涨价时，应采取改换包装或品牌等措施，削减消费者的抵触心理，并引导消费者逐步形成新的习惯性标准。

2.2　地理定价策略

地理定价策略是指企业依照产品所在地区的市场状况、交货条件、费用分摊情况、承担的风险等情况，对在不同地区销售的本企业的同一产品实行不同价格的策略。产品的生产和消费往往具有一定的时空距离，产品要跨越时空距离，真正满足消费者的需求，必然要发生空间位移。伴随着产品的空间位移，企业需要支付一定的运输、仓储、装卸、整理、保险、再包装等费用，这些费用需要在产品的定价中反映出来。地理定价策略正是针对这些费用的分摊而采用的一种定价策略。在这一策略的指导下形成的价格，是企业根据消费者位置的不同、费用和风险划分方式的不同，在　定价格的基础上加减一定费用而确定的，其具体形式主要有以下 3 种。

1. 按产地在某种运输工具上交货定价

按产地在某种运输工具上交货定价（Free On Board，FOB）是一种贸易条件，是指企业必须负责将某种产品（货物）运到产地的某种运输工具（如卡车、火车、船舶、飞机等）上交货，并承担一切风险和费用。在交货后，从产地到目的地的一切风险和费用一概由消费者承担。如果按产地在某种运输工具上交货定价，那么每个消费者都各自负担从产地到目的地的运费，这是合理的。但是这样定价对企业也有不利之处，即离产地远的消费者就可能不愿意购买这个企业的产品，而购买其他企业的产品。

2. 统一交货定价

统一交货定价这种形式和按产地在某种运输工具上交货定价正好相反。所谓统一交货定价，就是企业对于卖给不同地区消费者的某种产品，都按照相同的出厂价格加相同的运费（按平均运费计算）定价。也就是说，对全国不同地区的消费者，不论远近，同一产品都实行一个价。例如，我国邮资采取统一交货定价，所以平信邮资在全国各地都一样。

3. 分区定价

分区定价介于前两者之间。所谓分区定价，就是企业把全国（或某些地区）分为若干价格区，对于卖给不同价格区消费者的某种产品，分别确定不同的地区价格。在距离企业远的价格区，该产品的价格定得较高；在距离企业近的价格区，该产品的价格定得较低。

企业采用分区定价的问题在于：在同一价格区内，有些消费者距离企业较近，有些消费者距离企业较远，前者购买该产品就不合算；处在两个相邻价格区交界处的消费者，尽管他们相距不远，但是要按不同的价格购买同一种产品。

4. 基点定价

基点定价是指企业选定某些城市作为基点，然后按一定的原价加上从基点城市到消费者所在地的运费来定价（不管货物实际上是从哪个城市起运的）。美国的制糖、水泥、钢铁、汽车等行业多年来一直采取基点定价。有些企业为了增强定价的灵活性，选定多个基点城市，按照离消费者最近的基点城市来计算运费。

5. 运费免收定价

有些企业因为急于和某些地区的消费者做成生意，选择负担全部或部分运费。这些企业认为，如果生意扩大，其平均成本就会降低，足以抵偿这些费用开支。采取运费免收定价，可以使企业加深市场渗透，并且在竞争日益激烈的市场上立于不败之地。

2.3 价格折扣与折让

价格有样本价格与成交价格之分：样本价格是指价目表中标明的价格；成交价格则是根据不同的交易方式、数量、时间、条件等，在样本价格的基础上适当加以调整而形成的实际价格。企业为了鼓励消费者及早付清货款、大量购买、淡季购买，以及配合促销，可以酌情给予消费者一定的价格折扣与折让，这种定价方法就叫作折扣定价。

1. 现金折扣

现金折扣是企业给提前付清货款的消费者的一种减价策略。例如，消费者必须在 30 天内付清货款，如果消费者能够在 10 天内付清货款，则给予其 2% 的价格折扣。西方国家的许多行业习惯采取这种做法，以加速资金周转，减少收账费用和坏账。

2. 数量折扣

数量折扣是企业给那些大量购买某种产品的消费者提供的一种减价策略，以鼓励消费者购买更多的产品，因为大量购买能使企业降低生产、销售、储运、记账等环节的成本。例如，消费者购买某种产品 100 单位以下，每单位 10 元；购买 100 单位以上，每单位 9 元。这就是数量折扣。

3. 功能折扣

功能折扣又称贸易折扣，是指制造商给某些批发商或零售商的一种额外折扣，促使他们执行某种市场营销职能（如推销、储存、服务）。

4. 季节折扣

季节折扣是企业给那些购买过季产品的消费者提供的一种减价策略，使企业的生产和销售在一年四季都保持相对稳定。例如，滑雪板制造商在春季和夏季给零售商提供季节折扣，以鼓励零售商提前订货；旅馆、航空公司等在营业淡季时也给旅客提供季节折扣。

5. 折让

折让是另一种类型的价目表价格的减价策略。例如，一辆小汽车标价为 40 000 元，消费者以旧车折价 10 000 元购买，只需要支付 30 000 元，这叫以旧换新折让；如果经销商同意参加制造商的促销活动，则制造商卖给经销商的产品可以打折，这叫促销折让。

2.4　产品阶段定价

1. 介绍期定价

介绍期是指刚刚将产品投入市场，进行试销的时期。处于介绍期的产品往往是企业的新产品，具有以下明显的特征。

（1）在同类产品市场上，新产品在品质上有不同程度的改进，具有一定的技术、经济优势。

（2）在技术和操作方面不成熟，质量不稳定，生产批量小，经营成本高。

（3）消费者对新产品缺乏了解和信任，需求量小，促销费用高。

（4）生产经营新产品的企业较少，因而市场竞争较弱。

因此，在介绍期，企业选择定价策略的原则是，既要有利于企业收回成本，提高企业经济效益；又要有利于消费者接受新产品，迅速扩大其市场份额。可供选用的定价策略主要有 3 种：撇脂定价策略、渗透定价策略和满意定价策略。

（1）撇脂定价策略。撇脂定价策略是指在产品经济生命周期的最初阶段，即新产品初上市时，把产品的价格定得很高，以求得最大收益，尽快收回成本。这是对市场的一种榨取，就像从牛奶中撇取奶油一样，所以被称为撇脂定价策略。撇脂定价策略奏效的条件：市场上有足够的消费者，他们的需求缺乏弹性，即使把价格定得很高，市场需求也不会大量减少；高价使市场需求减少一些，因而产量减少一些，单位成本增加一些，但这不至于抵消高价所带来的利益；在高价情况下，企业仍然独家经营，没有竞争者。有专利保护的产品就是如此。此外，某种产品的价格很高，能够让人们产生该产品是高档产品的印象。

（2）渗透定价策略。与撇脂定价策略相反，渗透定价策略是产品在介绍期以较低价格吸引大量消费者，迅速占领市场，取得较大的市场份额。美国得克萨斯仪器制造公司采用的就是这种策略。它建立了一座大规模的工厂，力图大量生产计算器，使其价格尽可能降低，以取得较多的市场份额，从而扩大生产规模，降低成本，并进一步降低价格。有些产品大量积压的企业和折扣商店，也采用这种定价策略。

（3）满意定价策略。满意定价策略是一种折中定价策略，它吸取上述两种定价策略的长处，采取比撇脂价格低、比渗透价格高的适中价格。这样，既能保证企业获得一定的初期利润，又能使产品价格被消费者接受。由此而定的价格称为满意价格，又称温和价格或中间价格。

2. 成长期定价

成长期是指产品经过介绍期的引入，逐渐被消费者接受，市场销售量增加，形成销售高峰，生产趋于稳定，开始投入批量生产的时期。这个阶段的特征如下。

（1）产品的技术成熟，质量稳定，单位产品成本下降。

（2）产品在竞争中占有较大的优势，市场需求量迅速扩大。

（3）企业已建立起品牌信誉，并确立了市场主导地位，有一个相对稳定的销售市场。

（4）企业的竞争者相对较少，企业获得的经济效益明显。

此阶段企业选择定价策略的原则是，提高产品的市场占有率，实现较高的目标收益。可供选用的定价策略如下。

（1）以在介绍期确定的价格为正式价格，注重提高产品的质量，增加花色品种，加强销售服务。

（2）进行价格调整，根据在介绍期所采用各种策略的不同情况，对产品进行价格的上调、维持不变和下调，或者实行分档定价的策略。

3. 成熟期定价

成熟期是指产品经过长期较快发展后，销售量从迅速增加转向缓慢下降的时期。这个阶段的特征如下。

（1）产品定型，开始大批量生产，产品成本继续下降，规模经济效益突出。

（2）市场需求趋于饱和，需求总量不再增加。

（3）产品的技术性能和经济性能已被大多数企业所掌握，产品价格趋于一致，市场竞争异常激烈。

此阶段企业选择定价策略的原则是，以竞争为核心，维持和扩大现有市场份额，使企业保持一定的盈利水平。可供选用的定价策略如下。

（1）竞争性定价策略。根据竞争者的产品价格情况，适时进行价格调整，当自己产品的质量优于或等同于竞争者产品的质量时，以竞争者的价格为低限；当自己产品的质量低于竞争者产品的质量时，以竞争者的价格为高限。同时注重非价格竞争手段的运用，努力开发新产品和系列配套产品等，增加产品的功能和花色品种，搞好营销服务，在消费者心目中牢固树立名、优、特的形象。

（2）组合定价策略。把各种不同但又相互关联的产品组合在一起，实行协调定价，以一种产品的低价或高价带动其他产品的销售，从而达到整体销售量增加的目的。

4. 衰退期定价

衰退期是指随着科学技术的进步和应用，以及消费者需求及爱好的改变，原有产品迅速老化，逐渐被具有更先进的技术和经济性能的新产品所替代的时期。这个阶段的特征如下。

（1）消费者的购买意愿转向更新的产品，原有产品的市场需求萎缩，企业销售量快速下降。

（2）产品老化，其工艺技术、经济性能已落后，设备陈旧，维修费增加，物耗严重，单位产品的平均成本上升，利润水平降到最低点，甚至出现负数。

（3）企业将注意力主要放在新产品、替代品的研制和开发上。

此阶段企业选择定价策略的原则是，最大限度地发挥产品在最后阶段的经济效益，尽快收回占压资金，减少损失。可供选用的定价策略如下。

（1）维持定价策略。对于那些需求弹性小的一般生活必需品和生产资料，继续保持成熟期价格或只进行小幅度降价。这样在产品经济生命周期中，价格水平较稳定，利润变化也不大。

（2）驱逐定价策略。企业故意把价格降到大大低于有利可图的水平，使竞争者无法在该市场上立足，以占领竞争者退出后留下的市场份额，阻止产品销售量下降过快，延长产品的经济生命周期。通常，在驱逐价格的盈亏平衡点确定后，对需求弹性大的产品一般采用边际成本定价法，以提高竞争力。

（3）撤退定价策略。对于过时或将要被淘汰的产品，企业应及时降价销售，能收回多少资金就收回多少资金，尽可能把损失降到最低。

2.5　产品组合定价

当产品只是某一产品组合中的一部分时，企业必须对定价方法进行调整。这时，企业要确定一系列价格，使整个产品组合的利润实现最大化。产品组合定价是复杂的，因为不同产品的需求和成本之间的内在关系及其所受到的竞争程度不同。下面主要讨论产品线定价、可选产品定价、互补产品定价、互替产品定价等方法。

1. 产品线定价

产品线是指在企业生产的产品大类中，具有相近功能、能满足某种需求的一组密切相关的产品，如家电生产中的电视机、电冰箱、空调器等就形成了不同的产品线。产品线定价是指企业就同一系列产品的不同规格、型号和质量，按照相近的原则，把产品划分为若干档次，给不同档次确定不同价格的方法。例如，海尔集团生产的变频冰箱，按其规格、型号的不同可分为白马王子、宇航变频等类别。虽然同属于变频冰箱系列，但不同类别的产品给消费者提供了不同的功能。在产品线定价中，管理者必须决定不同类别产品的价格差距。

企业在使用产品线定价时，首先应掌握产品线中系列产品之间在性能、成本等方面的差异程度，其次应考虑与竞争者在同类产品上的价格差异，再根据实际情况来确定产品的价格。

2. 可选产品定价

许多企业在销售主要产品的同时也提供备选产品。例如，汽车公司除了向消费者销售汽车，还销售电动窗控制器、除雾器、调光器等。备选配件的定价颇令汽车公司头痛，它必须决定哪些配件该包含在汽车售价里，哪些配件该另定价格，让消费者自己决定是否购买。通用汽车公司的定价策略是，对每辆定价 9 000 美元的不附加任何设备的基本车型做广告，将消费者吸引到展览中心，而展出的大部分车型却是配件齐全的豪华车型，每辆定价 11 000 美元或 12 000 美元。消费者通常不会选购不太舒适、不够方便的基本车型。

3. 互补产品定价

有些企业同时生产主要产品及与主要产品一起使用的配套产品，如生产剃刀架的企业同时生产刀片。对于这种互补产品，企业可以有意识地降低购买频率低而需求弹性大的产品的价格，同时抬高购买频率高而需求弹性小的产品的价格，这样会取得主要产品和配套产品的销售量同时增加的良好效果。

4. 互替产品定价

互替产品是指在消费者购买和使用产品的过程中能够互相代替的产品。一般来说，生产互替产品的企业应当适当抬高畅销品的价格，降低滞销品的价格，以使两者的销售相得益彰，增加总利润。例如，在城市，如果洗衣粉畅销、肥皂滞销，就可以抬高洗衣粉的价格，降低肥皂的价格；在农村，则相反，可抬高肥皂的价格，降低洗衣粉的价格。当然，还要考虑竞争等因素的影响。

知识点 3　营销价格变动与企业对策

3.1　企业降价与提价

企业处在一个动态的市场环境中，其对产品价格的确定与修改都不是一成不变的。企业为了生存与发展，有时需要主动降价或提价，有时需要对竞争者的变价做出适当的反应。

1. 降价

（1）降价时机。当出现以下情况时，企业将面临降价的选择。

① 生产能力过剩，需要扩大销售，但通过改进产品、强化销售等措施难以实现，只能通过降价的方式来实现。

② 正面临强有力的市场竞争，企业的市场份额在减少，要通过降价来维持市场份额。

③ 成本比竞争者低，期望通过降价取得市场支配地位或扩大市场份额。

④ 经济出现衰退，市场不景气。

（2）降价方式。企业在降价时可以选择以下 3 种方式。

① 明确降低产品价格。明确向消费者通告：将在某一确定的日期统一下调产品价格。

② 增加折扣。增加常用的现金折扣、数量折扣。

③ 退还部分货款。消费者凭借购买凭证，可获得退还的部分货款。

2. 提价

成功的提价会使企业的利润大大增加，所以，尽管提价会引起渠道成员和销售人员的不满，但企业在适当时机出现时仍会提价。

（1）提价时机。

① 通货膨胀造成成本上涨，尤其是当成本上涨的程度高于生产率增长的程度时，需要通过提价来减轻成本的压力。

② 产品供不应求，企业不能满足所有消费者的需求时。

（2）提价方式。企业在提价时有以下 4 种方式可以选择。

① 明确提高产品价格。明确向消费者通告：将在某一确定的日期统一提高产品价格。

② 使用价格自动调整条款。要求消费者按当前价格付款，并支付交货前因通货膨胀引起增长的部分或全部费用。在长期工业项目的合同中都应有价格自动调整条款。

③ 分别处理产品和服务的价目。保持产品价格不变，对原先提供的免费服务项目（如送货、安装、培训等）单独定价。

④ 减少折扣。减少或不再提供正常的现金折扣和数量折扣。

3.2　消费者对企业变价的反应

企业无论是提价还是降价，都会影响到消费者、竞争者、经销商和供应商，而且政府也不能不关心企业变价。下面分析消费者对企业变价的反应。

1. 消费者对企业降价的反应

消费者对企业就某种产品的降价可能会有如下理解。

（1）这种产品式样老了，将被新型产品所代替。

（2）这种产品有某些缺点，销售不畅。

（3）企业财务困难，难以继续经营下去。

（4）价格还会进一步下跌。

（5）这种产品的质量下降了。

2. 消费者对企业提价的反应

企业提价通常会影响销售，消费者对企业就某种产品的提价可能会有如下理解。

（1）这种产品很畅销，不赶快买就买不到了。

（2）这种产品很有价值。

（3）企业想尽快取得更多的利润。

一般来说，消费者对价值不同的产品的价格变动的反应有所不同：对于那些价值高、经常购买的产品的价格变动较敏感，而对于那些价值低、不经常购买的产品的价格变动不太在意。此外，消费者虽然关心产品价格的变动，但是通常更关心取得、使用和维修产品的总费用。因此，如果企业能使消费者相信取得、使用和维修某种产品的总费用较低，那么，就可以把这种产品的价格定得比竞争者的高，从而取得较多的利润。

3.3 竞争者对企业变价的反应

在竞争市场上，企业调整价格的效果还取决于竞争者的反应。在企业采取降价策略而竞争者不进行任何价格调整的情况下，降价可以让企业扩大市场份额，提高市场占有率；当企业降价而竞争者采取"反价格战"，即降价幅度更大时，不仅会抵消企业降价的效果，还会使企业销售环境恶化。同样，在企业调高价格后，如果竞争者不提高价格，那么对企业来说，原来供不应求的市场可能变成供过于求的市场。因此，企业在实施价格调整行为前，必须分析竞争者的数量和其可能采取的措施，以及竞争者反应的程度。

3.4 企业对竞争者变价的反应

在同质产品市场上，如果竞争者降价，企业也必须随之降价，否则消费者就会购买竞争者的产品而不购买该企业的产品；某一企业提价，其他企业也可能会随之提价（提价对整个行业有利），如果有一个企业不随之提价，那么最先发动提价的企业和其他企业就不得不取消提价。

在异质产品市场上，企业对竞争者价格变动的反应有更高的自由度。在这种市场上，消费者在选择产品时不仅考虑产品价格的高低，而且考虑产品的质量、服务、可靠性等因素，因而消费者对于较小的价格变动无反应或不敏感。

企业在对竞争者的价格变动做出适当的反应之前，应调查和考虑：为什么竞争者要变价；竞争者打算暂时变价还是永久变价；如果对竞争者的变价置之不理，将对企业的市场占有率和利润有何影响，其他企业是否会做出反应；竞争者和其他企业对本企业的每一个可能的动作又会有什么反应。

当企业认为有必要采取行动时，可选择以下 4 种策略。

（1）维持原价，但提高消费者可感知到的质量或增加服务项目。这相对于降价和减少利润，效果更好些。

（2）相应降价，以保持市场份额。有些企业在降价的同时还会降低产品质量或减少服务，以保持利润率和市场份额，但这对维护长期市场份额不利。

（3）提高价格，改善质量。对现有产品实行高价、重新定位，或对现有产品维持原价，同时引进较高价位的新品牌。

（4）创立竞争型低价位的品牌。当前 3 种策略不适用时，可创立一种较低价位的新品牌，或在产品线中引进低价产品，以对抗竞争者的降价。

任务技能点

技能点 1　探索定价策略

技能要点

（1）深入当地市场，调查同类但不同品牌产品的定价策略。

（2）对不同品牌产品的定价策略进行分析，并形成分析报告。

训练过程

（1）每组 5～6 人，由组长带领，深入市场考察产品的定价策略。

（2）各组完成市场考察资料的整理，并分析各种品牌产品定价策略的优缺点。

（3）小组讨论各品牌产品的定价策略，并撰写分析报告。

关键点提示

（1）教师协助联系当地市场或指导学生自行联系。

（2）收集的资料是否真实、完整、有效？

（3）分析报告的内容是否准确、客观？

技能点 2　探索变价策略

技能要点

（1）深入当地企业，调查并分析该企业所有产品的定价。

（2）根据竞争者的定价情况，分析该企业是否该变价，并形成调查分析报告。

训练过程

（1）每组 5～6 人，由组长带领，深入企业调查产品的定价。

（2）各组完成企业与竞争者产品定价的调查，并分析该企业是否该变价。

（3）每个小组完成调查分析报告，并制作成 PPT。

（4）以小组为单位派代表对本组的调查分析报告进行阐述。

关键点提示

（1）教师协助联系当地企业或指导学生自行联系。

（2）对企业及其竞争者的定价调查是否准确、完整？

（3）分析结果是否合理，对企业的建议是否可行？

效果评估

评估点1　定价策略

1. 情境描述

国内某化妆品有限公司开发出了特别适合东方女性的具有独特功效的系列化妆品，并在多个国家申请了专利。营销部门经理初步分析了亚洲各国和地区的情况，首选日本作为主攻市场。为迅速掌握市场的情况，该公司派人直赴日本，运用各种调查手法收集一手资料。调查显示，日本市场的潜在需求量大，购买力强，且没有同类产品竞争，这使调查人员兴奋不已。于是调查人员又按年龄层次将日本女性化妆品市场划分为15～18岁、19～25岁、26～35岁、36岁及36岁以上4个子市场，并选择了其中最大的一个子市场进行重点开发。营销部门经理对他们的前期工作感到非常满意，为了确保成功，他正在考虑进行一次市场试验。他还要和公司经理商讨采取何种定价策略。

2. 评估标准与结果分析

请你根据所学知识，为该公司出谋划策。对于新产品，你认为该公司应采取何种定价策略，为什么？

评估点2　产品变价

1. 情境描述

对旅游业来说，暑期市场至关重要，7月和8月更是漂流旺季，以往此时的门票价格都会水涨船高。但《信息时报》记者通过调查发现，广东省内多个漂流景区的门票价格不仅未涨，反而下降了，有的降幅达到三四成，推广价和促销价更是频频出现。主要漂流景区相关负责人在接受记者采访时表示，近几年市场推广力度较大，价格比上一年均有所下调。

2. 评估标准与结果分析

（1）请根据所学知识分析漂流景区门票降价的原因，并分析当哪些时机出现时企业可以降价。

（2）请你给漂流景区制定3种以上降价方案。

拓展空间

【影响需求价格弹性的因素】

影响需求价格弹性的主要因素有以下4个。

（1）产品与生活的密切程度。一般来说，与生活关系密切的产品，需求价格弹性小，如香皂、牙膏等；反之，产品的需求价格弹性大。

（2）产品本身的特性和知名度。越是独具特色或知名度高的产品，消费者对其价格越不敏感，其需求价格弹性越小；反之，其需求价格弹性越大。

（3）替代品和竞争品的多少和效果的好坏。替代品和竞争品少且效果也不好的产品，需求价格弹性小；反之，产品的需求价格弹性大。

（4）产品质量和币值的影响。当消费者认为价格变动是产品质量变化或币值升降后的必然结果时，产品的需求价格弹性小；反之，产品的需求价格弹性大。

【整数定价】

整数定价与尾数定价相反，即按整数而非尾数定价，是指企业把原本确定的有零数的产品价格改定为高于这个价格的整数，一般以"0"作为尾数。这种舍零凑整的策略实质上是利用了消费者按质论价的心理、自尊心理与炫耀心理，针对的是消费者的求名、求方便心理，有意将产品价格定为整数。一般来说，整数定价策略适用于高档消费品、名牌优质产品。

挑战自我

【理论自测题】

■ 选择题（第 1～5 题为单项选择题，第 6～10 题为多项选择题。）

1.（   ）是一种简单的定价方法，就是在单位产品成本的基础上，加上一定比例的预期利润作为产品的价格。

    A. 目标收益定价法　　　　　　　B. 边际成本定价法
    C. 成本加成定价法　　　　　　　D. 盈亏平衡分析定价法

2. 需要注意的是，在使用（   ）时，需要适当控制产品的市场拥有量。

    A. 声望定价　　　　　　　　　　B. 尾数定价
    C. 招徕定价　　　　　　　　　　D. 习惯定价

3.（   ）是企业给提前付清货款的消费者的一种减价策略。

    A. 数量折扣　　　　　　　　　　B. 功能折扣
    C. 现金折扣　　　　　　　　　　D. 季节折扣

4. 我国著名服装设计师李艳萍设计的女式服装以典雅、高贵而享誉中外，其中"李艳萍"牌中式旗袍在名声、款式及做工用料上都卓尔不凡，旗袍售价在国际市场上居高不下。这种定价策略属于（   ）。

    A. 市场需求导向定价法　　　　　B. 竞争导向定价法
    C. 成本导向定价法　　　　　　　D. 密封投标定价法

5. 消费者在购买汽车时如果在 10 天内付清货款，则 4S 店给予其 2% 的折扣，这种折扣属于（   ）。

    A. 功能折扣　　　　　　　　　　B. 现金折扣
    C. 数量折扣　　　　　　　　　　D. 促销让价

6. 当出现（　　）情况时，产品需求可能缺乏弹性。

    A. 市场上出现竞争者或替代者

    B. 市场上没有竞争者或替代者

    C. 消费者改变购买习惯较慢或者不积极寻求便宜的东西

    D. 消费者认为产品质量有所提高，或者认为存在通货膨胀等，价格较高是应该的

7. 心理定价策略包括（　　）。

    A. 招徕定价　　　　　　　　　B. 习惯定价

    C. 声望定价　　　　　　　　　D. 尾数定价

    E. 差别定价

8. 成熟期可选用的定价策略有（　　）。

    A. 竞争性定价策略　　　　　　B. 需求差异定价策略

    C. 撇脂定价策略　　　　　　　D. 认知价值定价策略

    E. 组合定价策略

9. 企业在提价时可以选择（　　）方式。

    A. 明确提高产品价格

    B. 使用价格自动调整条款

    C. 分别处理产品和服务的价目

    D. 减少折扣

10. 在衰退期，企业可以选择的定价策略有（　　）。

    A. 维持定价策略

    B. 驱逐定价策略

    C. 竞争性定价策略

    D. 撤退定价策略

    E. 组合定价策略

■ 判断题

1. 边际成本定价法以固定成本为基础，不计算变动成本。　　　　　　（　　）

2. 尾数定价的目的是在以低价吸引消费者购买"便宜货"的同时，让其购买其他正常价格的产品，以牺牲局部产品的利益来带动整体产品的销售。　　　　（　　）

3. 成本加成定价法有利于加强企业管理的计划性，较好地实现投资回收计划。

    （　　）

4. 衰退期的定价原则是以竞争为核心，维持和扩大现有市场份额，使企业保持一定的盈利水平。　　　　　　　　　　　　　　　　　　　　　　（　　）

5. 如果竞争者率先调整价格，那么企业应该采取应对措施，予以反攻。（　　）

6. 需求导向定价法是指以市场对产品需求的强度和消费者对产品价值的理解程度为依据来确定产品价格的定价方法。　　　　　　　　　　　　　　（　　）

7. 撇脂定价策略是指在产品经济生命周期的成长期，把产品的价格定得很高，以求

得最大收益，尽快收回成本。　　　　　　　　　　　　　　　　　　　　（　　）

8．与撇脂定价策略相反，渗透定价策略是在产品介绍期以较低价格吸引大量消费者，迅速占领市场，取得较大的市场份额。　　　　　　　　　　　　　　　　　（　　）

9．衰退期是指产品经过长期较快发展后，销售量从迅速增加开始转向缓慢下降的时期。　　　　　　　　　　　　　　　　　　　　　　　　　　　　　　（　　）

10．生产能力过剩，需要扩大销售，但通过改进产品、强化销售等措施难以实现，只能采取降价的方式来实现。　　　　　　　　　　　　　　　　　　　　　（　　）

■ 简答题

1．成本导向定价法有哪些？

2．心理定价策略有哪几种？

3．简述产品成熟期应如何定价。

【项目案例分析】

价格变动之后的销路

深圳的一家珠宝店专门经营由少数民族群众手工制成的珠宝首饰，店铺位于游客众多、风景秀丽的华侨城（周围著名的旅游景点：世界之窗、民族文化村、欢乐谷等），生意一直比较稳定。消费者主要是游客和华侨城社区居民（华侨城社区在深圳属于高档社区，生活水平较高）。几个月前，珠宝店店主进了一批由珍珠质宝石和银制成的手镯、耳环、项链的精选品。与典型的绿松石造型中的青绿色调不同的是，珍珠质宝石是粉红色略带大理石花纹的样子。就大小和式样而言，这一系列珠宝包括了很多种类：有的珠宝小而圆，式样很简单；有的珠宝则要大一些，式样别致、大胆。除此之外，这批精选品中还包括各种传统式样的由珠宝点缀的丝制领带。与以前进的货相比，店主认为这批由珍珠质宝石制成的首饰的进价还是比较合理的。他对这批货十分满意，因为其比较独特，所以可能会比较好卖。

在进价的基础上，加上其他相关的费用和平均水平的利润，店主定了一个价格，觉得这个价格应该是合理的，肯定能让消费者觉得物超所值。然而，在这些首饰上架一个月之后，销售统计报表显示其销售状况很不好，店主十分失望，不过他认为其原因并不是首饰本身不好，而是营销的某个环节没有做好。

于是，他决定试试在中国营销传播网上学到的几种销售策略。比如，让店中某种商品的位置有形化往往可使消费者对其产生更浓厚的兴趣。因此，他把这些首饰装入玻璃展示箱中，并将其摆放在该店入口的右手侧。可是，在他改变位置之后，这些首饰的销售情况仍然没有什么起色。他认为应该在一周一次的见面会上与员工好好谈谈。他建议销售人员花更多的精力来推销这批独特的首饰，并安排了一名销售人员专门促销这批首饰。他不仅给员工详尽描述了珍珠质宝石，还给他们发了一篇简短的介绍性文章，以便他们能记住并讲给消费者听。遗憾的是，这个方法也失败了。

此时，店主准备外出选购产品。因对珍珠质宝石首饰的销售情况感到十分失望，急于减少库存以便给更新的首饰腾出地方来存放，他决心采取一项重大行动，将这批首饰半价出售。临走时，他匆忙地给副经理留下了一张字条：“调整一下那些珍珠质宝石首饰的价格，所有都×1/2。”

他回来后，惊喜地发现该系列所有的首饰已销售一空。"我真不明白这是为什么。"他对副经理说，"看来这批首饰并不合消费者的胃口。下次在新添首饰品种的时候我一定要慎之又慎。"而副经理却说，她虽然不懂为什么要对滞销商品进行提价，但她惊诧于提价后商品的出售速度如此之快。店主不解地问："什么提价？我留的字条上说价格减半啊。""减半？"副经理吃惊地问，"我以为你的字条上写的是这一系列所有商品的价格一律按双倍计。"结果，副经理将价格提升了一倍而不是减半。

■ 分析问题

（1）解释为什么以原价2倍的价格出售珍珠质宝石首饰会卖得很快。

（2）店主对珍珠质宝石首饰的需求曲线给出了怎样的假设？实际上这种商品的需求曲线应该是什么样的？

（3）心理定价法的观念对珠宝店店主有什么帮助？在未来的定价决策方面你会给他提出什么建议？

■ 分析要求

（1）学生分析针对案例提出的问题，拟出"案例分析提纲"。

（2）小组讨论，形成小组"案例分析报告"。

（3）班级交流，教师对各小组的"案例分析报告"进行点评。

（4）在班级展出附有"教师点评"的各小组"案例分析报告"，供学生进行比较研究。

【项目实训】

"产品变价策划"业务胜任力训练

■ 实训目标

引导学生参加"产品变价策划"业务胜任力训练；在切实体验"××手机变价策划方案"的准备与撰写等活动中，培养学生相应的专业能力与职业核心能力；通过践行职业道德规范，促进学生健全职业人格的塑造。

■ 实训内容

依据所学内容，请根据市场竞争情况，为手机生产商撰写一份"××手机变价策划方案"。

■ 操作步骤

（1）教师在课堂上布置实训任务，组织学生温习定价策略的相关知识。

（2）将学生分成若干学习小组，组织讨论进行产品变价需要考虑的因素。

（3）以小组为单位撰写一份变价策划方案，并制作成PPT。

（4）每组推选一位成员对变价策划方案进行阐述。

■ 成果形式

实训课业：制作"××手机变价策划方案"。

■ 实训考核

"活动过程"考核与"实训课业"考核相结合。

（1）"活动过程"考核。根据学生参与实训全过程的表现，就表5.2中的各项"评估指标"与"评估标准"，针对其"职业核心能力培养"与"职业道德素质养成"的训练效果，评出个人"分项成绩"与"总成绩"，并填写"教师评语"。

表 5.2 "活动过程"考核成绩表

（实训名称："产品变价策划"业务胜任力训练）

	评估指标	评估标准	分项成绩
职业核心能力培养（∑50分）	自我学习（∑10分）	根据原劳动和社会保障部制定的《职业核心能力培训测评标准》中的相应规定，由授课教师结合本实训的要求自行拟定	
	信息处理（∑0分）	根据原劳动和社会保障部制定的《职业核心能力培训测评标准》中的相应规定，由授课教师结合本实训的要求自行拟定	
	数字应用（∑10分）	根据原劳动和社会保障部制定的《职业核心能力培训测评标准》中的相应规定，由授课教师结合本实训的要求自行拟定	
	与人交流（∑10分）	根据原劳动和社会保障部制定的《职业核心能力培训测评标准》中的相应规定，由授课教师结合本实训的要求自行拟定	
	与人合作（∑10分）	根据原劳动和社会保障部制定的《职业核心能力培训测评标准》中的相应规定，由授课教师结合本实训的要求自行拟定	
	解决问题（∑10分）	根据原劳动和社会保障部制定的《职业核心能力培训测评标准》中的相应规定，由授课教师结合本实训的要求自行拟定	
	创新（∑0分）	根据原劳动和社会保障部制定的《职业核心能力培训测评标准》中的相应规定，由授课教师结合本实训的要求自行拟定	
职业道德素质养成（∑50分）	职业观念（∑10分）	对职业、职业选择、职业工作、营销人员职业道德和企业营销伦理等问题有正确的看法	
	职业情感（∑10分）	对职业有愉快的主观体验、稳定的情绪表现、健康的心态、良好的心境，以及强烈的认同感、荣誉感和敬业精神	
	职业理想（∑10分）	对将要从事的职业的种类、方向与成就有积极的向往和执着的追求	
	职业态度（∑0分）	对职业选择有充分的认识和积极的倾向与行动	
	职业良心（∑10分）	在履行职业义务时具有强烈的道德责任感和较强的自我评价能力	
	职业作风（∑10分）	在职业实践和职业生活的自觉行动中，具有体现职业道德内涵的一贯表现	
总成绩（∑100分）			
教师评语		签名： 年　　月　　日	

（2）"实训课业"考核。根据实训所要求的学生"实训课业"完成情况，就表 5.3 中各项"课业评估指标"与"课业评估标准"，评出个人和小组的"分项成绩"与"总成绩"，并填写"教师评语"与"学生意见"。

表 5.3 　"实训课业"考核成绩表

（课业名称：××手机变价策划方案）

课业评估指标	课业评估标准	分项成绩
1. ××手机变价策划方案（Σ50 分）	（1）对手机市场价格走向的分析具有准确性； （2）对手机市场竞争环境的分析具有准确性； （3）对手机变价方案的策划具有合理性	
2. PPT 制作（Σ20 分）	（1）条理清晰、逻辑合理； （2）美观大方、突出重点	
3. 方案陈述（Σ30 分）	（1）语言表达具有准确性； （2）语言表达具有逻辑性； （3）语言表达流畅	
总成绩（Σ100 分）		
教师评语		签名： 年　　月　　日
学生意见		签名： 年　　月　　日

项目 6

广开门路——运用渠道策略

项目目标

知识目标

● 列举影响营销渠道设计的因素
● 复述营销渠道设计的内容
● 了解营销渠道成员的类型
● 区分批发商与零售商及其采取的不同的营销策略

技能目标

● 能够根据某一具体产品正确设计营销渠道
● 能够根据企业情况选择渠道成员并设计激励措施
● 能够分析渠道冲突的类型并设计相应的渠道管理措施

项目结构

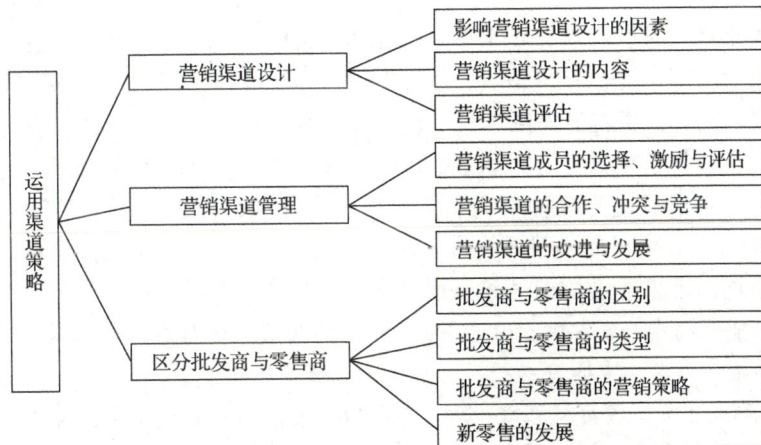

项目重/难点

- 项目重点：根据对营销渠道结构的分析，对某一具体产品的市场展开合理的营销渠道设计，并提出渠道管理措施。
- 项目难点：在客观评价营销渠道的基础上，展开有效的渠道管理，并提供具有保障性的营销渠道后勤工作。

项目教学建议

- 由于本项目的内容具有抽象性，建议采用讲授与案例分析、实务操作相结合的方式教学，实务训练要求学生在教师的指导下独立完成。
- 由于本项目有现场教学，教师应提前确定好实训企业，联系好指导教师。
- 可提前准备好渠道结构图，并根据新媒体时代的渠道加以变通。

任务导入

泸州是一个地名，"泸州老窖"最开始并不是专属于某个企业的品牌。在泸州这个地方，所有的酒厂产的酒都叫"泸州老窖"，所以在卖的时候就卖不上档次，每瓶酒就卖十几元钱。那么为什么"泸州老窖"能够成功呢？因为一个故事，它成功地把老窖变成了国窖，这就是它进行品牌运作的成功之处。它塑造的品牌叫"国窖1573"。公元1573年，万历皇帝登基，为了庆贺新皇帝登基，人们将泸州当地酒厂进奉的酒叫作国窖。"泸州老窖"讲述了这个品牌故事，化老窖为国窖，将品牌塑造了起来。

在有了品牌之后，"泸州老窖"能够成功的很重要的一点是股权。"泸州老窖"做了两次期权激励。第一次激励的不是核心团队和高管，而是中间商。"泸州老窖"在上市后的股价为5.8元/股，按照中间商的采购量，"泸州老窖"每年折算一定的期权给他们，连续给了3年。第一笔期权只要5.8元/股，也就是说，中间商获得了按照5.8元/股来认购"泸州老窖"股票的权利。

对中间商来说，期权的意义就在于差价，其带来的最大好处是免去了资金占用。现在掏钱买股票，股价可能涨，也可能跌。如果股价跌了，本金就被套在里面了，还有损失；如果股价涨了，就有回报，但如果没有套现，钱依然被压在里面。选择期权的好处就是中间商不需要出钱，等股价涨到10元/股、20元/股且要行权的时候中间商才需要出钱。在股价上涨之后，中间商就可以掏钱买了，对中间商来说，避免了很多风险；当股价达到二十多元/股的时候，中间商将股票卖掉，每股净赚了二十多元减去5.8元的这个差价。所以从这个角度讲，期权的本质就是给中间商保留了这个认购价。

最终股价能涨到多高，取决于中间商的业绩，而将股票卖掉的收益取决于市场，市场取决于中间商的推广力度。中间商的推广力度越大，产品可能卖得越好。中间商每卖一瓶酒，营业额上升，利润上升，股价就随之上涨，在股价上涨之后，反过来又激励更多的中间商去卖酒。这样中间商既赚了酒的钱，又赚了股票的钱，这使得全国的中间商在推销"泸州老窖"的时候都热情高涨。在这样的推动下，"泸州老窖"的股价在两年后涨到了 78 元/股。

"泸州老窖"从以往企业内部的激励模式转为产业链的激励模式，首开中间商股权激励。它抓住了中国白酒的黄金 10 年，使股价翻了好几番。

任务要点：

[1] 请大致画出"泸州老窖"的渠道模式图。

[2] 请解析"泸州老窖"的渠道激励措施。

[3] 请设计"泸州老窖"渠道管理的整体方案。

营销箴言

销售渠道是企业赢得消费者的信任、获得忠诚客户的关键。选对渠道，就像找到宝藏地图的钥匙。信任为基，合作无界，渠道合作，双赢是关键。

任务知识点

知识点 1 营销渠道设计

1.1 影响营销渠道设计的因素

营销渠道（分销渠道）是指将某种货物或劳务从制造商向消费者转移时，取得这种货物或劳务的所有权或者帮助转移其所有权的所有企业或个人。具体来讲，营销渠道包括以下 4 层含义。

（1）营销渠道的起点是制造商，终点是消费者。它所组织的是从制造商到消费者之间完整的产品流通过程，而不是产品流通过程中的某一阶段。

（2）营销渠道的积极参与者是产品流通过程中各种类型的中间商。在产品从生产领域向消费领域转移的过程中，会发生多次交易，而每次交易都会将产品从制造商处送往消费者手中。

（3）在营销渠道中制造商向消费者转移产品时，应以产品所有权的转移为前提。产品流通过程首先反映的是产品价值形态变换的经济过程，只有通过产品货币关系导致产品所有权随之转移的买卖过程，才能构成营销渠道。

（4）营销渠道是指某种特定产品从制造商处到消费者手中所经历的流程。营销渠道不仅反映了产品价值形态变化的经济过程，还反映了产品实体运动的空间路线。

产品是否能及时被销售出去，在相当程度上取决于营销渠道是否畅通。制造商要想把产品顺利地销售出去，就要正确地选择产品的营销渠道，这就要求制造商必须了解和分析影响营销渠道的因素，同时要考虑其与其他营销策略的配合。

1. 产品因素

（1）产品的单价。一般来说，产品的单价越低，其营销渠道越长；反之，产品的单价越高，其营销渠道越短。例如，一些大众化的日用消费品，一般都要经过一个或一个以上的批发商，再经零售商转至消费者手中；工业品中标准件的销售情况也是这样的；一些价格高昂的耐用消费品，则不宜经较多的中间商转手；工业品中的专用设备或成套机组，以采用直接营销渠道为宜。

（2）产品的体积与质量。对于体积过大且质量重的产品，如建筑机械、大型设备等，应选择较短的营销渠道，最好采用直接营销渠道销售；对于数量较多、体积小而质量轻的产品，有必要设置中间环节。

（3）产品的式样或款式。对于式样多变且时尚程度较高的产品，如时装或玩具等，应尽可能缩短营销渠道，减少中间环节，以免产品过时而出现积压。

（4）产品的易腐性和易毁性。如果产品的保质期短或产品容易腐坏，如牛奶、蔬菜等，那么应采取较短的营销渠道，以求尽快地将产品送到消费者手中。

（5）产品的技术与服务要求。对于技术性较强而又需要提供售前、售后服务的产品，如耐用消费品和多数工业品，应尽量采取直接营销渠道销售，即使需要中间商介入，也要尽量减少中间环节。

（6）产品的标准性与专用性。对于通用、标准的产品，因其具有明确、统一的规格和质量，可采用间接营销渠道销售；对于专用产品，如专用设备、特殊规格的产品，一般需要制造商和用户直接面议质量、规格等要求，签订供货合同，不宜经过中间商。

（7）产品经济生命周期。对于处于介绍期的产品，制造商为了尽快打开销路，通常采取强有力的手段去占领市场。为此，制造商不惜花费大量资金，组建推销队伍，直接向消费者出售产品。在情况许可时，应考虑利用原有的营销渠道。在将处于成熟期的产品大批量投入市场时，需要通过中间环节。

（8）产品的季节性。对于季节性强的产品，应充分发挥中间商的作用，以便更好地推销。

2. 市场因素

（1）市场范围。市场范围的选择与现实消费者和潜在消费者的多少，以及中间商规模的大小有密切关系。一般来说，产品的市场范围大，就需要中间商提供服务；反之，则可由制造商直接供应消费者。对于零星产品的销售，不宜让制造商直接与消费者打交道。

（2）市场的地区性。当工业品市场集中时，适合直接销售。消费品市场可区分出密度较高的地区和密度一般的地区。在密度较高的地区，制造商直接将产品售予零售商；在密度一般的地区，采用传统的营销渠道，即制造商经批发商将产品售予零售商。

（3）经济形势。经济形势的变化可引起市场需求的变化，也会对营销渠道的选择产生影响。在经济景气时，市场需求增加，可增加销售点和扩大销售网；在经济萧条时，市场需求减少，可减少流通环节，以降低成本，进而降低产品的价格。

（4）消费者的购买习惯。消费者对各类产品的购买习惯，包括愿意支付的价格、对购买场所的偏好、对服务的要求，均直接影响营销渠道的选择。例如，消费品中的便利品需要采用传统的营销渠道，而特殊品需要选择较短的营销渠道。

3. 中间商因素

在设计营销渠道时，还必须考虑执行不同任务的市场营销中介机构的优缺点。例如，由制造商代表与消费者接触，花在每位消费者身上的成本比较低，因为总成本由若干消费者共同分摊。但制造商代表对消费者所付出的销售努力则不如中间商所付出的销售努力多。一般来讲，中间商在执行运输、广告、储存及接纳消费者等职能方面，以及在信用条件、退货特权、人员训练和送货频率方面，具有自己的特点。

4. 竞争者因素

营销渠道设计还受到竞争者所使用的营销渠道的影响，因为某些行业的制造商希望在与竞争者相同或相近的销售地点与竞争者进行产品抗衡。例如，食品生产者希望将其产品和竞争者的产品摆在一起销售，如汉堡王公司在麦当劳快餐店附近开店。而在有的行业中，制造商则希望避开竞争者所使用的营销渠道。例如，爱芳公司决定不与其他化妆品制造商争夺零售商店里稀少的产品陈列位置，而代之为有利可图的上门推销方式。

5. 制造商自身因素

（1）制造商的规模与信誉。如果制造商财力资源雄厚，声誉良好，就可以自己组建销售队伍，也可以采取间接渠道模式销售；如果制造商尚未建立产品信誉，缺乏资金，则只能依赖中间商提供服务。

（2）制造商的管理能力。有的制造商虽然在生产方面表现出较强的能力，但缺乏市场营销的知识和技巧，因而有必要选择有能力的中间商。

（3）制造商控制渠道的愿望。如果制造商通过间接营销渠道销售产品，就要与中间商协调配合。中间商有其自身的经济利益，制造商一定要适当兼顾。如果处理不当，就会导致渠道各环节之间或同一环节各成员之间产生矛盾，影响制造商对市场的了解与控制。如果制造商有较强的控制渠道的愿望，又有较强的销售能力，就可把产品直接出售给消费者，或选择较短的营销渠道。

（4）制造商可提供的服务。中间商一般希望制造商能承担更多的广告、展览、培训的工作，或经常派服务人员进驻商店，为产品销售创造条件。如果制造商能提供这些服务，就能激发中间商经销或代销产品的兴趣；反之，制造商只能自行销售。

（5）制造商的营销策略。制造商的营销策略因素主要有以下 3 个。一是制造商的产品组合会影响营销渠道的选择。如果制造商的产品组合的宽度和深度大，就可以直接把产品销售给零售商，或通过直接营销渠道销售。二是制造商的促销策略因素会影响营销渠道的选择。例如，消费者对新产品缺乏了解和认识，制造商要想取得消费者的信任，开拓新的市场，就要考虑是否应组建强有力的销售队伍进行推销。这种促销策略的实施，实际上就是直销式的营销渠道策略。三是制造商的价格策略因素。例如，制造商若希望根据市场的需求和竞争等方面的情况灵活地制定价格，就要分析通过哪些营销渠道最能实现愿望。

6. 环境因素

营销渠道设计还会受到环境因素的影响。例如，当经济萧条时，制造商都希望通过低价的方式促进终端消费者的大量购买。这意味着要使用较短的营销渠道，并免除那些会提高产品最终售价却不必要的服务。再如，税收、商品检验、出口等方面的法律均会影响制造商对营销渠道的选择。制造商在选择营销渠道时，必须遵守国家的有关法律和规定，选用合法的中介机构，采用合法的销售手段。

1.2 营销渠道设计的内容

营销渠道设计是指制造商依据上述影响营销渠道设计的各种因素，对渠道长度、渠道宽度、渠道成员的权利和义务进行决策。

1. 确定渠道长度

（1）制造商应根据渠道成员满足消费者需求的功能及上述各种因素，决定选择什么类型的营销渠道。制造商需要决策是采取人员上门推销、设立自销门市部等直销方式，还是通过利用中间商进行产品销售的间接营销渠道销售产品。若制造商决定利用中间商，那么应进一步决策选用什么类型和规模的中间商。

（2）制造商不要总是局限在现存的营销渠道的结构和实践中，应有创新意识，寻找新的方法，开辟新的营销渠道，力图以智取胜。

（3）制造商应针对不同地区的差异，如城市与乡村的差异、大城市与小城市的差异、大市场与小市场的差异，选择不同的营销渠道。

2. 确定渠道宽度

（1）广泛营销，即制造商通过许多负责任的、适当的批发商（或代理商）、零售商销售其产品。一般来说，日用消费品（如洗衣液、纸巾）和工业品中标准化、通用化程度较高的供应品（如标准件、小件工具等）通常采用此种营销方式。

（2）选择性营销，即制造商在同一地区仅通过几个经过精心挑选的、比较合适的中间商来销售其产品。这种营销方式更适用于消费品中的选购品、特殊品和工业品中的零部件，因为这些产品的消费者往往都注重其品牌和商标。

（3）独家营销，即制造商在一定地区、一定时间内只选择一家中间商（批发商、代理商或零售商）销售其产品。企业通过与中间商签订独家经销合同，规定中间商不得再销售其竞争者的产品。这种营销方式适用于消费品中的特殊品或需要进行售后服务的电器产品，以及需要进行现场操作演示并介绍使用方法的产品。一些工业品，如机械产品，多使用此种营销方式。

3. 规定渠道成员的权利和义务

在确定渠道的长度和宽度之后，制造商还应对渠道成员的权利和义务给出相应的规定。影响双方关系的主要因素是价格政策、买卖条件、中间商的地区权利和双方应提供的特定服务。

（1）价格政策。为了鼓励中间商进货，制造商可制作一张价格表，对于不同类型的中间商给予不同的回扣；或者对于不同的进货数量给予不同的折扣。但是制造商做此决策时一定要十分慎重，因为中间商对产品的价格及各种回扣、折扣十分敏感。

（2）买卖条件。对于提早付款或按时付款的中间商，制造商可给予不同的折扣。这样做可鼓励中间商付款，同时对制造商的生产经营也是十分有利的。

（3）中间商的地区权利。制造商可能在许多地区都有特许代理人。中间商十分关注制造商在邻近地区或同一地区有多少个特许代理人，以及特许代理人有多大的特许权。因为中间商总希望将自己销售地区的所有交易都控制在自己手里。因此，制造商对中间商的地区权利要予以明确。

（4）双方应提供的特定服务。这些特定服务具体包括广告宣传、资金帮助和人员培训等。为慎重起见，对于双方应提供的特定服务，可以用条约的形式固定下来。条约规定的服务内容应使中间商满意，让其觉得有利可图，愿意花气力去销售产品。

1.3　营销渠道评估

如果制造商已经明确了产品进入目标市场所依赖的主要营销渠道，那么还需要对其进行评估，然后依据评估结果决定能够实现企业长期目标的最佳营销渠道。制造商应从以下3 个方面对营销渠道进行评估。

1. 经济标准

经济标准就是考虑每一条营销渠道的销售额与销售成本的关系，以其所能达到的利润水平为标准。一般来说，通过中间商销售的成本较制造商自销的成本低。但是，通过中间商销售的成本增长较快，在销售额达到一定水平后，利用中间商销售的成本将越来越高，因为中间商按一定的比例获取较高的佣金，而制造商自己的销售人员只获得固定工资或部分佣金。因此，规模小的制造商在销售量小的地区，通过中间商销售的成本较低、利润高，较为合算，可以在销售额增长到一定水平之后再实行自销。

2. 可控程度

在对营销渠道进行评估时，制造商应将渠道成员的可控程度作为一项评估标准。若利用大的中间商对渠道成员进行控制，则可能产生较大的问题，因为中间商是以追求利润最大化为目标的独立商业公司，制造商一般无力左右或影响其进货和销售行为。另外，中间商的销售人员对产品的技术性能和相应的促销材料不够熟悉，使销售策略难以有效实施。但中小型的中间商一般依附于制造商，愿意接受制造商的指导，按双方的共同协议行事，故易于控制。

3. 信誉和市场适应性

在对营销渠道进行评估时，渠道成员的信誉和市场适应性也是不可忽视的标准之一。具体地讲，就是对渠道成员在买卖中的信用情况、财务状况、社会形象、商业地位和竞争能力进行评估。

在实际工作中，营销渠道的设计较为复杂。制造商应在对上述内容进行综合考察后权衡利弊，然后进行认真的评估和选择，这样就有可能达成目标，取得良好的营销效果。

知识点 2 营销渠道管理

2.1 营销渠道成员的选择、激励与评估

1. 营销渠道成员的选择

选择中间商建立营销渠道是需要长期维持的经济行为。制造商要想将这一经济行为长期维持下去，除了要为中间商提供友好支持，更重要的是要对其进行约束和监督。越是追求长期合作，越应加强约束、加强监督。

（1）选择中间商应考虑的因素。

① 市场覆盖范围。市场覆盖范围是选择中间商最关键的因素。首先，要考虑中间商的市场覆盖范围所包括的地区与产品的预期销售地区是否一致。其次，要考虑中间商的销售对象是否与企业所希望的潜在消费者一致。这是最基本的条件，因为制造商都希望所选的中间商能打入自己选定的目标市场，并最终说服消费者购买产品。

② 信誉。在市场规则不完善的情况下，中间商的信誉显得尤其重要。中间商的信誉直接影响回款情况。一旦中间商中途有变，制造商就会欲进无力、欲退不能，不得不放弃已经开发起来的市场。而重新开发市场，往往需要付出双倍的代价。

③ 历史经验。许多制造商在判断某中间商是否可以承担销售产品的重任时，往往会考察该中间商的一贯表现和盈利记录。若该中间商的以往经营状况不佳，则将其认定为营销渠道风险较大的中间商。拥有经营某种产品的历史经验是中间商自身的一个优势。

④ 合作意愿。中间商与制造商合作得好，会积极主动地销售制造商的产品，这对双方都有利。有些中间商希望制造商也参与销售，以扩大市场需求，而且认为这样会获得更高的利润。因此，制造商应根据产品销售的需要，先确定与中间商合作的具体方式，考察备选中间商对产品销售的重视程度和合作态度，再选择理想的中间商进行合作。

⑤ 产品组合情况。对于中间商的产品组合情况，如果中间商销售的产品与自己的产品是竞争产品，则应避免选用该中间商；如果实际情况是其产品组合有空当，或者自己产品的竞争优势非常明显，则可选用该中间商。这需要区域市场部门进行细致、翔实的市场考察。

⑥ 财务状况。制造商倾向于选择资金雄厚、财务状况良好的中间商，因为这样的中间商能够及时付款，还可能在财务上向制造商提供一些帮助。例如，其可以分担一些销售费用，提供部分预付款或者直接向消费者提供某些资金融通（如允许消费者分期付款等），从而有助于扩大产品销路。

⑦ 区位优势。区位优势即位置优势。理想的中间商的位置应该是消费者流量较大的地点。对于批发中间商的选择，要考虑它所处的位置是否利于产品的批量储存与运输，通常以交通枢纽为宜。

⑧ 促销能力。中间商推销产品的方式及运用促销手段的能力直接影响其销售规模。有些产品用广告促销比较合适，有些产品则适合通过销售人员促销；有些产品需要得到有效的储存，而有些产品则应快速地运输。要考虑中间商是否愿意承担一定的促销费用，以及是否具备必要的物质基础、技术基础及相应的人才。

（2）选择中间商的方法。

选择中间商的方法很多，这里重点介绍制造商经常采用的一种方法——评分法。评分法就是对拟选择作为合作伙伴的每个中间商，就其从事产品营销的能力和条件进行打分评价。首先，根据不同因素对营销渠道功能建设的重要程度的差异，分别赋予其一定的权重。然后，计算每个中间商的总得分，选择得分较高者。评分法主要适用于在一个较小范围地区的市场上，制造商为了建立精选的渠道网络而选择理想的中间商。

例如，一个制造商决定在某地区采用一级营销渠道模式（制造商把自己的产品销售给零售商，再由零售商销售给消费者）。经过考察，制造商初步选出 3 个比较合适的"候选人"。制造商希望选取的零售商应具有理想的市场覆盖范围、良好的声誉、丰富的历史经验、强烈的合作意愿、良好的产品组合情况、较好的区位优势、较强的促销能力、良好的财务状况，并且与自己积极协作，主动进行信息沟通。各个"候选人"在这些方面中的某些方面有一定的优势，但是没有一个"候选人"在各方面均名列前茅。因此，制造商采用评分法对 3 个"候选人"进行评价，结果如表 6.1 所示。

表 6.1　对零售商的评价结果

评价因素	权重	"候选人" 1		"候选人" 2		"候选人" 3	
		打分（分）	加权分（分）	打分（分）	加权分（分）	打分（分）	加权分（分）
市场覆盖范围	0.20	85	17.0	70	14.0	80	16.0
信誉	0.15	70	10.5	80	12.0	85	12.8
历史经验	0.10	90	9.0	85	8.5	90	9.0
合作意愿	0.10	75	7.5	80	8.0	75	7.5
产品组合情况	0.15	80	12.0	90	13.5	75	11.3
财务状况	0.15	80	12.0	60	9.0	75	11.3
区位优势	0.10	65	6.5	75	7.5	60	6.0
促销能力	0.05	70	3.5	80	4.0	70	3.5
总分	1.00	615	78	620	76.5	610	77.4

从表 6.1 中的"总分"项中可以看出，"候选人" 1 得到的加权分总分最高，该制造商应当考虑选择"候选人" 1 作为当地的零售商。

2. 营销渠道成员的激励

美国哈佛大学心理学家威廉·詹姆士在《行为管理学》一书中表示，合同关系仅仅能使人的潜力发挥 20%～30%，而如果受到充分激励，其潜力可发挥至 80%～90%，这是因为激励活动可以调动人的积极性。所以，激励营销渠道成员是营销渠道管理过程中不可缺少的一环。激励营销渠道成员是指制造商激发营销渠道成员，使其产生内在动力以朝着所期望的目标前进的活动过程，目的是调动营销渠道成员的积极性。

"知己知彼，百战不殆。"渠道经理要想成功地管理营销渠道成员，首先必须了解营销渠道成员，了解他们的想法和需求，只有这样才能有的放矢。理论研究表明，中间商和制造商虽然同属一条供应链，却存在着显著的不同。

（1）中间商具有相对独立性，他们并不认为自己是制造商雇用的一条供应链中的一员。在经过一些实践后，他们安于某种经营方式，执行实现自己的目标所必需的职能，在自己可以决定的范围内制定政策。

（2）对中间商而言，最重要的是消费者，而不是制造商。中间商感兴趣的是消费者要从他那儿购买什么，而不是制造商要向他提供什么。

（3）中间商往往会把其销售的所有产品当作一个整体来看。中间商关心的是整个产品组合的销售量，而不是单个产品的销售量。

（4）如果没有一定的激励，中间商就不会记录其出售的各种产品的情况。制造商无法从中间商的非标准化记录中获得有关产品开发、定价、包装或者促销计划的信息。有时，中间商还会故意隐瞒实际情况。

经过上述分析可以发现，中间商与制造商是各自独立的经济实体，有各自的利益。他们之间是合作的关系，而不是上下级之间的命令关系。所以，制造商要想管理好中间商，不能靠命令，应该采取"胡萝卜加大棒"的政策，而且"胡萝卜"要多一些，"大棒"只应在不得已的情况下使用。

激励中间商的形式多种多样，但大体上可以分为两种：直接激励和间接激励。

（1）直接激励。直接激励指的是制造商通过给予中间商物质、金钱的奖励来激发中间商的积极性，从而实现销售目标。直接激励主要有以下几种形式。

① 返利。在制定返利政策时制造商需要考虑诸多因素。一是返利的标准。分清品种、数量、等级和返利额度，并参考竞争者的情况和现实性，同时防止抛售、倒货等。二是返利的形式。是现价返、货物返还是将二者结合？对于返回的货物量能否作为下月任务数，也要注明。三是返利的时间。是月返、季返还是年返，应根据产品特性、货物流转周期而定。四是返利的附属条件。为了使返利这种形式促进销售，而不是起负面作用（如倒货），一定要加上一些附属条件，如严禁跨区域销售、严禁擅自降价、严禁拖欠货款等。

现实中会出现两种情况：一是返利标准定得太低，使返利失去了刺激销售的效果；二是返利标准定得太高，造成价格下滑或倒货等。因而，制造商在执行过程中，一是在政策的制定上要考虑周全；二是执行起来要严格，不可拖泥带水。

② 价格折扣。价格折扣包括：数量折扣，即销售量越大，折扣越丰厚；等级折扣，即中间商依据自己在渠道中的等级，享受相应的待遇；现金折扣，即回款时间越早，折扣力度越大；季节折扣，即在销售旺季转入销售淡季之际，可鼓励中间商多进货，减轻制造商的仓储和保管压力，而在进入销售旺季之前，应加快折扣的递增速度，促使中间商进货，达到一定的市场铺货率，以抢占热销先机。

③ 开展促销活动。一般而言，制造商的促销活动很受中间商的欢迎。促销费用一般可由制造商承担，亦可由制造商和中间商分担。制造商应经常派人前往一些主要的中间商处，协助安排产品陈列，进行产品展览和操作演示，训练销售人员，或根据中间商的销售业绩给予相应的激励。

制造商在开展促销活动时要注意以下7个问题。一是促销目标。很多人认为促销就是增加销售额，这样说太笼统，不便于执行和考核。对于促销目标，制造商一定要明确销售额为多少、增加的二次批发量为多少、渗透终端店的数量为多少，等等。二是促销力度的设计。在设计促销力度时，一要考虑促销是否能激发中间商的兴趣，二要考虑促销结束后中间商的态度，三要考虑促销成本。三是促销内容。要确定促销内容是送赠品、抽奖、派送福利还是返利。四是促销时间。在什么时间开始促销，在什么时间结束促销，一定要设计好，并要让附近的中间商都知道。五是促销考评。为了保证促销有始有终，好钢用在刀刃上，一定要对促销效果进行考评。这样既可督促中间商认真执行，又可从中总结经验教训。促销考评的结果要存档备案。六是促销费用申报。申报时一定要上报促销方案、实施情况、考评结果、标准发票和当事人意见，只有这样才能保证促销费用得到有效的使用。七是促销活动的管理。促销活动在正常营销工作中占有很重要的地位，无论制造商是统一组织、统一实施，还是分区组织、分区实施，从提交促销方案、审批、实施直至考评，都应当有一个程序，从而确保促销活动的顺利进行。

（2）间接激励。间接激励指的是通过帮助中间商获得更好的管理、销售的方法，达到提高销售绩效的目的。间接激励通常有以下 5 种做法。

① 帮助中间商建立进销存报表，做好安全库存数的建立工作和先进先出的库存管理工作。进销存报表的建立，可以帮助中间商了解某一个周期的实际销售数量和利润；安全库存数的建立，可以帮助中间商合理安排进货；先进先出的库存管理，可以减少即期品（即将过期的产品）的出现。

② 帮助中间商进行零售终端的管理。零售终端管理的内容包括铺货和产品陈列等。制造商应通过定期拜访，帮助零售商整理货架，设计产品陈列形式。

③ 帮助中间商管理其客户，加强销售管理工作。帮助中间商建立客户档案，包括客户的店名、地址、电话等，并根据客户的销售量将它们分成不同的等级，据此告诉中间商对待不同等级的客户应采用不同的支持方式，从而更好地服务于不同性质的客户，提高客户的忠诚度。

④ 伙伴关系管理。从长远看，制造商应该进行伙伴关系管理，也就是同中间商结成合作伙伴，共担风险，共享利益。

⑤ 输出经理人。输出经理人是间接激励的一种新做法，即制造商把自己的地区销售经理派往需要帮助的中间商处，让其担任销售经理的职位，主管当地的产品营销推广工作。派出的经理人接受制造商和中间商的双重领导，由制造商支付其工资；派出的经理人定期向总部汇报工作；派出的经理人的工作期限，自派出之日起，至中间商销售工作稳定展开和带出合格的经理人止。

3. 营销渠道成员的评估

制造商要定期对中间商的工作绩效进行评估。

评估标准一般包括销售指标完成情况、平均存货水平、产品送达时间、服务水平、产品市场覆盖程度、对损耗品的处理情况、促销和培训计划的合作情况、货款返回情况、信息的反馈程度、创新与竞争能力、消费者满意度等。

在一定时期内各中间商实现的销售额是一项重要的评估指标。制造商可将同类中间商的销售业绩进行排名，目的是促使落后者进步，使领先者努力保持绩效。由于中间商面临的环境有很大差异，各自的规模、实力、产品经营结构和不同时期的销售重点不同，因此有时按销售业绩排名进行评估往往不够客观。

要做到正确评估中间商的工作绩效，应在对其销售业绩进行上述横向比较的同时，辅之以另外两种比较：一是将中间商现在的销售业绩与前期的销售业绩相比较；二是根据每个中间商所处的市场环境及其销售实力，分别确定其可能实现的销售业绩，再将其销售实绩与之前确定的销售业绩进行比较。

正确评估营销渠道成员的目的在于及时了解情况、发现问题，保证营销活动顺利而有效地进行。

2.2　营销渠道的合作、冲突与竞争

在同一营销渠道中，或者在不同营销渠道之间，经常会出现不同程度的合作、矛盾与竞争。企业只有充分了解这些情况，才能对营销渠道进行有效的管理。

1. 营销渠道的合作

营销渠道的合作是指同一营销渠道中不同企业之间的结合与依赖，合作的目的是了解市场需求，谋取共同利益。例如，消费品传统营销渠道（制造商→批发商→零售商→消费者）中的制造商、批发商、零售商为了取得消费者的信任、扩大市场占有率、增加销售量而共同努力、相互合作，这往往比制造商自己承担营销渠道的全部工作更加有利。从这一点来说，同一营销渠道中不同企业之间应通力合作。这种同一营销渠道中不同企业之间的合作，对合作的各方都是有益的，制造商应为各环节之间的合作创造条件，促进各企业的相互协调。

2. 营销渠道的冲突

在市场营销实践中，每个渠道系统内都有发生渠道冲突的倾向。渠道冲突可分为水平渠道冲突与垂直渠道冲突两种。

（1）水平渠道冲突是指同一渠道层次中各企业间的冲突。例如，美国麦克唐纳的某些特许专卖店可能指控其他专卖店用料不实、分量不足、服务低劣，损害了公众对麦克唐纳的总体印象。在发生水平渠道冲突的情况下，渠道领导者应担负起责任，制定明确可行的政策，促使同一渠道层次内的冲突信息被上传至管理层，并采取迅速、果断的行动来解决或控制这种冲突。如果任由这种冲突发展下去，很可能会破坏渠道的凝聚力和损害渠道形象。

（2）垂直渠道冲突是指同一渠道系统中各个不同层次间的冲突。例如，汽车制造商想取消那些不肯执行服务政策、价格政策和广告政策的代理商；又如，玩具批发商不肯与制造商合作，因为制造商想越过他们直接将产品销售给玩具零售商。

当然，某种程度的渠道冲突也是有益的。问题不在于消除这些冲突，而在于如何对其进行有效的管理。营销渠道冲突的解决方法通常有两种。一是由渠道领导者给出整个渠道系统的总体目标，使每个成员都由此获益。这一总体目标包括降低产品在渠道系统不同层次间移动的总成本，改进系统信息流程，促使消费者接受产品。二是建立管理机构，促进渠道成员的参与及彼此信赖，进而协助解决冲突。

3. 营销渠道的竞争

营销渠道的竞争是渠道关系中的另一种现象。它是指各企业之间、各渠道系统之间为

了实现相同目标而进行的正常竞争。营销渠道的竞争可分为水平渠道竞争和渠道系统竞争两种。水平渠道竞争是指同一层次的各个企业为了在同一目标市场上销售产品而进行的竞争。例如，某企业的渠道对象（如百货商店、折扣商店和超级市场）都出售该企业的同一种产品，在同一目标市场上，它们必然要进行竞争。这种竞争可使消费者在产品、价格及服务方式上拥有充分的选择，因而是有益的。渠道系统竞争是指各个渠道系统为了争夺同一目标市场而进行的竞争。

2.3 营销渠道的改进与发展

1. 营销渠道的改进

制造商在设计了一个良好的渠道系统后，不能任其自由运行。为了适应市场需求的变化，制造商必须对整个渠道系统或部分渠道系统加以改进。企业营销渠道的改进方式主要有以下 3 种。

（1）增加或减少某些渠道成员。在进行渠道改进时，通常会涉及增加或减少某些中间商的问题。做出这种决策前，通常需要制造商进行直接增量分析。通过分析，制造商要弄清这样一个问题，即增加或减少某些渠道成员后，企业利润将如何变化。但是，当个别渠道成员对同一系统中的其他渠道成员有间接影响时，直接增量分析就不再适用了。例如，在某个大城市中，某汽车制造商授予新的中间商特许经营权这一决策会影响其他中间商的需求、成本与士气，而在新的中间商加入渠道系统后，其销售额很难代表整个渠道系统的销售水平。有时，制造商打算取消那些不能在既定时间内完成销售配额的中间商，由此导致难以运用直接增量分析确定该决策对总体销售情况的影响。在实际业务中，不能单纯依据直接增量分析的结果采取具体行动。如果管理人员确实需要对整个渠道系统进行定量分析，最好的办法是利用整体系统模型来分析该决策对整个渠道系统的影响。

（2）增加或减少某些营销渠道。增加或减少某些营销渠道是指增减某一营销渠道，不是指增减营销渠道中的个别中间商。例如，零售商通过某种营销渠道出售制造商的某种产品，其营业额一直不够理想，制造商可以考虑在全部目标市场上或某个区域内撤销这个营销渠道，而另外增设一个营销渠道。但在增减营销渠道时，也要进行相应的经济分析，并注意其他渠道成员的反应。

（3）改进整个营销渠道系统。对制造商来说，最困难的渠道变化决策是改进整个营销渠道系统。例如，某个制造商考虑将通过独立零售商销售自己的产品改为通过自办零售店销售；再如，汽车制造商打算用企业经营代理商取代独立代理商。这些决策通常由制造商最高管理者做出，不仅会改变整个营销渠道系统，还将迫使制造商改变其市场营销组合和市场营销策略。这些决策比较复杂，任何与其有关的数量模型只能帮助制造商的最高管理者求出最佳估计值。

2. 营销渠道的发展

近年来，商业模式趋于集中与垄断，特别是世界市场一体化趋势的发展，使传统营销渠道有了新的发展。大制造商为了控制和占领市场，往往采取一体化经营或联合经营的方式；而广大中小批发商、零售商为了在激烈的竞争中求得生存和发展，也往往走联合经营的道路，因此形成了一种联合系统式的营销渠道。

（1）管理式销售系统。管理式销售系统是指由一个或少数几个实力强大、具有良好品牌声誉的大制造商依靠自身影响，通过强有力的管理将众多中间商聚集在一起而形成的销售系统。

（2）公司式销售系统。公司式销售系统是指一家公司通过设立销售分公司、办事处或通过实施产供销一体化及横向战略而形成的销售系统。公司式销售系统是渠道关系中最紧密的一种，是制造商、中间商以产权为纽带，通过企业内部的管理组织及管理制度而建立起来的。企业可以通过以下两种方式来建立公司式销售系统。

① 制造商通过设立销售分公司、分支机构或兼并商业机构，采用工商一体化战略形成销售网络。曾经烜赫一时的"三株""沈阳飞龙"等制造商都依靠自建销售网络取得了巨大成功，但也留下了很多遗憾。

② 大型商业企业拥有或统一控制众多制造型企业和中小型商业企业，形成工贸商一体化的销售网络。例如，日本的"综合商社"、美国的"西尔斯"都属于这种类型。相对于第一种方式，这种方式具有更为强大的信息及融资优势。

（3）契约式销售系统。契约式销售系统是指制造商或中间商与各渠道之间通过法律契约来确定它们之间的权利与义务的关系，并形成一个独立的销售系统。契约式销售系统与公司式销售系统的最大区别是成员之间不形成产权关系，与管理式销售系统的最大区别是用契约来规范各方的行为，而不是用权力和实力。当前，越来越多的制造商或服务型企业通过契约方式将自己的产品、服务或商号快捷地发布到世界各地。

目前，契约式销售系统的主要形式有以下 3 种。

① 以批发商为核心的自愿连锁销售网络。在实践中，许多批发商将独立的零售商组织起来，不仅为其提供各种货物，还在许多方面提供服务，如销售活动的标准化、共同店标、订货、共同采购、库存管理、配送货、融资、培训等。这些服务是零售商很难获得的。这种销售网络往往集中在日杂用品、五金配件等领域。

② 零售商自愿合作销售网络。在这一网络中，成员进行集中采购，共同进行广告策划，共同开拓市场。成员间最重要的合作是集中采购，可获得较大的价格折扣，所得利润按采购比例进行分配。相对于以批发商为核心的自愿连锁销售网络，这种销售网络中成员间的联系要松散一些，合作事项也较少。

③ 特许经营销售网络。特许经营是发展较快、具有重要地位的一种销售模式，是指特许权授予人通过协议授予受许人使用自己开发出来的品牌、产品、技术的权利。为此，受许人必须先付一笔特许权使用费，换得在一定区域内出售产品和服务的权利，并遵守协议中关于经营活动的其他规定。

知识点 3　区分批发商与零售商

3.1　批发商与零售商的区别

批发就其性质来说与零售不同，凡是以进一步转卖或加工生产为目的整批买卖货物或劳务的经济活动，都属于批发。专门从事批发交易的组织或个人被称为批发商。例如，面包商将面包卖给消费者是零售，卖给饭店（作为商品供应市场）是批发。

零售是指将产品和服务售予最终消费者用于消费的经济活动。不论产品和服务由谁经营，归谁所有，也不论以何种方式在何处销售产品和服务，都属于零售的范畴。凡是以经营零售业务为主要收入来源的组织或个人均被称为零售商。

由此可见，批发商和零售商虽然都是中间商，但其性质不同，不可混为一谈。二者之间的主要区别可概括为以下几个。

（1）服务对象不同。批发商以转卖者和制造商为服务对象；零售商以最终消费者（个人或集体）为服务对象。

（2）在流通过程中所处的地位不同。批发商处于流通过程中的起点和中间环节，批发交易结束后商品流通并未结束；零售商处于流通过程中的终点，商品在被售出后就离开流通领域而进入消费领域。

（3）交易数量和频率不同。由于批发是供转卖和加工生产的买卖活动，所以批发商的交易一般数量大、频率低，而零售商的交易一般是零星交易，频率很高。

（4）营业网点的设置不同。批发网点少但市场覆盖面宽，并且一般设在租金低廉的地段；零售网点面向广大消费者，点多面广，多设在繁华地段。

在上述 4 个区别中，前两个区别是本质性的，后两个区别是由前两个区别派生出来的（非本质性的）。这些区别决定了批发商和零售商在组织管理和经营策略等方面都有许多不同的特点，市场营销人员需要研究和掌握这些特点，并将之作为决策的依据。

3.2　批发商与零售商的类型

1. 批发商的类型

批发商主要有 3 种类型：商人批发商、商品代理商、制造商的分销机构和销售办事处。

（1）商人批发商（独立批发商）。商人批发商对其经营的商品具有所有权。商人批发商按其经营商品的范围可分为以下 3 种类型。

① 普通商品批发商。这类批发商经营普通商品，而且经营的商品的范围很广，种类繁多，如织物、小五金、家具、化妆品、电器、汽车设备等。

② 单一种类商品批发商。这类批发商经营的商品仅限于某一类商品，而且这类商品的花色品种、品牌等比较齐全。同时，这类批发商通常还经营一些与这类商品密切关联的商品。例如，单一种类食品杂货批发商通常不仅经营罐头、蔬菜、水果等食品，还经营毛巾、肥皂、牙膏等日用品。

③ 专业批发商。这类批发商的专业化程度较高，专门经营某一类商品中的某种商品。例如，食品行业中的专业批发商有的专营罐头食品，有的专营保健食品，有的专营东方食品等。

（2）商品代理商。商品代理商区别于商人批发商的主要特点是，他们对自身所经营的商品没有所有权，只是替委托人推销或采购商品。商品代理商主要有以下 5 种类型。

① 商品经纪人。这种商品代理商认识许多买主和卖主，了解哪些卖主要卖什么、哪些买主要买什么，他们拿着货物说明书和样品，替卖主寻找买主，或者替买主寻找卖主，

把卖主和买主结合在一起，介绍和促使卖主和买主成交。在成交后，由卖主把货物直接运给买主，而商品经纪人向委托人收取一定的佣金。

② 制造商的代理商。制造商通过这种代理商推销机器设备、汽车产品、电子器材、家具、服装、食品等商品。这种代理商通常和多个制造商签订长期代理合同，在一定地区，按照制造商规定的销售价格或价格范围及其他销售条件，替这些制造商代理全部或部分商品。制造商按销售额的一定百分比付给代理商佣金，以鼓励代理商积极销售。

③ 销售代理商。这种代理商也和许多制造商签订长期代理合同，替这些制造商销售商品。销售代理商与制造商的代理商显著不同，每一个制造商只能使用一个销售代理商，而且制造商在将其全部销售工作委托给某一个销售代理商办理之后，不得再委托其他代理商代销商品，也不得再雇用推销员去推销商品。销售代理商通常替委托人代销全部商品，而且没有被限定在一定地区内代销。销售代理商在规定销售价格和其他销售条件方面有较大的权力，即销售代理商实际上是委托人的独家全权销售代理商。

④ 拍卖行。拍卖行为卖主和买主提供交易场所和各种服务项目，以公开拍卖的方式决定商品的价格，组织买卖成交，并从中收取规定的手续费和佣金。

⑤ 进口和出口代理商。这种代理商在主要口岸设有办事处，专门替委托人从国外寻找供货来源和向国外推销商品。

（3）制造商的分销机构和销售办事处。制造商的分销机构和销售办事处均为制造商所有，是专门经营其商品批发销售业务的独立商业机构。分销机构和销售办事处有所不同：前者执行商品储存、销售、送货和服务等职能；后者主要从事商品销售。

2. 零售商的类型

目前零售商大体可分为以下两种。

（1）有门市销售的零售商。

① 百货商店。百货商店有两种经营方式：一是独家经营方式，即没有下属分店；二是连锁经营方式，即一家百货商店开设很多分店。独家经营的百货商店规模较小，连锁经营的百货商店一般规模都比较大。

② 超级市场。超级市场以自我服务、低价销售为特点，其经营方式主要是连锁经营，即总店下设很多分店，经营品种已从过去的食品拓展到现在的日用杂品、服装、针织品和家具等。

③ 廉价商店（又称折扣商店）。它的突出特点是以比一般商店明显低的价格销售商品。这对那些愿意以低价购买商品的消费者来说有很大的吸引力。它的经营以毛利低、费用节省、商品周转快著称，并以此来维持这种廉价销售模式。

④ 连锁商店。它是零售商品垄断组织的主要形式，也是中小商店组织起来和大商店相抗衡的主要形式。典型的大型连锁商店是指由一家大型商店控制的多家经营相同业务的分店。

⑤ 特许经营商店。有些大公司掌握了某些商品的货源，有些大公司生产的商品是名牌或有特色的商品，这时中小独立商店要经营这些商品，必须向这些大公司购买这些商品的特许经营权。对于某些商品，购买到其特许经营权的商店就是这些商品的特许经营商店。

⑥ 方便商店。方便商店多数是小型商店，设在居民区内，以补充超级市场的不足。

方便商店可以在购买场所、购买时间、商品品种上为消费者提供方便，成为人们生活中不可缺少的一种购买场所。

（2）无门市销售的零售商。

① 邮寄贸易。这种销售形式没有门市，也没有专门的售货人员，消费者通过网络、报纸、杂志、广播、电视等了解到商品的信息，以发邮件或打电话的形式向销售单位订货，销售单位按照订货要求将商品邮寄到消费者手中。

② 访问销售。这种销售方式是指商店的销售人员携带商品或者样品到消费者工作单位或家中进行商品销售。

③ 电话、电视通信销售。这种销售方式是指商店通过网络、报纸、广播、电视等向消费者发出商品广告，消费者通过打电话或发邮件向商店订货，商店在接到订货通知后，按要求将商品送到消费者手中。

④ 网上营销。通过互联网和网络设备，设立"虚拟商店"，进行 B to C（企业对消费者）的电子商务。

除上述 4 种外，无门市销售的零售商还有自动机器售货、上门推销商品等。

3.3 批发商与零售商的营销策略

1. 批发商的营销策略

（1）批发商的营销渠道策略。

① 普遍性分布策略。普遍性分布策略是指批发商为了使自己经营的产品能够在更大的市场范围内销售，利用尽可能多的营销渠道，广泛推销产品。采用这种策略的批发商往往需要承担一部分零售商的广告费用，以刺激零售商的大批量购买。

② 选择性分布策略。有些企业在采用普遍性分布策略后，不得不淘汰一部分经营自己产品的零售商。普遍性分布策略适用于所有的产品，但特殊产品及耐用消费品较适宜采取选择性分布策略。采取普遍性分布策略的企业往往开支很大，如果采取选择性分布策略，企业就可以节省很多不必要的开支，从而有利于提高经济效益。

③ 专营性分布策略。专营性分布策略是指特定的产品批发商只选择一个或几个零售商独家经营这种产品。采取专营性分布策略的优点在于：易于控制零售市场，能决定零售价格，在广告和其他方面能够得到零售商的配合，销售、运输、结算手续简便，销售费用可以减至最低限度，可以排斥或防止竞争者，有利于获得市场信息，有利于提高企业及产品的声誉。其缺点在于：市场单一，批发商销售能力有限，过于依赖零售商，经营风险太大。

（2）批发商的定价策略。

① 满意定价策略。这一策略就是将批发产品的价格定得比较适中，既能使消费者感到满意，又不会引起其他批发商的反感。

② 折扣与让价策略。这一策略是指批发商为了赢得更多用户（零售商），让出一部分利益给零售商。折扣包括现金折扣、数量折扣、交易折扣、季节折扣；让价包括推广让价、运费让价。

③ 单一价格与变动价格策略。单一价格策略是指批发商对购买相同数量产品的零售

商，采用统一的价格，如有优惠，也一视同仁；变动价格策略是指批发商对购买相同数量产品的零售商，采用不同的价格，一般通过讨价还价达成交易。

④ 降价保证策略。批发商为了扩大销路，刺激零售商做出购买行为，向零售商保证：在一定时期内，如果产品的价格下跌，批发商包赔零售商的全部损失。

（3）批发商的促销策略。

① 批发商的人员促销策略。批发商在采用人员促销策略时遇到的第一个问题是如何确定销售人员。企业由于经营品种的差异，在销售人员的确定上所采取的策略也不同。在一般情况下，在确定销售人员时应从 3 个方面考虑，即销售人员的数量、销售人员的种类和销售人员的主要职责。

② 批发商的广告促销策略。批发商在考虑广告的具体安排时，既要考虑广告是集中播出的还是连续、间断播出的，又要考虑播出频率是水平的还是递升或递降的。

③ 批发商的公共关系策略。批发商的公共关系策略是指批发商为了增进内部和社会公众的信任与支持，为自身事业发展创造最佳的社会关系环境，在分析和处理自身面临的各种内外部关系时所采取的行动。批发商为了充分利用公共关系，为企业经营创造良好的社会环境，必须处理好与消费者、零售商和制造商的关系。

④ 批发商的营业推广策略。一类是针对消费者的营业推广策略，目的在于通过灵活多样的促销手段，促使消费者产生购买欲望。常用策略包括赠送样品、发放代金券、给予赠品、免费试用等。另一类是针对零售商的营业推广策略，目的在于促进零售商的购买，获得零售商的支持与配合，鼓励零售商进行橱窗陈列、增加进货、积极推销。常用策略包括推出购货折扣、协助零售商举办展销会、允许零售商延期付款、与零售商合作拍摄广告、为零售商提供推广津贴等。

2. 零售商的营销策略

（1）零售商的商品选择策略。

① 主力商品。主力商品应该是在市场上具有竞争能力的商品或者畅销商品。如果在销售过程中发现主力商品的某些品种滞销，就要及时采取措施进行调整，或者用辅助商品来代替，以保证销售额不至于因为某些品种的影响而下降。

② 辅助商品。辅助商品是对主力商品的补充，它不用同主力商品有关联，只要是消费者需要的商品就可以。因此零售商在经营辅助商品时，一定要随着季节和流行趋势的变化，做到少进、勤进、快销。对于价格便宜、销路好的辅助商品，也可以增加其经营比例。

③ 关联商品。关联商品是指与主力商品和辅助商品共同被购买和消费的商品。

（2）零售商的营业推广策略。

① 针对消费者的营业推广策略。减价促销是指在原定价格的基础上打一个折扣进行销售，优待消费者；赠券是零售商向消费者赠送代金券的一种形式，赠送的代金券的数量与消费者的购买金额成一定比例；赠送样品，即零售商向消费者提供免费试用的商品，以建立起消费者对商品的信任感；使用示范，即销售人员现场分送样品，并对于如何使用该商品做出示范，常用于化妆品、衣物、厨房用具等商品的销售。

② 针对企业内部销售人员的营业推广策略。召集销售人员开会，请有关人员介绍新产品及新的销售技术，以助力零售商开展新的销售工作。

（3）零售商的商品陈列策略。

① 综合陈列法。通过商品陈列，使消费者在便于参观、具有丰富感、具有鲜明感、突出重点等方面对商品有一个美好的印象。一般要将主力商品突出陈列，将辅助商品和关联商品附带陈列，以显示经营商品品种的多样性。

② 联想陈列法。联想陈列法是指使消费者在接触某种商品时联想到与这一商品相关的商品。例如，在卖裙装的地方放一个塑料的穿丝袜的模特，消费者在购买裙装的同时就会联想到要购买丝袜。

③ 季节商品陈列法。季节商品陈列法的要点是迎季陈列，即在什么季节陈列什么商品。如果需要同时陈列不同季节的商品，可把迎季商品陈列在突出的位置上。季节商品的陈列还应表现季节商品的特点。

④ 相关商品陈列法。这种方法是把相关联的商品摆在一起陈列。例如，把西装和领带摆在一起陈列，把学生用本与削笔刀、橡皮摆在一起陈列，把化妆品、护肤用品摆在一起陈列，都会达到陈列的目的，取得较好的陈列效果。

⑤ 陈列商品说明卡片和价格标签。陈列商品说明卡片和价格标签是商品陈列的有效辅助手段。有了摆在商品旁边的商品说明卡片和价格标签，即使没有销售人员介绍，消费者也可以做出购买决策。

3.4　新零售的发展

随着科技的不断进步和人们消费习惯的改变，零售行业正在经历一场巨大的变革。传统的零售模式逐渐被新零售所取代，新零售的发展趋势已成为业界关注的焦点。

1. 新零售的内涵与特点

新零售是指将线上线下融合、以数据为驱动、以消费者为中心的零售模式。它通过运用人工智能、大数据分析、物联网等技术手段，实现了消费者购物体验的升级和商业运营的优化。相较于传统零售，新零售具有以下几个显著特点。

首先，新零售打破了线上线下的界限。通过移动互联网和智能终端的普及，消费者可以随时随地进行购物，实现线上购买、线下体验。消费者可以根据个人的需求和时间安排，选择最便捷的购物方式。

其次，新零售注重数据的应用和分析。通过采集和分析消费者的购物行为、偏好和需求，零售商可以更好地进行商品定位、补货和制定促销策略，提高经营效率和消费者满意度。

最后，新零售更加注重消费者的体验。无论是在线上购物，还是在线下购物，消费者都能获得更多的选择、更好的服务和更个性化的推荐。便捷的支付方式、高效的物流配送和个性化的推荐系统，都能够增强消费者的购物体验，提升消费者的品牌忠诚度。

2. 新零售的发展趋势

（1）人工智能在新零售中的应用。人工智能的快速发展将为新零售的发展注入新的动力。人工智能可以分析大数据、预测消费者的需求、提供个性化的购物推荐。同时，人工智能还可以实现自动化的服务。例如，智能助手可以解答消费者的问题，智能机器人可以提供导购服务。这些人工智能技术的应用将大大提升零售业的效率和竞争力。

（2）数据化与个性化。互联网时代最大的特点就是数据化，新零售在整个销售、运营、服务等过程中，都需要借助大数据、人工智能等新兴技术，对消费者的行为、购物偏好等方面进行全方位、多维度的数据分析，从而提升销售效率，优化服务体验，促进营收增长。

在消费需求日益多元化的背景下，新零售需要通过技术手段，更好地满足消费者的个性化需求。例如：通过购物历史、浏览记录等信息，为消费者精准推荐商品；通过社交互动、智能客服等方式，为消费者提供更优质的个性化服务。在这种趋势之下，消费者的购买潜力会得到激发，零售企业也因此而快速发展壮大。

（3）跨界合作兴起，线上线下融合。新零售的发展不仅促使不同行业之间跨界合作，更通过线上线下的有机结合，创造了全新的消费场景和购物体验。例如，餐饮企业与线下零售商合作，通过实体店与在线下单平台的结合，实现线上线下的无缝对接。此外，电商平台与实体零售商的合作也在增加，线上平台为线下商家提供流量和技术支持，线下商家为线上平台提供商品和服务，形成共赢的合作模式。在这种背景下，商品的价格、购物的体验和商品的质量都将实现统一，消费者得到的将是更加专业的服务、更加优质的商品。

（4）数字化赋能，新零售渠道升级。数字化进一步从消费者向零售商，向上游品牌制造商迁移，也就是我们常说的零售业互联网化进一步转向工业互联网化。工业互联网化强调的不再是中国制造、美国制造，而是互联网制造。互联网制造基于新商业基础设施和消费者的需求，将重新定义制造业。

3. 新零售的未来展望

新零售作为一种创新的零售模式，必将给传统零售行业带来巨大的影响和改变。消费者的购物需求将更加多元化，线上线下的融合将更加深入，个性化服务和推荐系统将更加智能化。

同时，新零售也将带来更多的商机。随着消费者对购物体验的要求不断提升，零售商需要不断创新和改进服务，提供更好的购物体验。此外，人工智能、大数据等技术在新零售行业的应用也将带来更多的发展机会。

然而，新零售的发展也面临着一些挑战。数据安全、隐私保护，以及技术的成本与可行性，都需要得到充分的重视。只有在稳定可靠的基础上，新零售才能真正实现可持续发展。

新零售的发展趋势锐不可当。零售企业需要紧跟技术的发展潮流，不断创新，提升服务质量，与消费者保持良好的互动和沟通。只有这样，零售企业才能在新零售时代立于不败之地。

任务技能点

技能点1 解读营销渠道

技能要点

（1）深入了解我国空调企业（美的、海尔、格力）的营销渠道。

（2）对相关资料进行整理，对比分析不同营销渠道的特点及利弊。

训练过程

（1）每组 5～6 人，由组长带领，深入市场考察营销渠道。

（2）各组完成市场考察资料的收集与整理。

（3）根据所收集的资料，分析不同营销渠道的特点及利弊。

关键点提示

（1）教师指导学生联系家电卖场，收集资料。

（2）收集的资料是否准确、完整？

（3）营销渠道的特点及利弊分析是否准确？

技能点 2　分析渠道成员的选择、激励与评估

技能要点

（1）深入研究几个销售同类产品的竞争企业，分析各企业是如何选择和激励渠道成员的。

（2）评估各企业渠道成员激励政策的优劣，并制作评估报告。

训练过程

（1）每组 5～6 人，由组长带领，深入几个竞争企业，考察企业渠道成员的选择和激励。

（2）各组完成市场考察资料的整理，并对各企业渠道成员激励政策的优劣进行评估。

（3）对所收集的资料进行整理，小组讨论，并制作评估报告。

关键点提示

（1）教师协助联系几个竞争企业或指导学生自行联系。

（2）收集的资料是否准确、完整？

（3）对各企业渠道成员激励政策优劣的评估是否客观、准确？

效果评估

评估点 1　如何销售室内跑步机

情境描述

针对城市白领群体中普遍出现的减肥、健身愿望，海斯机器厂开发出一种室内跑步机，让消费者无须出门，就能进行跑步锻炼，而且随时随地都可以。这种跑步机虽然构造简单，但是其设计获得了国家专利，受到法律保护。海斯机器厂经理董林希望能够在全国推销这款产品，同时能够有效地控制营销渠道，以保证消费者从本项专利中切实获得利益。该厂市场营销经理根据董林的意见，提出以下营销渠道设计方案：在全国各省建立一个经销站，

由该站与本厂签订专卖合同，明确界定省级经销站的权利和义务，扩大销售网络，促进产品销售，并保护企业的专利。各省级经销站有权设计本省内的销售网络方案，规定销售价格，选择那些销售能力强、信誉好的零售商店作为渠道成员，共同开展具有当地特点的促销活动，向消费者促销本厂的室内跑步机。

董林在听取了该营销渠道设计方案后，未置可否，因为他觉得还需要认真分析一下。你能帮助他分析该营销渠道设计方案的适用性和合理性吗？

评估标准与结果分析

（1）如果你是董林，你怎样看该营销渠道设计方案的适用性和合理性？

（2）像室内跑步机这种非大众化的产品，在为其选择营销渠道时应注意哪些问题？

效果评估 2　是否实行总代理制

情境描述

A 公司是一家知名的建材跨国企业，每年的产品销售量都在快速增加。区域销售经理王某凭借地理优势和勤奋工作，使自己所在部门的业绩增长在整个销售部中一直排名第一。不妙的是，现在经销商的脾气越来越大了。

A 公司一直严格奉行不直销、不赊销、重点城市不设总代理的"三不政策"和一视同仁的月底兑现返利政策。由于王某的有意扶持和经销商的自身努力，经销商张某只用了两年时间便成了 H 市排名第一的销售大户，其销售量占 H 市 A 公司产品销售量的 1/3。凭借可获得 A 公司最大返利的优势，张某发展了 10 家分销商，他只需坐在家里为分销商做做订单，就能赚钱。

不过，舒服的日子只过了一年。其中 5 家分销商转变策略，经常把他们各自的小订单合在一起，由某一分销商向 A 公司下订单，再均分从 A 公司获得的返利，他们轮流坐庄，获得了与张某同样的拿货价格。

这样一来，张某便强烈要求王某实行总代理制，否则其销售难以维系，其他经销商也向王某叫苦，A 公司的产品好卖却不赚钱。在年底的销售工作会议上，王某把是实行总代理制还是维持现状这个问题提了出来，与其他区域的销售经理、销售总监进行讨论，没想到讨论却一直无果。

评估标准与结果分析

张某发出了最后通牒：若 A 公司不改变政策，则不再销售 A 公司的产品。如果你是王某，你认为应该如何解决这个问题？

拓展空间

【中国商业线下渠道的三次大迁徙】

第一次大迁徙是大型百货、五金、服饰等大型批发市场的兴起，批发业务的本质是渠道的分销业务，大型批发市场是产品分销的原始形态。商品批发形态和业务模式的建立，造就了"浙江五金文具百货帮"（正泰、公牛、德力西、晨光、得力）、"福建鞋服帮"（安踏、361°、七匹狼、九牧王）等一大批起家于批发业务的连锁企业。

第二次大迁徙是商业步行街+百货商场的兴起，商业步行街带来了真正的线下连锁业态，服饰、餐饮、黄金珠宝、饮料食品依托于全国近万条商业步行街，完成了全国连锁版图的构建。这里面的代表企业有周大生、周大福、名创优品、特步、屈臣氏、达芙妮、CoCo都可等连锁企业。

第三次大迁徙是购物中心的兴起，从 1996 年中国出现第一个购物中心（广州天河购物中心）以来，在近三十年时间里，一大批品牌随着购物中心的兴建而崛起，如服饰领域的热风、巴拉巴拉，餐饮领域的胖哥俩、外婆家、绿茶等。

【怎么理解下沉市场】

下沉市场指的是三线以下城市、县镇与农村地区的市场。范围大而分散、服务成本高是下沉市场的基本特征。

近年来，随着居民收入的不断增加，三线以下城市居民的消费能力大大增强。此外，不少"80 后""90 后"选择回到生活压力不那么大的三四线城市生活，新的消费理念也由此在当地得到进一步的扩散。"小镇青年"已经被定位为既有消费能力又有消费意愿的群体，他们通过消费表达诉求、彰显个性，自然成为消费市场关注的对象。

下沉市场是我国人口基数最大、面积最大、潜力最大的市场之一，因此，下沉市场爆发对我国整体宏观经济健康发展的作用是不言而喻的，甚至可以成为我国经济增长的新的源头活水。

挑战自我

【理论自测题】

■ 选择题（第 1～5 题为单项选择题，第 6～10 题为多项选择题。）

1. 消费品中的便利品通常采用的营销策略是（　　　）。
   A. 选择性营销　　　　　　　　　B. 密集营销
   C. 独家营销　　　　　　　　　　D. 广泛营销

2. 营销渠道中帮助转移产品所有权的是（　　　）。
   A. 供应商　　　　　　　　　　　B. 辅助商
   C. 代理商　　　　　　　　　　　D. 中间商

3. 经营的产品线较为狭窄，但产品的花色品种较为齐全的零售形式是（　　　）。
   A. 超级市场　　　　　　　　　　B. 百货商店
   C. 方便商店　　　　　　　　　　D. 特许经营商店

4. 制造商在同一地区仅通过几个经过精心挑选的、比较合适的中间商来推销其产品属于（　　）。

　　A. 独家营销　　　　　　　　　B. 选择性营销
　　C. 广泛营销　　　　　　　　　D. 连锁营销

5. 激励中间商的形式多种多样，下列不属于直接激励的是（　　）。

　　A. 返利　　　　　　　　　　　B. 价格折扣
　　C. 开展促销活动　　　　　　　D. 伙伴关系管理

6. 渠道冲突的类型不包括（　　）。

　　A. 垂直渠道冲突　　　　　　　B. 多渠道冲突
　　C. 水平渠道冲突　　　　　　　D. 传统渠道冲突

7. 营销渠道的成员包括（　　）。

　　A. 供应商　　　　　　　　　　B. 生产者
　　C. 批发商　　　　　　　　　　D. 零售商
　　E. 消费者

8. 影响营销渠道设计的制造商自身因素有（　　）。

　　A. 制造商的规模与信誉　　　　B. 制造商的管理能力
　　C. 制造商的营销策略　　　　　D. 制造商控制渠道的愿望
　　E. 制造商可提供的服务

9. 下列属于零售商的是（　　）。

　　A. 百货商店　　　　　　　　　B. 超级市场
　　C. 方便商店　　　　　　　　　D. 专卖店
　　E. 特许经营商店

10. 下列属于契约式销售系统的主要形式的有（　　）。

　　A. 以批发商为核心的自愿连锁销售网络
　　B. 零售商自愿合作销售网络
　　C. 特许经营销售网络
　　D. 制造商通过设立销售分公司等形成的网络
　　E. 旗舰店形式的销售网络

■ 判断题

1. 随着科学技术的发展，几乎所有的商品都可以通过直接营销渠道销售。（　　）

2. 只要制造商提高对中间商的激励水平，销售量就会上升。（　　）

3. 营销渠道的环节和层次越多越难控制，所以营销渠道越短越好。（　　）

4. 选择性营销是制造商只选择一家中间商销售自己的产品的销售策略。（　　）

5. 中间商按其在流通过程中所起的作用，可分为经销商和代理商。（　　）

6. 对于体积过大或质量过重的产品，如建筑机械、大型设备等，应选择较短的销售路线，最好通过直接营销渠道销售。（　　）

7. 经济景气，市场需求增加，可增加销售点和扩大销售网。（　　）

8. 合作意愿是选择中间商最关键的因素。　　　　　　　　　　（　　　）

9. 对中间商而言，最重要的是制造商，不是消费者。　　　　　（　　　）

10. 水平渠道冲突是指同一渠道系统中各个不同层次间的冲突。　（　　　）

■ 简答题

1. 营销渠道可如何分类？各类的优缺点分别是什么？

2. 中间商与零售商有什么不同？零售商与批发商有什么不同？

3. 影响营销渠道设计的因素主要有哪些？如何对所要选择的营销渠道进行评价？

4. 营销渠道冲突的类型有哪些？渠道冲突产生的原因是什么？

【项目案例分析】

宝洁和沃尔玛：从对手变盟友

一份战略联盟协议让宝洁和沃尔玛化干戈为玉帛，成为供应链中的合作伙伴，从而结束了二者长期敌对的局面。

宝洁是消费型产品的全球领导者之一，零售巨擘沃尔玛是它最大的客户之一。在 20 世纪 80 年代中期，这两家巨型企业之间的关系变得剑拔弩张。宝洁的促销力度很大，给予零售商很大的折扣优惠，沃尔玛趁机以超出常规的购买量大量吃进并囤积宝洁的产品。

这就给宝洁造成了很多麻烦，它生产了太多的产品，伤害了现金流。为了提高现金流，宝洁决定提供更多的推广优惠，而沃尔玛的反应则是买得更多，于是这两家企业之间的恶性循环就这样持续了下去。凯梅尼和亚诺威茨在《反省》（*Reflections*）一书中对此的描述是"两家企业所采取的应对措施都在尽力破坏对方成功的可能性"。于是，宝洁下决心化敌为友，向沃尔玛抛出了成立战略联盟的橄榄枝。

"第一个难题是如何组建一支由双方的管理人员组成的运作团队"，凯梅尼和亚诺威茨说，"他们举行了数天的研讨会，通过运用系统思维工具，在共同的商业活动将会给双方带来的结果方面达成了共识。来自宝洁和沃尔玛的管理者们发现，彼此的举措原来可以是合理的，而不是自利的行为。"

在充分理解对方的需求之后，这两家企业在双赢战略的基础上开始合作，宝洁也无须再向沃尔玛提供折扣。"这个战略实施非常成功，于是被推而广之——宝洁几乎停止了所有的降价推广活动，为此它几乎得罪了整个零售业。但是这样做的结果是，宝洁的盈利大幅攀升。"为了使合作可以运转，这两家企业把软件系统连接到一起，将很多信息共享。据报道，当沃尔玛的分销中心里宝洁的产品存货量低时，它们的整合信息系统会自动提醒宝洁要补货了。

该系统还允许宝洁通过人造卫星和网络技术远程监控沃尔玛每个分店的宝洁产品专区的销售情况，并把这些信息实时反馈给宝洁的工厂。无论宝洁的产品何时在收银台被扫描，工厂都会知道。这些实时信息使宝洁能够更准确地安排生产、运输，以及为沃尔玛制订产品推广计划，节省下来的库存费用使得宝洁可以向沃尔玛提供更加低价的产品，这样沃尔玛就能继续实施它的"每日低价"策略了。

■ 分析问题

（1）宝洁和沃尔玛是怎样从制造商和零售商的敌对关系转化为双赢的合作关系的？

（2）此案例对我国的企业有何借鉴意义？

■ 分析要求

（1）学生分析针对案例提出的问题，拟出"案例分析提纲"。

（2）小组讨论，形成小组"案例分析报告"。

（3）班级交流，教师对各小组的"案例分析报告"进行点评。

（4）在班级展出附有"教师点评"的各小组"案例分析报告"，供学生进行比较研究。

【项目实训】

"营销渠道"业务胜任力训练

■ 实训目标

引导学生参加"营销渠道"业务胜任力训练；在切实体验"营销渠道调查报告"的准备与撰写等活动中，培养学生相应的专业能力与职业核心能力；通过践行职业道德规范，促进学生健全职业人格的塑造。

■ 实训内容

依据所学内容，调查本地两家生产同类产品的企业的营销渠道策略；比较分析这两家企业营销渠道策略的优势和劣势，给出科学合理的建议，并制作调查报告。

■ 操作步骤

（1）调查本地两家生产同类产品的企业的营销渠道策略。

（2）将学生分成若干学习小组，并对两家企业的营销渠道策略的优势和劣势进行比较分析。

（3）分小组讨论，形成"营销渠道调查报告"，并制作成 PPT 进行汇报。

■ 成果形式

实训课业：制作"营销渠道调查报告"。

■ 实训考核

"活动过程"考核与"实训课业"考核相结合。

（1）"活动过程"考核。根据学生参与实训全过程的表现，就表 6.2 中各项"评估指标"与"评估标准"，针对其"职业核心能力培养"与"职业道德素质养成"的训练效果，评出个人"分项成绩"与"总成绩"，并填写"教师评语"。

表 6.2 "活动过程"考核成绩表

（实训名称："营销渠道"业务胜任力训练）

评估指标		评估标准	分项成绩
职业核心能力培养（∑50分）	自我学习（∑10分）	根据原劳动和社会保障部制定的《职业核心能力培训测评标准》中的相应规定，由授课教师结合本实训的要求自行拟定	
	信息处理（∑0分）	根据原劳动和社会保障部制定的《职业核心能力培训测评标准》中的相应规定，由授课教师结合本实训的要求自行拟定	
	数字应用（∑10分）	根据原劳动和社会保障部制定的《职业核心能力培训测评标准》中的相应规定，由授课教师结合本实训的要求自行拟定	

续表

评估指标		评估标准	分项成绩
职业核心能力培养（∑50分）	与人交流（∑10分）	根据原劳动和社会保障部制定的《职业核心能力培训测评标准》中的相应规定，由授课教师结合本实训的要求自行拟定	
	与人合作（∑10分）	根据原劳动和社会保障部制定的《职业核心能力培训测评标准》中的相应规定，由授课教师结合本实训的要求自行拟定	
	解决问题（∑10分）	根据原劳动和社会保障部制定的《职业核心能力培训测评标准》中的相应规定，由授课教师结合本实训的要求自行拟定	
	创新（∑0分）	根据原劳动和社会保障部制定的《职业核心能力培训测评标准》中的相应规定，由授课教师结合本实训的要求自行拟定	
职业道德素质养成（∑50分）	职业观念（∑10分）	对职业、职业选择、职业工作、营销人员职业道德和企业营销伦理等问题有正确的看法	
	职业情感（∑10分）	对职业有愉快的主观体验、稳定的情绪表现、健康的心态、良好的心境，以及强烈的认同感、荣誉感和敬业精神	
	职业理想（∑10分）	对将要从事的职业的种类、方向与成就有积极的向往和执着的追求	
	职业态度（∑0分）	对职业选择有充分的认识和积极的倾向与行动	
	职业良心（∑10分）	在履行职业义务时具有强烈的道德责任感和较强的自我评价能力	
	职业作风（∑10分）	在职业实践和职业生活的自觉行动中，具有体现职业道德内涵的一贯表现	
总成绩（∑100分）			
教师评语		签名： 　　年　　月　　日	

（2）"实训课业"考核。根据实训所要求的学生"实训课业"完成情况，就表 6.3 中各项"课业评估指标"与"课业评估标准"，评出个人和小组的"分项成绩"与"总成绩"，并填写"教师评语"与"学生意见"。

表 6.3　"实训课业"考核成绩表

（课业名称：营销渠道调查报告）

课业评估指标	课业评估标准	分项成绩
1. 营销渠道调查报告（∑50分）	（1）营销渠道描述具有准确性； （2）渠道竞争分析具有全面性； （3）渠道建议具有合理性	

课业评估指标	课业评估标准	分项成绩
2．PPT 制作（Σ20分）	（1）简明扼要； （2）设计美观、重点突出	
3．调查报告陈述（Σ30分）	（1）语言表达具有准确性； （2）语言表达具有逻辑性； （3）语言表达流畅	
总成绩（Σ100分）		
教师评语		签名： 年　月　日
学生意见		签名： 年　月　日

项目 7

临门一脚——运用促销策略

项目目标

项目 7 数字资源

知识目标

- 了解促销的 4 种基本方式
- 列举销售促进的主要决策
- 说明人员促销的优缺点
- 陈述营销公关的作用与内容

技能目标

- 能够制定广告方案并选择广告媒体
- 能够设计不同的销售促进活动
- 能够组建促销队伍并管理促销活动
- 能够根据营销目的设计营销公关活动的内容

项目结构

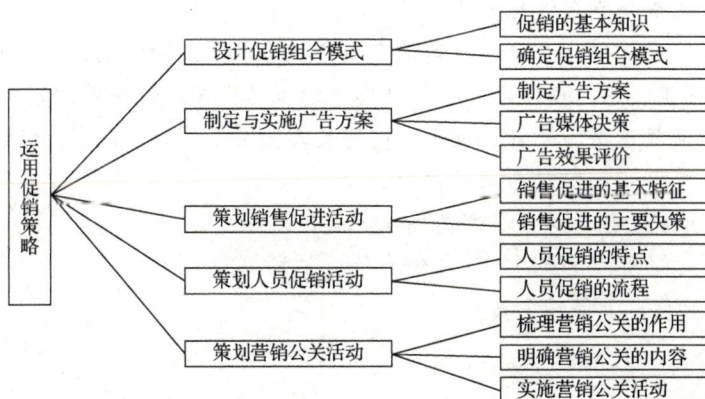

项目重/难点

● 项目重点：熟练掌握各类促销方式的特征、优点及适用范围，掌握促销决策流程。

● 项目难点：根据产品及消费者的特征，采取恰当的促销方式，并评估其效果。

项目教学建议

● 由于本项目的内容具有实践性，建议采用授课、现场观察和实训相结合的方式教学，实务训练可以分小组完成。

● 现场观察的场所可以是大中型超市或者具有较大客流量的门店，观察促销方式对超市或门店客流量、销售业绩的影响。

● 教师应提前确定现场教学的场所和用于分析超市或门店客流量的数据平台。

任务导入

我国本土民营日化企业纳爱斯将社交媒体作为营销前沿阵地，在一片讨论声中揭开悬念："神马分男女？牙膏分男女！"

"神马分男女？"衣服分男女装、鞋子分男女鞋、香水分男女香水、戒指分男女款……还有什么是分男女的？这个看似简单又极具想象力的问题在网络上一经抛出，就引发了一场头脑风暴。这个活动页面没有任何品牌 Logo，只写着"谜底在 12 月 22 日揭晓"，一场悬念式营销在网络上拉开大幕。

在两周的时间内，这个活动页面征集了 6 万多个答案。参与活动的网友每发一个答案，就会生成一条"状态"，这就意味着 6 万多条"状态"在网络上传播开来，引发无数真实朋友之间的讨论，直到最后答案揭晓——"牙膏分男女"。

这是为纳爱斯推出的行业首家男女分用牙膏——纳爱斯清新有 TA 男女系列牙膏的市场宣传计划打响的第一炮。作为纳爱斯打开高端市场的试金石，这款牙膏去年的销售量成功逼近 2 亿支，而成功来自大胆创新。

日化行业的产品同质化严重，早前联合利华就采取了"跨性别品类延伸策略"，推出"清扬"男女分用洗发水，获得部分去屑洗发水的市场份额。这次纳爱斯针对易于接受新鲜事物的男女青年推出新品牙膏，也正试图用最潮的网络语言与他们沟通，甚至"后于"他们发声，在社交网络上发起悬念式营销。

[1] 纳爱斯牙膏的推广运用了哪些促销方式？

[2] 促销方式与目标市场、市场定位有什么关联？

[3] 企业该如何设计促销方案？

> 好广告是图片与文字的快乐联姻，而不是它们之间的竞赛。广告之美，如人之诚。好广告是品牌与消费者心灵的对话，真诚传递价值，共鸣铸就忠诚。

任务知识点

知识点 1 设计促销组合模式

促销是指企业利用各种有效的方法和手段，使消费者了解和注意企业的产品，产生购买欲望，并最终做出购买行为。

1.1 促销的基本知识

1. 促销的实质

促销的实质是信息沟通。企业为了促进销售，把信息传递的一般原理运用于促销活动中，在自身与中间商和消费者之间建立稳定有效的信息联系，实现有效的信息沟通。如何进行有效的信息沟通？企业的市场营销人员在促销活动中必须做到以下 3 点。

- 确立信息沟通的目标。
- 综合运用沟通方式。
- 排除信息沟通障碍。

2. 促销的作用

（1）传递产品的销售信息。在产品正式进入市场之前，企业必须及时向中间商和消费者传递有关的产品销售信息。企业通过信息的传递，能够使社会各方了解产品的销售情况，建立起自身的良好声誉，引起他们的注意和好感，从而为产品的成功销售创造条件。

（2）创造需求，扩大销售。企业只有针对消费者的心理动机，通过开展灵活、有效的促销活动，激发消费者产生某一方面的需求，才能扩大产品的销售力。并且，企业通过开展促销活动来创造需求，能够发现新的销售市场，从而使市场需求朝着有利于销售的方向发展。

（3）突出产品的特色，增强市场竞争力。企业通过开展促销活动，能够宣传自己的产品所具有的特点，以及其给消费者带去的特殊利益，使消费者充分了解产品，引起他们的注意，进而扩大产品的销售，提升市场竞争力。

（4）反馈信息，提高经济效益。企业通过开展有效的促销活动，能够使更多的消费者了解、熟悉和信任自己的产品，并通过消费者对促销活动的反馈，及时调整促销策略，使自己生产经营的产品适销对路，扩大市场份额，巩固市场地位，从而提高经济效益。

3. 促销方式

（1）人员促销。人员促销是指通过促销人员深入中间商或消费者中间进行直接的宣传介绍活动，使中间商或消费者采取购买行为的促销方式。它是人类最古老的促销方式。在商品经济高度发达的现代社会中，人员促销这种古老的促销方式焕发了青春，成为十分重要的一种促销方式。

（2）广告。广告是指企业按照一定的预算，支付一定数额的费用，通过不同的媒体对产品进行广泛宣传，促进产品销售的传播活动。广告是企业市场营销活动的有机组成部分，是企业参与市场竞争的重要手段，也是企业促销组合的构成要素。

（3）销售促进。销售促进又叫营业推广，是指企业为了刺激消费者购买，所采取的一系列由具有短期诱导性的营业方法组成的沟通活动。

（4）公共关系。公共关系是指企业通过开展公共关系活动或通过第三方在各种传播媒体上宣传企业形象，与内部员工、外部公众建立良好关系的沟通活动。

1.2 确定促销组合模式

1. 促销组合模式

所谓促销组合模式，是一种组织促销活动的思路，主张企业将人员促销、广告、销售促进、公共关系这4种基本促销方式组成一个策略系统，使全部促销活动互相配合、协调一致，最大限度地发挥整体效果，从而顺利实现促销目标（见图7.1）。

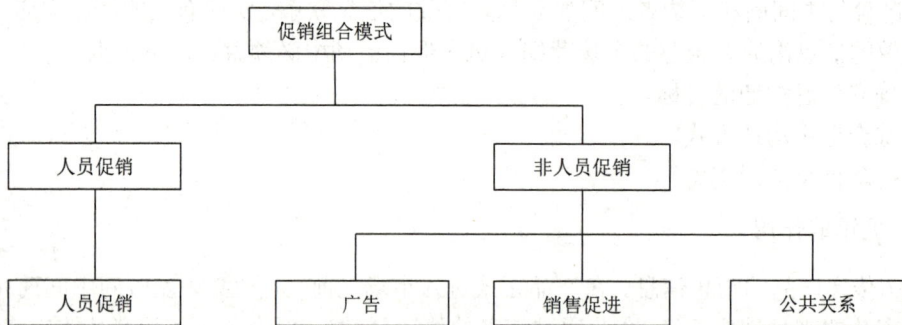

图 7.1　促销组合模式

促销组合模式体现了现代市场营销理论的核心思想——整体营销。促销组合模式是一种系统化的整体策略，4种基本促销方式构成了这一整体策略的4个子系统。每个子系统都包括一些可变因素，即具体的促销手段或工具，每个因素的改变都意味着组合关系的变化，也意味着要实施新的促销策略。

2. 影响促销组合决策的因素

（1）促销目标。所谓促销目标，是指企业的促销活动所要达到的目标。例如，在一定时期内，一家企业的促销目标是在某一市场激发消费者的需求，扩大市场份额；而另一家企业的促销目标则是加深消费者对企业的印象，树立企业的形象，为其产品今后占领市场、提高市场竞争地位奠定基础。显然，这两家企业的促销目标不同，因此，其促销组合决策也不一样。前者属于短期促销目标，为了实现近期利益，第一家企业宜采用广告和销售促进相结合的方式。后者属于长期促销目标，对于这一促销目标的实现，企业运用公共关系具有决定性的意义，再辅之以必要的人员促销和广告。在决策中，企业还须注意，企业促销目标的选择必须服从企业营销的总体目标，不能单纯为了促销而促销。

一般来说，针对消费者的促销目标有：（1）增加销售量，扩大销售；（2）吸引新客户，巩固老客户；（3）树立企业形象，提升知名度；（4）应对竞争，争取客户。促销目标要根据企业的要求及市场状况来确定。促销目标可以是单个目标，也可以是多个目标。

（2）市场特点。除了促销目标，市场特点也是影响促销组合决策的重要因素。市场特点受每个地区的文化、风俗习惯、经济政治环境等的影响，促销工具在不同类型的市场上所起的作用是不同的，所以我们应该综合考虑市场特点和促销工具，选择合适的促销工具，使它们相匹配，以达到最佳促销效果。

（3）产品性质。由于产品性质的不同，以及消费者具有不同的购买行为和购买习惯，因此企业所采取的促销组合也会有差异。

（4）产品经济生命周期。在介绍期，企业会投入较多的资金用于广告宣传，能让产品具有较高的知名度；促销活动也是有效的。在成长期，企业可以继续加强广告宣传，减少促销活动，因为这时消费者所需要的刺激较少。在成熟期，相对广告而言，销售促进逐渐起着重要作用。由于消费者已知道这一产品，因此企业仅需要投放起提醒作用的广告。在衰退期，广告仍保持在起提醒作用的水平，公共宣传已经消退，企业营销人员对产品仅给予最低限度的关注，然而要继续加强销售促进。

（5）"推动"策略和"拉引"策略。促销组合决策在较大程度上受企业选择的"推动"策略或"拉引"策略的影响。"推动"策略要求企业组建销售队伍，进行贸易促销，通过营销渠道推出产品。"拉引"策略要求企业在广告和消费者促销方面投入较多，以创造消费者的需求。

（6）其他因素。影响促销组合决策的因素是复杂的，除上述 5 种因素外，企业的营销风格、整体发展战略、竞争环境，以及市场营销人员的素质等也在不同程度上影响着促销组合决策。市场营销人员应审时度势、全面考虑，力求做出有效的促销组合决策。

知识点 2　制定与实施广告方案

2.1　制定广告方案

1. 设定广告目标

制定广告方案的第一步是设定广告目标。广告目标是广告作业的灯塔，它不仅为企业大规模的广告作业指明方向，而且为具体的广告创作提供指引。广告目标通常与企业和产品的发展目标相一致，和产品经济生命周期相配合，所以说广告目标是企业目标和产品经济生命周期的外在表现。

广告目标的选择应当建立在对当前市场营销情况进行透彻分析的基础之上。企业的广告类型及广告目标如表 7.1 所示。

表 7.1　企业的广告类型及广告目标

广告类型	广告细分	广告目标
通知性广告	向市场告知有关新产品的情况	描述所提供的各项服务
	提出某款产品的若干新用途	纠正错误的印象
	通知市场有关价格的变化情况	减少消费者的恐慌
	说明新产品如何使用	树立企业形象
说服性广告	建立品牌偏好	说服消费者马上购买
	鼓励消费者转向本企业的品牌	说服消费者接受推销访问
	改变消费者对产品属性的认知	说服消费者接受产品属性信息
提醒性广告	提醒消费者可能在最近需要这款产品	促使消费者即使在淡季也能记住这款产品

（1）通知性广告：主要用于产品的开拓阶段，目的在于激发消费者的初级需求。

（2）说服性广告：主要用于产品的竞争阶段，目的在于建立消费者对产品的选择性需求。

（3）提醒性广告：主要用于产品的成熟阶段，目的在于保持消费者对该产品的记忆。

有了明确的广告目标，就可以根据广告目标制定企业在各个不同阶段的广告策略了，从而发起相应的广告活动。广告目标可以有效确保每一则广告都朝着同一个方向努力，都在为宣传品牌价值做加法；相反，目标不清晰的广告只是在浪费资源，却带不来任何品牌价值。同时，明确的广告目标为广告效果的检测和评估提供了有效的参考标准，即使广告出现问题，也可以快速、准确地对其做出调整。

2. 确定广告预算

在明确了广告目标后，企业可以着手确定每款产品的广告预算了。广告预算是指企业在一定时期内（通常是 1 年）投入广告活动中的费用。它规定了企业在一定时期内从事广告活动所需要的费用总额及其使用范围和具体使用方法。为保证广告预算的科学性和可行性，在确定广告预算时，企业要认真分析影响广告预算的各种因素。

（1）产品经济生命周期阶段。新产品一般需要大量广告费用来建立知名度和获得消费者的认可。已建立知名度的产品所需要的广告预算在销售额中所占的比例通常较低。

（2）市场份额。市场份额高的产品只求维持其市场份额，因此其广告预算在销售额中所占的比例较低。而通过从竞争者手中夺取市场来增加市场份额的产品，则需要大量的广告费用。

（3）竞争。在一个有很多竞争者和广告开支很大的市场上，一款产品必须加大宣传力度，才能高过市场上竞争者的声音，让人们听得见。

（4）广告频率。把产品信息传达给消费者的次数也会影响广告预算。

（5）产品替代性。同一产品种类中的各种品牌需要做大量广告，以树立差别形象。对于宣传品牌可提供的独特利益，广告也能起到作用。

（6）行业特点。一般而言，消费品的广告预算较高，如食品、药品、化妆品；产业用品更多地依赖于人员促销，其广告预算较低。

3. 选择广告信息

在有了广告预算后，接着便是选择广告信息。广告信息包括 4 个部分：信息内容（说些什么）、信息结构（如何安排信息）、信息形式（如何将信息表现出来）和信息来源（谁来阐述信息）。其中，信息内容是关键。信息内容的表达必须言简意赅，并应在深入研究消费者意见的基础上形成，否则就会抓不住要害，或者所宣称的特点与消费者的偏好南辕北辙，这些都会降低或损害整个广告活动的预期效果。

（1）确定广告主题。广告主题是广告的中心思想，也是广告的灵魂，是表现广告为达到某项目标而要说明的某种观念。一则广告必须鲜明、突出地表现广告主题，使人们在接触广告之后，很容易理解广告告诉他们什么，以及要求他们做什么。广告主题由广告目标、个性信息和消费心理 3 个要素构成，用公式表示为"广告主题=广告目标+个性信息+消费心理"。

广告主题的确定不能一蹴而就，一般先提出多种方案，然后经过试用方可最后确定。广告主题是否恰当，往往要经过市场的检验才能给出答案。当市场检验结果不够理想时，企业必须及时进行研究，改进广告主题。在决定广告主题时，对某种产品应采用何种广告主题没有一定的规定，但广告主题一般应显眼、易懂、刺激、统一、独特。

（2）确定广告的表现形式。广告的效果不仅取决于广告主题，还取决于表现形式，即表达方式。同样的广告主题，选择不同的表现形式，可产生不同的效果，尤其是对相似程度较高、产品差异较小的产品来说，如洗衣粉、肥皂、毛巾等。广告设计人员必须根据广告主题选用某种风格、语调、措辞和版面，并将这些元素组合在一起，构成和谐的图像与信息。感性诉求和理性诉求是广告信息的两种基本表现形式。广告中生活片段和生活方式的展现属于感性诉求，而产品的技术特色、科学性，以及证词（包括名人证词）的使用则属于理性诉求。

（3）确定广告的受众。广告就是把企业产品的信息传达给消费者、潜在消费者和公众，要确保他们注意的焦点在于产品的信息，而不是广告本身。广告要有创意，创意可能来自消费者、中间商、专家和竞争者。广告文字没有必要追求华丽，关键要令人振奋、直截了当，应该语气统一，强调对消费者很重要的产品特征，强调产品及企业的名称，清楚地指出目标市场是什么，并且能够使其得到足够的重视。

一则好的广告能够激发消费者的兴趣和购买动机，并采用一种消费者能够接受的广告风格。企业需要花时间来考虑消费者、潜在消费者和公众，而不是考虑自己应该说些什么，不要说那些他们已经知道的东西，而应该说他们想知道的东西。广告信息必须真实可靠，具有独特性和艺术性，才能吸引消费者的注意，激发消费者的购买兴趣。

2.2　广告媒体决策

广告媒体是指在广告主与广告对象之间起信息传递作用的物质或工具。广告媒体的种类很多，其中，网络、报纸、杂志、广播、电视是几种常见的广告媒体。随着科技的发展，承载广告信息的广告媒体的种类也在不断增加。广告媒体决策的实质就是为实现预定的广告目标，寻求成本效益最佳的广告媒体，以及向目标受众送达预期的展露次数。广告媒体决策具体是指确定传播广告信息的广告媒体，包括确定广告的覆盖面和出现频率、主要媒体类型、特定的媒体载体、传播时间等。

1. 确定广告的覆盖面和出现频率

在一定的预算水平下，要争取使广告的覆盖面和出现频率这两者的成本效益达到最佳。一般而言，当推出新产品或侧翼品牌、扩展著名品牌或追求一个界定不清楚的目标市场时，广告的覆盖面是最重要的；当存在强有力的竞争者、想传达的信息复杂、消费者阻力大或购买次数频繁时，广告的出现频率是最重要的。

2. 确定主要媒体类型

在对主要媒体类型进行选择之前，必须了解各主要媒体类型在覆盖面、出现频率和影响方面所具备的能力，如表 7.2 所示。

在确定主要媒体类型时，要考虑以下因素。

（1）广告接收者的媒体偏好：比如，对于青少年，网络和电视是比较有效的媒体类型。

（2）产品和服务：女士服装广告登在彩色印刷的杂志上最吸引人。各类媒体类型在示范表演、形象化、解释、可信度和色彩方面具有不同的潜力。

（3）广告信息：一条包含大量技术资料的广告信息，可能要求选择专业性杂志或信件作为媒介。

（4）费用：电视广告费用非常昂贵，而报纸广告费用则较便宜。

表 7.2　各主要媒体类型分析

媒 体 类 型	优　　点	缺　　点
网络	交互性强，广告发布者和接收者之间可以进行即时互动； 传播范围广，不受时间和空间的限制； 灵活快捷、时效性强； 受众明确，具有很强的针对性，可以将广告精准推送给目标受众； 传播效果易于控制，广告的送达率、打开率可以通过数据跟踪获得； 广告成本低	受硬件和网络条件的限制； 广告质量参差不齐； 效果测评标准尚未确立； 网络管理法规尚不完善
报纸	广告大小、形状可以满足要求，可按企业详述的内容传达信息； 可以将信息的传播限制在企业所希望的区域内； 可以分别检查原稿和成品； 可为企业的广告制作提供免费帮助，制作速度快，很快就可到达消费者手中； 灵活、及时，区域市场覆盖面大，能被广泛地接受，可信赖性强	杂乱，针对性差； 保存性差，复制质量低，传阅者少； 刊登的大部分广告是为了追求销售额，因此是一种价格定向的媒介； 浪费发行量，广告信息接收者可能是很多永远不会在市场上买该企业产品的人； 一种高度易见的媒介，竞争者可以很快地对价格做出反应

续表

媒 体 类 型	优　　点	缺　　点
杂志	在区域、人口方面具有可选择性，并有一定的权威性； 复制率高，保存期长，传阅者多	制作周期相对较长，版面位置无保证，有些发行量是浪费的； 篇幅成本和创意成本较高
广播	大众化宣传，在区域和人口方面的选择性较强，成本低； 通常可提供免费创意帮助； 可以用声音为企业创造一种个性	只有声音，不像电视那样引人注目，瞬间即逝； 听众无法重复收听感兴趣的部分； 广告有时对娱乐节目造成干扰
电视	综合了视觉、听觉和动作，富有感染力，能引起消费者的高度注意，触及面广； 有线电视台为将广告提供给当地观众创造了新机会； 一种能很好地建立良好形象的媒介	制作成本快速攀升； 干扰多，瞬间即逝，观众选择少； 大多数广告时间为 10～30 秒，这就限制了可传送的信息量
信件	能针对那些最可能购买企业产品的人； 可以充分表达想要表达的内容； 能控制创意和制作的全部因素； 属于"隐蔽"媒介，信息在得到反应之前对竞争者都是隐蔽的； 接收者有选择性，灵活，具有个性化特征	打印和邮寄信件的前置时间较长； 相对来说成本较高； 需要得到并保存好邮寄名单
户外广告	灵活，广告展示时间长，费用低，竞争者少； 如果做得好，就可以抓住人心； 可获得令人高度注意的知名度	观众没有选择，缺乏创新； 很难对准企业的市场目标； 广告很短

3. 确定特定的媒体载体

在确定主要媒体类型后，还要确定特定的媒体载体。因为在每种媒体类型中，又包含了大量具体的载体。例如，电视媒体有中央电视台和地方电视台之分，中央电视台又有多个频道之分；一个频道的节目又有不同栏目和时段。在实际选择时，可委托专门的媒体调查机构提供收视率等相关数据，并将其作为衡量的标准。在确定特定的媒体载体时要考虑到发行量、有效广告接收者数量、媒体比重、广告的频率及广告覆盖的区域等。

4. 确定传播时间

企业必须确定如何根据季节的变化和对经济发展的预测来安排全年的广告，以及在短期内部署好一系列广告展示，以使影响最大。广告应先于销售。

在推出一款新产品时，企业必须在广告的连续性、集中性、时段性和节奏性之间做出选择。

连续性是指在一定时期内均匀地进行广告展示，但由于广告成本高和销售量的季节性变化，广告难以连续展示。一般来说，在市场扩大的情况下，当消费者频繁地购买产品时，应采用连续性广告。

集中性要求把所有的经费用在一段时间内。当将产品集中在某个季节或假日里销售时，可采用这种广告形式。

时段性要求在某段时间内播放广告，接着是一段时间的停歇。在经费有限、购买周期较短或推出季节性产品的情况下，可采用这种广告形式。

节奏性是指连续以低重要度的水平开展广告活动，这种广告形式兼具了连续性广告和时段性广告的长处，可以使广告接收者更透彻地了解广告信息，还可以节省费用。

2.3 广告效果评价

广告效果是指广告通过媒体传播后所产生的影响。广告效果评价是整个广告活动中不可缺少的部分。通过进行广告效果评价，销售人员可以调整广告活动。企业要依据其广告目标来评价广告效果。广告效果具体表现为传播效果和销售效果两个方面。

1. 广告的传播效果

广告的传播效果是指广告能让多少人听到或看到，能让多少人认可和理解其所传播的信息。广告传播效果的评价如表7.3所示。

表7.3 广告传播效果的评价

传 播 指 标	评 价 说 明
提示知名度	在提示广告内容的情况下，广告接收者是否能回忆起接触过的广告； 广告通过媒体传送的"量"是否充足，针对广告接收者的广告到达率和接触频率是否足够高； 广告创意是否有冲击力，对建立提示知名度有无帮助
未提示知名度	在未提示广告内容的前提下，广告接收者能否回忆起接触过的广告； 在达到一定的广告到达后，接触频率是否达到使消费者主动回忆的程度； 广告创意的冲击力对消费者主动回忆的帮助程度
第一提及知名度	在未提示的情况下，广告接收者首先提及的品牌或产品信息； 比较受检验品牌与竞争品牌的记忆强度； 评价广告传播频率、媒体行程安排的合理性； 与竞争者比较，广告创意的说服力、冲击力对消费者记忆的影响程度
广告理解度	消费者对广告所传达的信息的理解程度如何； 评价广告选用媒体的类别、方式是否能完整地传播广告信息； 广告创意对广告信息的表现是否准确、清楚
品牌偏好度	消费者对广告品牌的喜爱程度； 广告创意的诉求是否从消费者的利益出发，是否迎合消费者的喜好； 检查媒体的接受对象是否与广告创意的目标对象相吻合； 评价消费者的品牌使用经验对广告的影响程度
购买意向率	消费者被广告说服并对品牌有偏好后，产生购买意向的程度； 评价广告是否针对有产品需求的目标对象； 与竞争品牌相比，对消费者综合价值的体现程度； 评价广告创意对消费者的说服和诱导程度
实际购买率	消费者对本品牌的实际购买率是多少； 评价广告媒体投资重点是否与市场购买潜力相吻合

2. 广告的销售效果

广告的销售效果是指广告能促进销售多少产品，即销售量增加多少。可采取以下两种方法评价广告的销售效果。

（1）直接询问法：在销售现场或在发布广告后，以直接拦截的方式询问消费者，从而找出消费者真正购买的原因和统计出广告促进销售的量占总销售量的比例。

（2）销售量对比法：在条件基本相同的情况下，选择年度时间或测试区域，对广告发布前后的情况进行比较，得出广告投入与销售量变化的比较值。

知识点 3　策划销售促进活动

3.1　销售促进的基本特征

销售促进又称营业推广，是指企业运用各种短期诱因，鼓励消费者购买或者营销人员销售企业产品和服务的促销活动。销售促进有以下 3 个基本特征。

1. 非规则性和非周期性

典型的销售促进不像广告、人员促销、公共关系那样作为一种常规的促销活动出现，而是一种短期和额外的促销工作，其着眼点在于解决一些更为具体的促销问题，因而它的使用和出现往往具有非规则性和非周期性。

2. 灵活多样性

销售促进的方式繁多，包括贸易促销、特种价格促销、互惠促销、价格保证促销、经销津贴促销、奖售促销、义卖促销、优惠券促销等方式。这些方式各有特点，企业可以根据所经营的产品的特点、面临的市场营销环境，灵活地加以选择和运用。

3. 短期效益比较明显

一般来说，只要销售促进的方式选择和运用得当，其效果就可以很快地在经营活动中显示出来，而不像广告、公共关系那样需要一个较长的周期。因此，销售促进最适合用于完成短期的具体目标。

3.2　销售促进的主要决策

在运用销售促进的过程中，企业需要做出一系列的决策，其中主要的决策有确立销售促进目标，选择销售促进工具，制定销售促进方案，试验、实施和控制销售促进方案，以及评估销售促进效果。

1. 确立销售促进目标

销售促进目标是由基本的整合营销传播目标衍生出来的，而后者又是由产品的市场营销目标衍生出来的。从根本上说，销售促进目标在总体上受企业市场营销目标的制约，是市场营销目标在促销策略方面的具体化。从这个角度讲，销售促进目标将因目标市场的不同而有所不同。销售促进目标如表 7.4 所示。

表7.4　销售促进目标

对　象	具 体 目 标
消费者	鼓励经常购买和重复购买，吸引新消费者试用，使其知晓品牌并对品牌感兴趣，改进和树立品牌形象等
中间商	吸引中间商经营新的产品项目和维持较高水平的库存，鼓励中间商购买背季产品，储存相关产品项目，抵消各种竞争性的促销影响，建立中间商的品牌忠诚度，获得新的中间商的合作与支持等
市场营销人员	鼓励对新的产品或型号的支持，刺激非季节性销售，鼓励达到更高的销售水平等

此外，销售促进目标可以是短期的，也可以是长期的。短期目标是指在 1 年或更短的时间内实现的目标，而长期目标需要花更长的时间来实现。短期目标是对行动的召唤，可以在消费者那里立即得到回应。每一种促销手段都会在消费者心中产生一种特定的反应，但并不是所有的促销手段都可以创造销售额。一般来说，可以通过促销手段实现下列目标：销售产品和服务，告知消费者有关产品和服务的信息；寻找潜在消费者，使他们对产品和服务感兴趣；强化销售，提高销售量或销售额；打入某一特定的细分市场或区域市场；推出新产品或新产品组合，增加特殊产品和服务的销售量；使消费者对企业有一定的认知，提升企业的知名度。

2. 选择销售促进工具

（1）影响选择销售促进工具的因素。销售促进工具多种多样，各有其特点和适用范围，在选择时主要应考虑下列因素。

① 市场类型。不同的市场类型需要不同的销售促进工具。例如，生产者市场和消费者市场的需求特点和购买行为有很大差异，所选择的销售促进工具必须适应企业所处的市场的特点和相应的要求。

② 销售促进目标。特定的销售促进目标往往对销售促进工具的选择有着较为明确的条件要求和制约，从而限制着选择范围。

③ 竞争条件和环境。竞争条件和环境包括企业本身在竞争中所具有的实力、条件、优势与劣势，以及企业外部环境中竞争者的数量、实力、竞争策略等因素。

④ 促销预算分配及每种销售促进工具的预算水平。市场营销费用中有多少用于促销，其中又有多大份额用于销售促进，往往也对销售促进工具的选择形成一种硬约束。

（2）销售促进工具组合的类型。企业可以采用多种销售促进工具来实现同一特定的销售促进目标。因此，企业应该重视销售促进工具的比较选择和优化组合问题，以实现最优的促销效益。在促销活动中，用来激发和强化市场需求的销售促销工具组合有很多，主要分为以下 4 类。

① 对消费者的销售促进工具组合，如赠送样品、提供各种价格折扣、消费信用、赠券、印花、服务促销和演示促销等。

② 对中间商的销售促进工具组合，如批量折扣、现金折扣、特许经销、业务会议、

代销、试销和联营促销等。

③ 对市场营销人员的销售促进工具组合，如营销竞赛、红利提成和特别营销金等。

④ 对制造商的销售促进工具组合，如租赁促销、类别消费者折扣促销、订货会和服务促销等。

3. 制定销售促进方案

在确定了销售促进的目标和工具后，接下来就该着手制定具体的销售促进方案了。在销售促进方案的制定过程中，企业需要注意以下几点。

（1）刺激程度的比较和确定。要想使促销取得成功，一定程度的刺激是必要的。刺激程度越高，引起的销售反应越大，但这种效应存在递减的规律。因此，企业要对以往的促销实践进行分析和总结，并结合新的环境条件确定适当的刺激程度和相应的开支水平。

（2）销售促进对象的选择。企业在选择销售促进对象时应考虑：刺激是面向目标市场的每一个人还是面向某个团体的；范围控制在多大；哪类人是主要的销售促进对象。这种选择的正确与否会直接影响到销售促进的最终效果。

（3）销售促进媒介的选择。例如，企业的主要目的是通过多种短期激励工具组合，鼓励消费者试用或购买某一产品和服务。若选择社交媒体作为媒介，则可选抖音、微信等，适合年轻人群，其优势在于覆盖面广、互动性强，能够与目标受众进行直接互动。然而，社交媒体的广告费用较高，且需要不断更新内容以保持用户的关注度。

（4）销售促进时机的选择。在什么时间开始进行销售促进，销售促进持续多长时间效果最好等也是值得研究的重要问题。如果销售促进持续时间过短，由于在这段时间内消费者无法实现重复购买，因此企业获得不了很多应获得的利益；如果销售促进持续时间过长，就会导致开支过大和损失刺激购买的力量，并容易使企业产品在消费者心目中降低身价。按照有关研究，以每个季度进行 3 周左右的销售促进为宜，每次的持续时间以平均购买周期的长度为宜。

（5）销售促进预算的分配。销售促进预算在各种销售促进工具和各个产品之间得到进一步的分配。

4. 试验、实施和控制销售促进方案

虽然企业是在经验的基础上确定销售促进方案的，但仍然需要对其进行必要的试验以检验销售促进工具的选择是否适当、刺激程度是否理想，以及现有的途径是否有效。试验可采取询问消费者、填调查表，以及在有限的区域内试行方案等方式进行。当试验结果与预期效果相近时，便可以实施该方案了。在实施中企业要注意市场反应，及时对销售促进的范围、强度、频度和重点进行必要的调整，保持对销售促进方案实施的良好控制，以便顺利地实施方案，达到预期效果。

5. 评估销售促进效果

在销售促进结束并对其有效性进行总的评估时，所采用的方法一般是比较销售促进之前、销售促进期间和销售促进结束后的销售量的变化。例如，一个产品在进行销售促进之前享有 6%的市场份额，在销售促进期间享有 10%的市场份额，在销售促进刚刚结束时享

有 5%的市场份额，过了一段时间又享有 7%的市场份额。这就表明这次销售促进活动吸引了新的消费者，并刺激原有消费者增加了购买数量。销售促进结束后销售量的回落是由消费者消耗他们的存货引起的，最终的 7%的市场份额说明企业赢得了一些新的消费者。如果市场份额只是达到原有水平，那么表明这次销售促进仅改变了需求的时间模式，并没有改变总需求。市场营销人员也可以采用消费者调查的方式来了解事后有多少人能回忆起这项销售促进活动，他们如何看待这项销售促进活动，有多少人从中得益，它如何影响消费者以后的品牌选择行为，等等。另外，市场营销人员可以根据某些标准，在对消费者进行分类后研究更为具体的结果。销售促进效果的评估还可通过变更刺激程度、促销时间和促销媒介来获得必要的经验数据，以便进行比较分析和得出结论。

知识点 4　策划人员促销活动

4.1　人员促销的特点

人员促销是指企业派出的促销人员主动从消费者的需求出发，运用各种信息交流手段，直接向消费者传递产品和服务的信息，促使消费者接受并购买产品和服务，实现经营目标的活动过程。

在促销组合中，人员促销是最直接、最有效的促销方法之一。所有促销工具、促销技术都需要通过促销人员的运用才能发挥作用。

一般来说，人员促销有以下几个特点。

（1）直接性。促销人员直接面对消费者开展产品销售和服务活动，可以取得直接的促销效果。

（2）双向性。促销人员与消费者进行双向的信息沟通，一方面，消费者可以及时了解企业的产品和服务的信息；另一方面，促销人员可以及时得到消费者的购买与消费信息，迅速调整销售服务策略。

（3）艺术性。促销人员必须面对面地说服消费者，才能达到销售的目的。因此，促销人员要讲究待客的礼仪、服务的方式、说服的技巧等，以及要拥有良好的综合素质和业务能力。

（4）关系性。人员促销最大的特点就是促销人员与消费者面对面地沟通，通过提供优质的服务与消费者建立良好的关系，从而实现促销的目标。事实上，消费者的满意度和忠诚度在很大程度上是靠门店促销人员的服务态度、服务礼仪、服务方式等维系的。因此，人员促销实际上也是一种建立和维护消费者关系的活动。

4.2　人员促销的流程

人员促销是促销人员与消费者打交道的活动过程，是有内在规律可循的活动系统。为了加强门店销售的标准化操作，提高人员促销的合理性和成功率，企业可以把人员促销设计为一个标准化的操作流程（见图 7.2）。

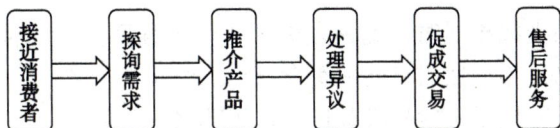

图 7.2 人员促销的流程

1. 接近消费者

（1）接近消费者前的准备工作。促销人员在准备营业前，首先要做好接近消费者的准备工作，其主要包括以下内容。

① 形象准备。促销人员的仪表仪态是留给消费者的第一印象，促销人员的形象代表了企业的形象。因此，促销人员在营业前首先要做好形象准备。形象准备主要包括服饰准备和仪容仪态准备。连锁门店的促销人员一般穿统一的工作服。促销人员在服饰穿戴上要做到 3 点：一是统一，即同一岗位的促销人员穿统一的工作服，统一佩戴工牌；二是整洁，即保持服装、领带、皮鞋等整洁干净，注意衣领和袖口等关键部位；三是合适，即要求服饰的款式、色彩、质地等要与促销人员的工作岗位、体型、肤色、气质等相适应。在营业前，促销人员要照着镜子检查一下自己的仪容仪表，要做到妆容雅致、举止端庄、保持微笑，要注意保持整齐、规范的站姿，使用规范的服务用语。

② 心理准备。在营业前，促销人员要保持良好的心态，调整情绪，放松心情，以自信、积极、乐观的态度迎接消费者。

③ 产品准备。促销人员要认真检查待销售的产品，清楚地了解产品的种类、数量、价格及规格等；检查产品的陈列、产品标签及价签，防止缺货；特别要注意对畅销品和新品的检查。

④ 信息准备。促销人员一要了解本企业的情况，包括企业的经营理念，企业产品与服务管理制度，企业在行业中的发展状况、发展前景等；二要掌握产品的信息，包括产品的质量、性能、产地、包装、价格、使用方法等。

⑤ 环境准备。促销人员要检查与清理购物环境，保证柜台、货架、橱窗、产品所处的环境整洁、美观、舒适。

⑥ 设备准备。促销人员要准备与检查卖场设备和助销工具，包括产品手册、宣传样品、灯光、计算器、发票、包装纸等，要确保其齐全、整洁、能正常使用。

（2）把握接近消费者的时机。促销人员可通过观察消费者的行为，把握接近消费者的时机。

① 当消费者观看橱窗里的产品，并停下脚步时，促销人员应主动上前与其打招呼，为其提供销售服务。

② 当消费者寻找产品时，促销人员应不失时机地询问消费者的需求，赢得消费者的好感。

③ 消费者较长时间地注视某款产品，是其对该产品产生"注意"和"兴趣"的表现。这时，促销人员应站在消费者的正面或者侧面，轻轻地对消费者说："有什么需要帮忙的吗""这件衣服是我们的新货，您不妨试试，设计别很致，应该很适合您"，等等。

④ 当消费者对产品产生浓厚的兴趣，与同伴交谈时，促销人员应适时上前介绍并给出建议，这样会收到很好的效果。

⑤ 当与消费者的视线相遇时，促销人员应主动向消费者点头示意，并用明朗的语气说"您好""欢迎光临"等，然后走向消费者。

⑥ 消费者较长时间地用手触摸某款产品，说明其对这款产品很感兴趣，此时促销人员可以适时与之接触，及时讲出"感觉如何"或"您可以试试"之类的话。当然，切忌当消费者刚刚触摸某款产品时就立即与之接触。

⑦ 当消费者看完产品抬起头时，若其询问产品的详情，促销人员应详细介绍产品的有关知识，促使交易成功；若消费者对这一产品不满意而准备离去，促销人员也不要放弃补救的机会，可以适当地做初步接触，尽可能让消费者回心转意。

2. 探询需求

促销人员通过与消费者的接触，可了解消费者的真实需求，真正有效地促进消费者做出购买行为。在与消费者接触时，促销人员要善于运用各种探询的方法。

（1）观察。通过观察消费者的年龄、衣着、仪表、谈吐、行为、气质等，判断消费者的购买需求与购买行为的类型。

（2）询问。通过询问的方式，了解消费者的真实需求。促销人员可采用引导发问、假设发问的方式，探询消费者的消费需求。

（3）倾听。促销人员在探询消费者的需求时，要注意倾听。听比说更重要，倾听有3种方式：接纳式倾听、引导式倾听和专注式倾听。

3. 推介产品

促销人员在与消费者短暂接触和沟通后，就可以针对消费者的不同需求，向消费者推介产品了。在推介产品时，促销人员可以按照美国奥克拉荷大学企业管理博士郭昆漠总结出的 FABE 销售法则来介绍。

（1）介绍产品的特征（Features）。产品的特征主要指产品的质量特点，包括产品的成分、结构、材质、功能、样式、规格和产地等。

（2）提出产品的优点（Advantages）。产品的优点是其在购买、使用方面的特点，如产品在品牌、性能、售后服务等方面的优点。

（3）突出给消费者的利益（Benefits）。促销人员在介绍了产品的特征和优点后，还要把这些优点有针对性地转化为其带给消费者的利益和好处，如享受、舒适、耐用、方便等。

（4）用证据说明（Evidence）。证据是无言的销售工具。用证据来介绍产品，可以加强对消费者的说服力。一般来说，促销人员可利用的证据有质量检测数据、质量认证证书、媒体报道、数据统计资料、专家评论等。此外，消费者的评价意见、感谢信等，也是很好的证据。

4. 处理异议

（1）消费者异议及其产生的原因。消费者在购物过程中提出的各种意见、看法和问题称为消费者异议。根据消费者异议的内容来看，消费者异议主要有需求异议、产品异议、价格异议、财力异议、货源异议、服务异议等。消费者异议还分为真实异议和虚假异议，促销人员要注意对消费者异议产生的原因进行分析。消费者异议产生的原因概括起来主要有以下 3 个。

① 来自消费者方面的原因，包括消费者的购物习惯、支付能力、消费经验、消费知识等。

② 来自企业方面的原因，包括产品、价格、销售政策、购物环境等。

③ 来自促销人员自身的原因，包括促销人员的服务形象、态度、方式、能力等。

（2）常见的消费者异议处理技巧。

① 价格异议的处理。价格异议是促销人员在销售过程中最常碰见的消费者异议。因此，促销人员要十分重视对价格异议的处理。

产品价格主要包括 3 个方面的内容：一是产品价格构成的基本因素；二是产品市场行情；三是企业定价的策略。促销人员只有在了解这些信息后，才能更好地运用处理价格异议的技巧，实现促销的效果。化整为零、强调以利益为主、避免就价论价、善用价格策略、善于货比三家是较好的价格异议处理技巧。

② 质量异议的处理。质量异议也是常见的消费者异议之一，促销人员要想有效地处理消费者提出的质量异议，可以尝试从以下几个方面入手。

第一，了解自己的产品。只有了解自己的产品，熟悉产品的优点，促销人员才能有信心去处理消费者的质量异议。

第二，强调产品的功能与实用性。

第三，尽量使用产品说明书。尤其是对一些技术性很强的产品，要通过对产品说明书的解说来处理消费者的质量异议。

第四，产品演示。促销人员可以通过产品演示和让消费者亲自试用来处理消费者的质量异议。让消费者亲身体验，是解决消费者质量异议的有效技巧。

第五，强调质量保证和售后服务。

第六，提供证据、证明。提供有关机构、行业对产品检验的证据和证明等，是保障产品质量的有效方式。

5. 促成交易

（1）捕捉成交信号。消费者的购买意识会被其有意或无意地通过各种形式表现出来。因此，促销人员必须善于观察消费者的言行，从而捕捉稍纵即逝的成交信号，抓住时机，及时促成交易。

成交信号是指消费者在与促销人员沟通的过程中所表现出来的各种成交意向。成交信号通常有 3 种形式。

① 表情信号。促销人员通过观察消费者的面部表情就能知道其购买意向，尤其要学会观察潜在消费者的眼神。消费者对促销人员的产品推介表现出来的兴奋、专注、有兴趣等，就是表情信号。

② 行为信号。消费者一旦拿定主意购买某产品，就会不自觉地通过行为动作表现出购买信号，购买信号就是行为信号。行为信号包括消费者的以下行为：触摸、扫视、伸手去拿或者要求看看产品；频频点头，抚摸下巴，以友善的表情和姿态前倾上身，舒展身体，轻咳以调整嗓音；专心研究产品的销售资料或样本；再次审视同一件产品；与其他人交流

某件产品的展示情况；不让促销人员从他那里拿走挑选的产品。

③ 语言信号。消费者的言语中表现出对所展示产品的兴趣，就是其购买的前兆。比如，"包装是什么样子的""如果想要的话，我们应该如何付款"。当消费者反复询问某一产品的信息时，当消费者认同所展示的产品的价值时，促销人员要主动地把握时机。

（2）促成交易的方法。只要将促成交易的方法运用得当，促销人员就会顺利完成销售工作，否则将半途而废、事倍功半。促成交易的方法总体可分为以下几种。

① 假定成交法。假定成交法是指促销人员根据经验或观察结果，判断消费者有成交的意向时，利用假定的方式，促使消费者做出购买决策的方法。例如，促销人员在发现消费者的成交信号后，可以说"我给您把它（产品）包装起来，好吗"或者"您选的这件衣服很合适，我可以给您开票吗"之类的话，能促使消费者从犹豫的状态转为即刻购买的状态。这一方法对于犹豫不决型或心神不定型的潜在消费者很有效，但并不适用于那些爱讨价还价、个性强的潜在消费者。

② 选择成交法。选择成交法是指促销人员直接向消费者提出若干购买方案或选择的范围，并要求消费者选择其中一种进行购买的促成方法。例如，"您是加两个蛋还是加一个蛋""您是要咖啡还是要可乐"等。它在假定消费者购买的前提下，先提出购买的方案，然后让消费者去选择，从而达到促销的目的。运用这种方法的关键点是，及时捕捉消费者的成交信号，看准消费者的需求点，有针对性地提出购买方案，如品种、规格、颜色、款式、数量等，让消费者做出购买选择。

③ 优惠成交法。优惠成交法是指促销人员通过提供某种优惠条件，或者在价格、服务等方面给予消费者一定的优惠来促成交易的方法，它利用了消费者在购买产品时希望获得更大利益的心理，实行让利销售，促成交易。

④ 从众成交法。从众成交法是指促销人员利用消费者的社会从众心理，促使消费者随大流，购买自己推荐的、比较流行的产品的方法。例如，当众多消费者都拥有某个品牌的电冰箱时，还没有购买的消费者就会产生大众消费趋向，从而自动做出从众购买行为。

⑤ 机会成交法。机会成交法是指促销人员通过及时向消费者提示成交机会而促使消费者立即购买的成交方法。促销人员可利用的成交机会有价格优惠机会、销售服务机会、产品数量机会和各种促销活动机会等。

⑥ 保证成交法。保证成交法是指促销人员直接向消费者做出成交保证，促使消费者立即做出购买行为的一种方法。成交保证的内容有品质保证、服务保证、时间保证等，可通过品牌信誉、售后服务制度、合同条款等去实现。

6. 售后服务

售后服务是指企业为购买产品的消费者提供的一种延伸服务，它实际上也是一种非常有效的促销方式。在产品日益同质化的今天，售后服务已经成为影响消费者是否购买产品的重要因素。售后服务的内容主要包括以下5个方面：免费送货服务、"三包"（包修、包换、包退）服务、安装服务、包装服务、提供咨询服务。

策划营销公关活动

营销公共关系不是指同消费者以外的大众有所联系的"企业公共关系（Corporate Public Relation，CPR）"，而是指直接支援企业营销的公共关系活动。营销公共关系（Marketing Public Relations）是指企业或品牌利用公共关系，将营销活动与公共关系相结合，打造品牌形象和提高企业知名度的一种营销策略，简称营销公关。企业通过与媒体和公众建立良好的关系，可宣传品牌价值、促进销售增长、提升品牌知名度。营销公共关系注重企业与消费者和社会的互动，强调双向沟通、互动传播和品牌形象构筑，是一种高效的营销方式。

5.1 梳理营销公关的作用

随着公共关系日益成为企业市场营销不可分割的组成部分，营销公共关系也迅速成为企业公共关系的一个重要方面。营销公关的目的在于促进广大公众之间的相互了解，并激发他们的消费热情和购买欲望，这正是企业成功的关键。营销公关的最终目的是提升企业的知名度和美誉度，从而使企业和产品的形象深入人心，获得家喻户晓、人人皆知的效果。一般来说，营销公关有助于企业完成以下任务。

1. 参与新产品的开发

通过审慎的营销公关，企业可以在一款产品、一种观念上制造某种神秘感。例如，"丑陋玩具"就是在精心制订的公关计划被实施以后而风靡市场的，广告和其他推销活动尚未开始进行，这种玩具就取得了令人惊奇的成功。

2. 提高品牌知名度

企业通过赞助文化、娱乐和体育活动，给公众留下深刻印象。蒙牛作为一家知名的乳制品企业，一直积极参与综艺节目的赞助和支持。蒙牛通过赞助这些综艺节目，将广告宣传和公关技巧、娱乐活动巧妙地结合起来，不仅提升了品牌曝光度，还促进了自身与消费者的互动，实现了品牌与节目的双赢。

3. 维护已出现问题的产品

当产品出现问题时，企业一定要找出原因，从消极不利的情况中挖掘出有利因素，并不失时机地进行令人信服的宣传，从而化祸为福，取得积极的效果。以某食品企业的质量问题为例。在质量问题被曝光后，该企业迅速与政府、合作伙伴和消费者进行了沟通协调。首先，该企业向政府报告了问题并积极配合调查；其次，该企业与合作伙伴通过协商共同应对问题；最后，该企业向消费者道歉并采取了一系列补救措施。通过有效的沟通协调，该企业重新取得了公众的信任和支持，维护了品牌形象。

4．调研消费者的需求

满足消费者的需求是生产产品的目的，营销公关的目的也是满足消费者的需求。那么企业应如何更好地了解消费者的需求？调查研究是企业开展营销公关的先导，是整个公共关系的轴心。营销公关可以通过各种手段，如媒体宣传、活动策划、口碑营销等，增强消费者对产品的认知和信任，从而增加产品的销售量，提高产品的市场占有率。

5.2　明确营销公关的内容

营销大师菲力普·科特勒曾用"PENCILS"（铅笔）做比喻，形象地提出了营销公关所涉及的 7 个领域。

- P（Publication）——出版物。
- E（Event）——事件。
- N（News）——新闻。
- C（Community Relation）——社区关系。
- I（Identify Media）——确定媒体。
- L（Lobby）——游说。
- S（Social Cause Marketing）——社会理念营销。

1．出版物

出版物是一种由企业连续制作的小册子，被称为"商业喉舌"。出版物是一种促进营销公关的工具，面对的对象是内部员工、股东和消费者等。企业制作出版物的目的是宣传企业的组织、产品和服务项目。现代企业可以从广义的角度展开对出版物的理解，综合运用企业网站、微信公众号和其他宣传彩页。

2．事件

对市场营销人员和公关人员来说，事件无疑可以制造新闻。对不同的企业来说，事件是不同的，可以是一次时装表演，也可以是一次个人电脑讲座及演示，或者是筹建一座玩具博物馆。这样既制造了新闻，又传递了营销信息。

3．新闻

无论是新产品的新闻发布会，还是在露天场地举行的一项工程的揭幕典礼，都提供了引起新闻界注意的极好机会。争取让报刊录用新闻稿、参加记者招待会或举行新闻发布会，都需要营销技巧和人际交往技巧。与新闻界的人交往愈多，企业获得利好消息的可能性也就愈大。

4．社区关系

社区既是国家的缩影，也是个体的缩影。社区关系是指企业与所在地政府、社会团体、其他组织和当地居民之间的睦邻关系。社区关系的好坏，取决于企业的行为和社区居民的意向，这对企业的生存与发展有着十分重要的影响。

5. 确定媒体

确定媒体是指运用科学的方法对不同的媒体进行有计划的选择和优化组合的过程，其基本任务是以较低的投资通过选择的媒体达到预期的目标。媒体的选择与确定，必须与企业的营销战略相关，如果企业的营销战略属于进攻性战略，那么其选择的媒体就应以大众传媒为主。

6. 游说

游说是提升产品与企业知名度的一种手段，是指游说者在特定的情景中，借助语言和体语，面对广大的听众发表意见、抒发情感，从而达到感召听众的一种现实的营销公关活动。

7. 社会理念营销

社会理念营销是指企业不仅要满足消费者的需求，并以此获得利润，而且要考虑消费者自身的需求、利益，以及整个社会的长远利益，要正确处理好消费者的需求和利益与社会长远利益之间的矛盾。例如，通过刊登公益广告呼吁人们保护野生动物、减少环境污染、戒烟，等等，都是对社会理念的推广。

5.3 实施营销公关活动

实施营销公关活动（简称公关实施）是将公关计划变为实际行动的过程，主要是对计划的检验和修正的过程。公关实施可以被理解为企业为了宣传自身的品牌或应对市场舆论而采取的一系列的营销行为。它包括 3 个阶段：传播阶段、反馈阶段和修正阶段。

1. 公关实施的传播阶段

（1）如实地执行计划。每个公关计划从它的萌芽、产生，到研究、修订、成型、结束，都经历了一个过程，都有一定的科学性。所以，在执行公关计划时一定要坚决，不能看到情况稍有变化，就动摇对公关计划的执行力度。不过，人们常说："计划赶不上变化。"有时候为了应对急剧变化的形势，也要当机立断，临时改变计划。

（2）准备应对忽然的变化。所有的计划都会面临变化的形势，这时只要执行计划的决策者能够正常应对，就不会从根本上改变计划的正确执行。最可怕的是预估不到形势的变化，盲目应对，从而给计划的执行带来负面效果。

比如房展会的演出。在正常情况下，只要安排的节目足够精彩，其就能受到客户的欢迎，从而使公司取得好的公关效果，实现预定的目标。但有些露天的房展会，往往会受到天气的影响，从而使预定的公关活动在传播阶段大打折扣。这时其实只要企业应对得当，就可以取得好的效果。假如在房展会期间下雨了，企业赶紧准备雨伞、雨衣和姜茶等，发放给现场的客户，就会取得意想不到的公关效果。这就是当时的计划执行者能否采取好的应对方式，从而使公关效果锦上添花的关键。

2. 公关实施的反馈阶段

因为反馈阶段具有一定的重要性，所以，在执行反馈任务时，企业一定要注意沟通的方式。企业要想办法得到消费者真实的反馈信息，而不能让消费者牵着鼻子走；对于消费者的反馈，一定要及时处理，不能耽搁。

例如，某房地产集团在遇到甲醛超标事件后，先是对客户进行安抚，然后又帮助客户想办法解决问题，实在不行，又答应无条件给客户退房。其通过一套快速反馈的组合拳，漂亮地解决了甲醛危机。从中不难发现，及时地反馈，为自己赢取时间，对于公关实施多么重要。

3. 公关实施的修正阶段

（1）收集反馈信息。收集反馈信息的过程，也是一个自我检验的过程。任何一个计划在实施过程中都不可能百分百地实现，肯定会有问题。所以，成功地将反馈信息收集上来，是修正阶段的第一要务。

收集反馈信息时最重要的一点是不能有好恶观。如果听到好消息就喜上眉梢，听到坏消息就想找借口处理人，这样计划的执行者肯定就会报喜不报忧，那么公关效果就会大打折扣，甚至因此耽搁了下一阶段的任务。

（2）总结效果。只有收集到了正确的第一手信息，才能保证效果的真实可信，并且为下一阶段的反馈奠定坚实的基础。总结效果的一个重要的方法就是，让计划的制订者参与。只有这样，才能保证总结的效果是合理的，并且使计划得到迅速的修正和再反馈。

（3）对计划的改进和反馈。对计划的改进和反馈一旦得到执行，计划的实施就趋于完美了。没有实施过程中对计划的改进和反馈，计划的实施肯定是不完美的，也是经不起实践考验的。

改进了的计划会更加贴近实际，更富有弹性，也更有利于执行。这个过程中最重要的一点是敢于打破计划的窠臼，勇于实践，让事实来说话。

任务技能点

技能点1 探索人员促销过程

技能要点

（1）深入当地大型超市，观察导购员的人员促销过程。

（2）对不同的人员促销过程进行分析整理，并制作调研报告。

训练过程

（1）每组5～6人，由组长带领，深入大型超市，观察导购员的人员促销过程。

（2）各组完成大型超市考察资料的整理，并分析人员促销的要点。

（3）先在小组内模拟表演考察中发现的典型人员促销过程，再上台表演。

（4）根据模拟表演的导购员的人员促销过程，做出相应的人员促销要点分析。

关键点提示

（1）教师协助联系当地大型超市或指导学生自行联系。

（2）模拟表演过程是否真实、生动，能否提供相应的佐证材料？

（3）人员促销要点分析是否贴切、准确、完整？

技能点 2　调研广告媒体决策

技能要点

（1）深入当地市场调查某品牌产品（该产品至少通过两种以上广告媒体进行推广），并研究其广告媒体类型。

（2）对不同类型的广告媒体的效果进行梳理，并制作调查报告。

训练过程

（1）每组 5～6 人，由组长带领，深入市场调查某品牌产品。

（2）各组完成该品牌产品广告媒体类型的资料收集。

（3）对不同类型广告媒体的覆盖人群、取得的效果进行分析。

（4）形成品牌产品广告媒体决策调查报告。

关键点提示

（1）教师协助联系当地市场或指导学生自行联系。

（2）广告媒体的覆盖人群、取得的效果可通过调查问卷、现场观察等方式进行收集。

效果评估

评估点 1　产品推介演练

1．情境描述

假如你在红星美凯龙的一家家居馆担任导购，在国庆节期间，活动的优惠力度很大，进店咨询的消费者不少，但是如果你不能准确把握消费者的需求，消费者就会流失。你需要很好地接近消费者，探询消费者的需求，进而达到推介产品的目的。

2．评估标准与结果分析

请你仔细思考，在探询消费者需求的过程中，该如何观察；通过怎样的询问，可以达到你的目的；在和消费者交流时，该如何有效倾听。

在确定消费者的需求后，可按照 FABE 销售法则向消费者推介产品。

评估点2　分析销售促进对象

1．情境描述

纯牛奶、酸奶是大家喜爱的饮品，超市里的纯牛奶、酸奶产品种类繁多，有常温纯牛奶、巴氏纯牛奶、儿童纯牛奶、低温酸奶、常温酸奶等。超市也经常针对这些产品开展促销活动，以吸引消费者。比如，常温纯牛奶买一送一活动；买儿童纯牛奶赠送玩具的活动；低温酸奶的新品试吃活动；买常温酸奶送沙拉碗活动等。

2．评估标准与结果分析

请认真分析不同种类的纯牛奶、酸奶的销售促进对象有何不同，它们的销售促进媒介如何选取，以及怎样选择合适的销售促进时机。

可以到超市进行实地调研，观察某时段内消费者关注和购买这两种饮品的情况，并注意关注线上和线下两种促销渠道，以深入分析销售促进对象的情况。

拓展空间

【处理消费者投诉】

处理消费者投诉的工作要求如下。

1．当消费者投诉时，应将消费者请至会客室或办公室，以免影响其他消费者。在处理投诉时，千万不可中途离席，让消费者在会客室或办公室长时间等候。

2．严格按"投诉意见处理步骤"妥善处理消费者的各种投诉。

3．处理各种投诉都需要填写"消费者投诉记录表"。对于表内记载的各项内容，尤其是消费者的姓名、住址、联系电话，以及投诉的主要内容，必须复述一次，并请消费者确认。

4．在必要时应亲赴消费者的住处访问、道歉并妥善解决问题，在解决问题时应体现出诚意。

5．所有的投诉都要及时处理，并且给消费者明确的最后期限。

6．在当面处理消费者投诉时，必须把握适当的结束时机，避免时间拖延过长，这样既无法给出解决方案，又浪费双方的时间。

7．在将消费者投诉处理完毕后，必须立即以书面的形式通知消费者，并确认每一项投诉内容均得到解决及答复。

【新媒体广告】

新媒体广告的发展经历了3个阶段：传统意义上的网络广告、富媒体广告和数字媒体交互广告。在这些发展阶段中，新媒体广告类型丰富多彩、复杂多样，大体可分为硬广告和软广告两种形态。硬广告即以生硬形式出现、强迫受众接受的所有新媒体广告的统称；软广告即与受众互动的、有非强迫内容植入的所有交互式新媒体广告的统称。

新媒体因具有承载的信息量大、表现形式丰富、多渠道接收信息、便捷互动等特点，备受广告主与其他营销组织的关注。新媒体广告自然成为新媒体营销传播的重要研究内容之一。

挑战自我

【理论自测题】

■ 选择题（第 1～5 题为单项选择题，第 6～10 题为多项选择题。）

1. 提醒性广告的目的在于（　　）。

   A. 促发初级需求　　　　　　　　B. 创造对某一特定品牌的选择性需求

   C. 保持消费者对该产品的记忆　　D. 告知消费者

2. 促销人员在接近消费者前的第一项准备工作是（　　）。

   A. 形象准备　　　　　　　　B. 环境准备

   C. 设备准备　　　　　　　　D. 心理准备

3. 对于一条包含大量技术资料的广告信息，比较适合的广告媒介是（　　）。

   A. 广播　　　　　　　　B. 电视

   C. 专业性杂志　　　　　D. 传单

4. 以下属于对制造商的销售促进的是（　　）。

   A. 赠送样品　　　　　　B. 代销

   C. 订货会和服务促销　　D. 特别营销金

5. 企业运用各种短期诱惑，鼓励消费者购买或者营销人员销售企业产品和服务的促销活动是指（　　）。

   A. 赠送样品　　　　　　B. 销售促进

   C. 公共关系　　　　　　D. 客户沟通

6. 在选择广告媒体时，可以考虑的因素有（　　）。

   A. 广告接收者的媒体偏好　　B. 产品和服务

   C. 广告信息　　　　　　　　D. 费用

   E. 地理环境

7. 选择销售促进工具时应该考虑的因素有（　　）。

   A. 市场类型

   B. 销售促进目标

   C. 竞争条件和环境

   D. 促销预算分配及每种销售促进工具的预算水平

   E. 每种销售促进工具的预算水平

8. 人员促销促成交易的方法有（　　）。

   A. 假定成交法　　　　　B. 选择成交法

   C. 优惠成交法　　　　　D. 从众成交法

   E. 机会成交法

9. 企业的广告主要有（　　）等类型。

　　A．通知性广告　　　　　　　　　B．说服性广告

　　C．提醒性广告　　　　　　　　　D．获利性广告

　　E．户外性广告

10. 以下属于营销公关的作用的是（　　）。

　　A．参与新产品的开发　　　　　　B．建立对某类产品的兴趣

　　C．维护已出现问题的产品　　　　D．调研消费者的需求

　　E．满足社会的需求

■ 判断题

1. 对青少年来说，报纸是最有效的广告媒体。　　　　　　　　　　　　（　　）

2. 会议营销的成功与否在很大程度上依赖于对会议相关细节方面的关注。（　　）

3. 促销人员在探询消费者的需求时，要注意倾听。　　　　　　　　　　（　　）

4. 销售促进的短期效益不太明显。　　　　　　　　　　　　　　　　　（　　）

5. 可对促销前、促销期间和促销后的销售情况进行比较，来评估销售促进的效果。

　　　　　　　　　　　　　　　　　　　　　　　　　　　　　　　　（　　）

6. 广告具有非常强的促销效果，因此，任何产品都应最大限度地做广告。（　　）

7. 广告主题是广告的灵魂，是广告为达到目标而要说明的某种观念。　　（　　）

8. 销售促进最适合用来完成长期的营销目标。　　　　　　　　　　　　（　　）

9. 通过刊登公益广告呼吁人们保护野生动物、减少环境污染，属于营销公关活动。

　　　　　　　　　　　　　　　　　　　　　　　　　　　　　　　　（　　）

10. 人员促销是最直接、最有效的促销方法之一。　　　　　　　　　　（　　）

■ 简答题

1. 简述销售促进的基本特征。

2. 简述营销公关的优势。

3. 解释 FABE 销售法则。

【项目案例分析】

网易云音乐在天上飞过，还不忘捎上它的歌单

继与杭港地铁联合推出"乐评专列"之后，网易云音乐又将目光投向了另一个出行空间——飞机。

这一次的合作者是扬子江航空，扬子江航空是一家倡导"Fly for fun！"出行理念的公司。双方共同打造的"音乐专机"在合作后的一个月内往返于上海浦东国际机场和三亚凤凰机场。在这架专机上，有很多网易云音乐的要素，譬如行李架和小桌板上贴上了 UGC（用户原创内容），座椅头巾上有"民谣猫""摇滚狮"等代表各种不同音乐风格的动物，幸运的乘客还能获得专门定制的耳机。

最重要的变化是，在机组提供的 Pad 中，有网易云音乐的 App，歌曲以歌单的形式呈现。相较于飞机上的传统娱乐系统来说，网易云音乐向乘客提供了更多风格的歌曲。

枯燥和乏味，李茵认为这两个形容词准确地描绘了飞行的过程。她是网易云音乐的副总裁，她的团队就是此前"乐评专列"的操刀者。与上一次的活动类似，这一次他们也利用了 UGC 的力量，从 4 亿个歌单中找出了最受欢迎的 18 个，它们的平均播放量超过了千万次。

其中一个名为"震撼心灵的史诗音乐"的歌单，在平台上的播放量超过了 3000 万次，收藏数也达到了 130 万次之多。另一个名为"这些充满强烈画面感的音乐"的歌单里也有很多有趣的歌曲，包括欢乐斗地主的背景音乐、《时代在召唤》及《新闻联播》的片头曲等。

网易云音乐希望通过这样的方式，让人们的出行体验更好一些，让人们能在愉悦的心理状态下完成整个飞行过程。当然，另一个目的就是推广歌单功能。

在李茵看来，相较于此前大受好评的乐评，歌单更契合飞行的场景。一方面，飞行时间很长，乐评有限的信息量无法填充乘客无聊的时间，但是歌单可以；另一方面，飞行的环境相对封闭，充满乐评文字的环境容易给人们带来压迫感。

当然，更为重要的是，他们认为"歌单"与"乐评"一样，也是网易云音乐核心竞争力的来源。

"行业曲库的平均使用率不足 40%，但网易云音乐的这个数值能够达到 80%，提升的原因就是歌单的使用。"李茵告诉 36 氪（36Kr，一家中国主流、权威和影响力很大的新商业媒体）。在版权费用不断高涨的情况下，行业曲库的平均使用率将成为一个越来越重要的指标，越高的数值就意味着越小的浪费。

从上一次的"乐评专列"到这一次的"音乐专机"，网易云音乐对 UGC 的力量有着清醒的认识，并且也善用这样的资源。但更为重要的是，是否将自身的优势与特殊场景下的心理结合在一起，这决定了营销行为是否会被消费者接受。

■ 分析问题

（1）分析网易云音乐搭载航空公司飞机的主要原因。

（2）分析富有创意的广告媒介选择对帮助网易云音乐拓展市场、提高用户黏度起到了怎样的作用。

■ 分析要求

（1）学生分析针对案例提出的问题，拟出"案例分析提纲"。

（2）小组讨论，形成小组"案例分析报告"。

（3）班级交流，教师对各小组的"案例分析报告"进行点评。

（4）在班级展出附有"教师点评"的各小组"案例分析报告"，供学生进行比较研究。

【项目实训】

"制定促销策划方案"业务胜任力训练

■ 实训目标

引导学生参加"制定促销策划方案"业务胜任力训练；在切实体验"××品牌促销策划方案"的准备与撰写等活动中，培养学生相应的专业能力与职业核心能力；通过践行职业道德规范，促进学生健全职业人格的塑造。

■ 实训内容

依据所学内容，选择一个品牌，为其制定合理的促销策划方案。

■ 操作步骤

（1）教师在课堂上布置实训任务，组织学生温习促销的相关知识。

（2）将学生分成若干学习小组，组织讨论该品牌各阶段的促销策划方案。

（3）形成"××品牌促销策划方案"。

■ 成果形式

实训课业：制定"××品牌促销策划方案"。

■ 实训考核

"活动过程"考核与"实训课业"考核相结合。

（1）"活动过程"考核。根据学生参与实训全过程的表现，就表 7.5 中各项"评估指标"与"评估标准"，针对其"职业核心能力培养"与"职业道德素质养成"的训练效果，评出个人"分项成绩"与"总成绩"，并填写"教师评语"。

（2）"实训课业"考核。根据实训所要求的学生"实训课业"完成情况，就表 7.6 中各项"课业评估指标"与"课业评估标准"，评出个人和小组的"分项成绩"与"总成绩"，并填写"教师评语"与"学生意见"。

表 7.5 "活动过程"考核成绩表

（实训名称："制定促销策划方案"业务胜任力训练）

评估指标		评估标准	分项成绩
职业核心能力培养（Σ50分）	自我学习（Σ10分）	根据原劳动和社会保障部制定的《职业核心能力培训测评标准》中的相应规定，由授课教师结合本实训的要求自行拟定	
	信息处理（Σ0分）	根据原劳动和社会保障部制定的《职业核心能力培训测评标准》中的相应规定，由授课教师结合本实训的要求自行拟定	
	数字应用（Σ10分）	根据原劳动和社会保障部制定的《职业核心能力培训测评标准》中的相应规定，由授课教师结合本实训的要求自行拟定	
	与人交流（Σ10分）	根据原劳动和社会保障部制定的《职业核心能力培训测评标准》中的相应规定，由授课教师结合本实训的要求自行拟定	
	与人合作（Σ10分）	根据原劳动和社会保障部制定的《职业核心能力培训测评标准》中的相应规定，由授课教师结合本实训的要求自行拟定	
	解决问题（Σ10分）	根据原劳动和社会保障部制定的《职业核心能力培训测评标准》中的相应规定，由授课教师结合本实训的要求自行拟定	
	创新（Σ0分）	根据原劳动和社会保障部制定的《职业核心能力培训测评标准》中的相应规定，由授课教师结合本实训的要求自行拟定	

续表

评估指标		评估标准	分项成绩
职业道德素质养成（Σ50分）	职业观念（Σ10分）	对职业、职业选择、职业工作、营销人员职业道德和企业营销伦理等问题有正确的看法	
	职业情感（Σ10分）	对职业有愉快的主观体验、稳定的情绪表现、健康的心态、良好的心境，以及强烈的认同感、荣誉感和敬业精神	
	职业理想（Σ10分）	对将要从事的职业的种类、方向与成就有积极的向往和执着的追求	
	职业态度（Σ0分）	对职业选择有充分的认识和积极的倾向与行动	
	职业良心（Σ10分）	在履行职业义务时具有强烈的道德责任感和较强的自我评价能力	
	职业作风（Σ10分）	在职业实践和职业生活的自觉行动中，具有体现职业道德内涵的一贯表现	
总成绩（Σ100分）			
教师评语		签名： 年　月　日	

表 7.6　"实训课业"考核成绩表

（课业名称：××品牌促销策划方案）

课业评估指标	课业评估标准	分项成绩
1. 市场调研过程（Σ30分）	（1）问卷设计具有合理性； （2）过程具有创新性； （3）调研结果具有真实有效性	
2. 制定促销策划方案（Σ40分）	（1）方案目标具有明确性； （2）促销活动具有创意性； （3）方案具有可行性； （4）过程实施具有可控性	
3. 展示促销策划方案（Σ30分）	（1）语言表达具有准确性； （2）语言表达具有逻辑性； （3）语言表达流畅	
总成绩（Σ100分）		
教师评语		签名： 年　月　日
学生意见		签名： 年　月　日

项目 8

继往开来——市场营销新发展

项目 8 数字资源

项目目标

知识目标

- 陈述微信营销、App 营销、直播营销的优势
- 列举 App 营销的模式
- 掌握大数据营销的特点

技能目标

- 能够设计并运用微信营销的策略
- 能够熟练运用直播营销的常见模式
- 能够根据营销目标进行短视频营销和大数据营销

项目结构

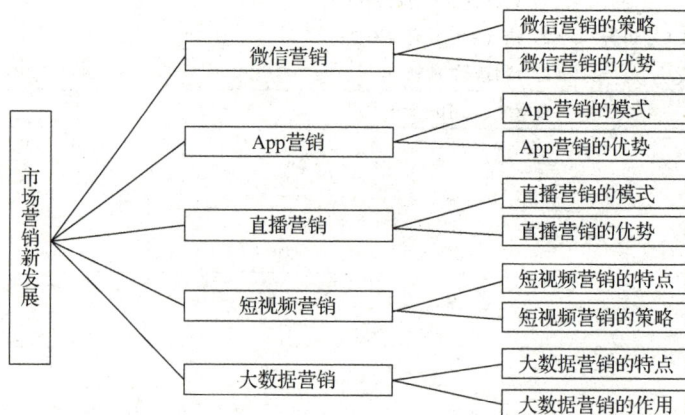

市场营销新发展
- 微信营销
  - 微信营销的策略
  - 微信营销的优势
- App营销
  - App营销的模式
  - App营销的优势
- 直播营销
  - 直播营销的模式
  - 直播营销的优势
- 短视频营销
  - 短视频营销的特点
  - 短视频营销的策略
- 大数据营销
  - 大数据营销的特点
  - 大数据营销的作用

项目重/难点

- 项目重点：熟练掌握各种市场营销新模式，并能根据企业的营销目标恰当地选择新的营销模式。
- 项目难点：对微信营销的策略、短视频营销的策略的运用，以及对大数据营销的底层逻辑及算法的理解。

项目教学建议

- 由于本项目的内容具有时代性且涉及新媒体的运用，建议采用实训场所授课和学生实操相结合的方式教学，实务训练可以分小组完成。
- 实训场所需要具备一定的操作设备，如电脑、手机、直播间等。
- 教师需要提前确定好实训场所，并提前让学生组建小组。

任务导入

今天，以用户为核心的价值链重塑开始"倒逼"整个汽车行业进行全面的数字化转型。其中，营销环节由于能够直接触达用户，产生的附加价值较高，且能够助推车企研发端和生产端的数字化转型，因此被不少车企作为全盘数字化转型的突破口和重要"抓手"。

吉利汽车的数字化营销探索实践是从领克汽车开始的，作为新生的国内高端汽车品牌，领克汽车从诞生开始，就在数字化营销方面起着"排头兵"的作用。目前，领克汽车营销的"主战场"不再局限于其自身的 App 渠道，还覆盖了多样化的线上渠道。线上渠道既有领克汽车的 App、小程序和官网等，也有第三方的抖音、小红书、B 站等，基本上所有的线上渠道都成为领克汽车接触消费者的点，也成为领克汽车多样化订单的重要来源。

领克汽车在数字化营销领域的成功实践和积累沉淀，陆续在吉利汽车内部得到推广和复制，为包括吉利品牌、几何品牌和银河品牌等在内的其他品牌进行了赋能。不难看出，面对前所未有的变化，领克汽车前瞻性地展开对数字化营销的探索，不但使其成为汽车行业数字化领域的"排头兵"，而且使其认识到"不止于眼下，更关乎未来"的价值。

领克汽车在数字化领域的成功实践，成为吉利汽车数字化营销的"牵引"。领克汽车通过数字化技术打通内部数据壁垒，融通多元数据，实现用户全场景洞察，不仅带动了吉利汽车全链路的数字化转型，还让吉利汽车更加精准地了解用户需求，同时在提升全渠道购物体验、优化资源配置等方面发挥了至关重要的作用。

[1] 领克汽车如何借助数字化手段做到精准营销？

[2] 请列出常见的线上营销平台。

[3] 请列表说明微信营销、App 营销、直播营销、短视频营销和大数据营销的优缺点。

营销箴言

　　随着现代信息技术的飞速发展，各种新的营销手段层出不穷。变则通，通则久，在变化中寻找机遇，在挑战中寻求突破。企业应该利用好这些新的营销手段，更好地销售自己的产品。

任务知识点

知识点 1　微信营销

　　微信营销是网络经济时代企业或个人营销模式的一种，是伴随着微信的发展而兴起的一种网络营销模式。微信不存在距离的限制，用户在注册微信后，可与周围也注册了微信的"朋友"形成一种联系，订阅自己所需的信息。商家通过提供用户需要的信息，推广自己的产品，从而实现点对点的营销。

　　微信营销主要体现为对装有安卓系统、苹果系统的手机或者平板电脑中的移动用户进行区域定位营销。商家通过微信公众平台，结合微信会员管理系统展示商家的微官网、微会员、微推送、微支付、微活动，已经成为一种主流的线上线下微信互动营销方式。

1.1　微信营销的策略

　　（1）"意见领袖型"营销策略。企业家、企业的高层管理人员大都是"意见领袖"，他们的观点具有相当强的辐射力和渗透力，对大众言辞有着重大的影响，能潜移默化地改变人们的消费观念，影响人们的消费行为。微信营销可以有效地综合运用"意见领袖"的影响力和微信自身强大的影响力，激发消费者的需求。

　　（2）"病毒式"营销策略。微信的即时性和互动性强、可见度高、影响力强及无边界传播等特质特别适合"病毒式"营销策略的应用。利用微信平台的群发功能，用户可以有效地将企业拍的视频、制作的图片或宣传的文字群发给微信好友。企业更是可以以二维码的形式发送优惠信息，这是一种既经济实惠又有效的促销模式，可使微信用户主动为企业做宣传，激发口碑效应，将产品和服务信息传播到互联网及生活中的每个角落。

　　（3）"视频、图片"营销策略。在运用"视频、图片"营销策略开展微信营销时，首先，要在与好友的互动和对话中寻找和发现可利用的市场，为潜在消费者提供个性化、差异化服务。其次，善于运用各种技术，将企业的产品和服务信息传送到潜在消费者的大脑中，为企业赢得竞争优势，打造出优质的品牌服务。让微信营销更加"可口化、可乐化、软性化"，更加吸引消费者的眼球。

1.2　微信营销的优势

（1）到达率高。营销效果在很大程度上取决于信息的到达率，这也是所有营销工具最关注的地方。与手机短信群发的信息和邮件群发的信息被大量过滤不同，微信账号所群发的每一条信息都能完整无误地被发送到终端手机，到达率高达 100%。

（2）曝光率高。曝光率是衡量信息发布效果的另外一个指标。信息的曝光率和到达率完全是两码事。与微博相比，微信中的信息拥有更高的曝光率。在微博营销过程中，除了少数一些技巧性非常强的文案和关注度比较高的事件在被大量转发后获得较高曝光率，直接发布的广告很快就淹没在微博滚动的信息中了，除非是刷屏发广告或者用户刷屏看微博。

而微信由移动即时通信工具衍生而来，天生具有很强的提醒力度，利用铃声、通知中心消息停驻、角标等，随时提醒用户收到和查看未阅读的信息，曝光率高达 100%。

（3）接受率高。腾讯公司 2024 年第一季度的财务报告显示，社交媒体平台的用户活跃度数据引人注目，微信及 WeChat 的合并月活跃账户数量已接近 14 亿个，具体为 13.59 亿个，同比增长 3%。这进一步凸显了微信在社交媒体领域的领先地位，同时也反映了用户对微信的依赖程度正在持续加深。除此之外，由于微信账号的粉丝都是主动订阅而来的，粉丝对信息也是主动获取的，所以微信账号存在的垃圾信息较少。

（4）精准度高。事实上，那些粉丝数量庞大且用户群体高度集中的垂直行业的微信账号，才是真正炙手可热的营销资源和推广渠道。比如，酒类行业知名媒体佳酿网旗下的酒水招商公众账号，拥有近万个由酒厂、酒类营销机构和酒类经销商构成的粉丝，这些粉丝举办了一场盛大的在线糖酒会，每个粉丝都是潜在消费者。

（5）便利性强。移动终端的便利性提升了微信营销的效率。相对于计算机而言，未来的智能手机不仅拥有计算机所能拥有的任何功能，而且携带方便，让用户可以随时随地地获取信息。这会给商家的营销带来极大的方便。

当然，微信营销也存在一定的缺点。由于微信营销是基于强大的关系网络展开的，如果不顾及用户的感受，强行推送各种不吸引人的广告信息，就会引起用户的反感。凡事理性而为，善用微信这一时下流行的互动工具，让商家与消费者回归最真诚的人际沟通，才是微信营销真正的王道。

知识点 2　App 营销

App 是英文 Application（应用程序）的简称，由于 iPhone 等智能手机的流行，App 成为智能手机的第三方应用程序。比较著名的 App 商店有 Apple 的 iTunes 商店、Android 的

Android Market、诺基亚的 Ovi Store、BlackBerry 的 BlackBerry App World、微软的应用商城等。

App 营销是指应用程序营销，即通过网页或智能手机、平板电脑等移动终端上的各种应用程序而开展的企业营销活动。在 App 营销中，App 是营销的载体和渠道，这一点是 App 营销与其他营销活动最根本的区别。

2.1 App 营销的模式

App 营销的主要模式有广告模式、用户模式、移植模式和内容模式。

（1）广告模式。在众多的功能性应用和游戏应用中，广告模式是最基本的模式之一。广告主通过植入动态广告栏进行广告宣传，当用户点击广告栏的时候就会进入指定的界面，可以了解广告详情或参与活动。这种模式操作简单，适用范围广，只要将广告投放到那些热门的、与自己的产品受众相关的应用上就能取得良好的传播效果。

利用广告模式进行 App 营销的流程如下。

① 获取受众，采用"铺面"＋"打点"的形式，通过内容定向"铺面"和机型定向"打点"来进行受众定位。

② 吸引受众，用手机上的"震撼"——高冲击动态广告栏吸引受众的眼球，使受众产生好奇心理。

③ 转化受众，"即点击，即注册"，用户点击广告栏，进入 WAP 网站了解详情，注册参与活动，广告主可实时查看手机用户数据。

（2）用户模式。用户模式的主要应用类型是网站移植类和品牌应用类。企业把符合自己定位的 App 发布到 App 商店内，供智能手机用户下载，用户利用这种 App 可以很直观地了解企业的信息。用户是 App 的使用者，App 成为用户的一种工具，能够为用户的生活提供便利性。这种模式具有很强的实用价值，能够让用户了解产品，提升品牌美誉度。例如，企业制作"孕妇画册"App 吸引准妈妈下载，"孕妇画册"App 能为准妈妈提供孕妇必要的保健知识，准妈妈在获取知识的同时，不断强化对品牌的印象。同时，商家也可以通过该 App 向精准的潜在消费者发布信息。

与广告模式相比，用户模式具有软性广告效应，用户可在满足自己需要的同时，获取品牌信息、商品资讯。

（3）移植模式。商家开发自己产品的 App，然后将其投放到各大 App 商店及网站上，供用户免费下载。该模式大多被应用在基于互联网的购物网站上，将购物网站移植到手机上去，让用户可以随时随地浏览购物网站，获取所需的商品信息、促销信息，进行下单。这种模式的优势是快速便捷、内容丰富，而且这类应用一般具有很多优惠措施。

（4）内容模式。内容模式是指通过优质的内容，吸引到精准的消费者和潜在消费者，从而实现营销的目的。例如，"汇搭"通过为用户提供实实在在的搭配技巧，吸引有服饰搭配需求的用户，并向其推荐合适的商品，这不失为一种商家和用户双赢的营销模式。

2.2 App 营销的优势

（1）成本低。App 营销的费用相对于用电视、报纸，甚至网络进行营销的费用要低得多，只要开发一个适合本品牌的应用就可以了，可能还会需要一些推广费用，但这种营销模式的营销效果是用电视、报纸和网络进行营销的营销效果所不可比拟的。

（2）信息全面。App 营销能够刺激用户的购买欲望，App 能够全面地展现产品的信息，让用户在没有购买产品之前就已经感受到了产品的魅力，在了解产品信息后，他们就会产生购买欲望。

（3）持续性强。一旦用户将 App 下载到手机上，那么就有很大可能对其进行持续性使用。

（4）有助于品牌形象提升，形成竞争优势。App 营销可以维护企业的品牌形象，让用户了解品牌，进而提升品牌实力。良好的品牌实力是企业的无形资产，可成为企业的竞争优势。

（5）服务及时，可网上订购。用户通过 App 了解产品信息，可以及时地在 App 上下单或者链接移动网站进行下单。利用手机和网络，企业能够更便捷地与个别消费者进行交流，消费者喜爱与厌恶的样式、格调和品位也容易被企业一一掌握。这对产品的样式设计、定价、推广方式、服务安排等均有重要意义。

（6）跨越时空。互联网具有打破时间和空间限制进行信息交换的特点，使得脱离时空限制达成交易成为可能，让企业能有更多的时间和空间进行营销，可每周 7 天、每天 24 小时提供全球范围内的营销服务。

（7）精准营销。App 营销通过可量化的精确的市场定位技术，突破传统营销定位只能定性的局限，借助先进的数据库技术、网络通信技术及现代高度分散物流等，实现和消费者的长期个性化沟通，使营销达到可度量、可调控的程度。

知识点 3 直播营销

直播营销是指在现场随着事件的发生、发展进程同时制作和播出节目的营销方式。该营销方式以直播平台为载体，达到让企业获得影响力提升或者销售量增长的目的。

3.1 直播营销的模式

1. 直播+电商

现在这种模式在各种网络店铺中非常流行，店铺通过直播的形式介绍店内的产品，或者讲解知识、分享经验等，吸引用户的关注，进而增加店铺的浏览量。

例如，淘宝女装神店"小虫"开展以新品介绍为主的直播，侧重于包装策划、情怀性的话题互动等，引起粉丝的讨论。通过不断调整直播方案，"小虫"找到了适合自己的直播形式。利用淘宝直播的天然优势，"小虫"一边发放红包和礼物，一边提供部分新品，让用户边看边买。最终，单次直播共吸引 10.3 万人次观看，点赞数为 280 多万个。而在微博上，直播主题#重新爱自己#排行情感类话题榜首，阅读量达 2300 多万次。

2. 直播+发布会

这种模式多被用于品牌产品的新品发布，通过对新品发布会的直播吸引用户的注意力，再通过电商平台将用户的注意力转化为购买力。例如，美宝莲在纽约"Make It Happen"的秀场发布会上，邀请了 50 位"美拍美妆网红"及其品牌代言人，并联合多家直播平台进行现场同步直播，在直播的两小时中卖出了 1 万只口红新产品"唇霸"，吸引了超 500 万人次在线观看，实际销售额约为 142 万元。

3. 直播+深互动

通过直播平台招募感兴趣的用户参与互动，不仅满足了用户的好奇心，还极大地推广了产品，让用户更加了解产品。

例如，宜家和 Skype 合作进行现场直播，在 Skype 上会弹出活动广告，邀请用户参加宜家的"护照挑战"。在倒计时开始后，参与者有 30 秒的时间去找到护照，并回到摄像头前拿着护照合影，在 30 秒内找到护照的人将获得一次价值 450 英镑的旅行机会。没有在规定时间内找到护照的人也不用沮丧，宜家会送给他一个 Lekman 收纳盒。这次直播是宜家与 Skype 的强强联合，取得了成功。

4. 直播+内容营销

直播内容是直播吸引用户关注的重要因素，"内容为王"，好的内容是关键。例如，王健林曾携手熊猫 TV 直播，宣传万达南昌旅游城。在直播过程中，尽管信号频繁中断，观看体验不是特别好，但在高峰时段也有 30 万人观看。在这次直播中，直播内容具有很强的吸引力，是内容吸引了很多用户的注意力。

5. 直播+广告植入

基于直播场景，在观看者的直观感受下自然而然地进行产品或品牌的推荐，促进销售。例如，屈臣氏在全国各大店铺进行联动直播，邀请武汉地区的三位人气主播进行网络直播，介绍屈臣氏的活动和推出的新品，观看人数超过 1.6 万人。

6. 直播+个人 IP

直播平台成为"网红经济"的有力出口，以个人为单位的"网红"利用自己本身积累的粉丝，能够在直播平台吸引更多的粉丝。

7. 直播+品牌+品牌代言人

品牌产品联合其品牌代言人在特定时刻进行直播，吸引粉丝观看，联合电商平台进行销售。例如，在某次戛纳电影节上，欧莱雅全程直播了其品牌代言人在戛纳现场的台前幕后。尤其是在走红毯前的化妆阶段，欧莱雅向观众自然地介绍他们使用的各种本品牌产品，带来直接市场效应。

3.2　直播营销的优势

直播营销是一种对营销形式的重要创新，也是非常能体现互联网视频特色的板块。对企业而言，直播营销有着极大的优势。

（1）能进行具有吸引力的事件营销。除了本身的广告效应，直播内容的新闻效应往往更明显，引爆性也更强。一个事件或者一个话题，相对而言，可以更轻松地被传播和引起关注。在某种意义上，在当下的语境中，直播营销就是一场事件营销。

（2）能体现用户群的精准性。在观看直播视频时，用户需要在一个特定的时间共同进入播放页面，这其实是与互联网视频所倡导的"随时随地性"背道而驰的。但是，这种播出时间上的限制，能够真正识别并抓住这批具有忠诚度的精准目标人群。

（3）能够实现与用户的实时互动。相较于传统的电视营销，直播营销的一大优势就是能够满足用户更为多元的需求。用户不仅能观看直播内容，还能一起发弹幕吐槽，喜欢谁就直接献花打赏，甚至还能借用民意的力量改变直播进程。这种互动的真实性和立体性，也只有在直播的时候能够完全展现。

（4）深入沟通，情感共鸣。在这个碎片化的时代，在去中心化的语境下，人们在日常生活中的交集越来越少，尤其在情感层面的交流越来越浅。直播，这种带有仪式感的内容播出形式，能让一批具有相同志趣的人聚集在一起，聚焦在共同的爱好上，在情绪上相互感染，达到情感气氛的高位时刻。如果企业能在这种氛围下做到恰到好处的推波助澜，其营销效果一定是四两拨千斤的。

知识点 4　短视频营销

在当今社交媒体爆炸的时代，短视频营销已成为各大品牌和企业竞相争夺市场份额的利器。据统计，我国短视频用户已超过 8 亿个，市场规模预计将达到千亿元级别。短视频营销是指在短视频平台上发布有关企业产品和服务的宣传视频，通过有趣、创新的形式向目标用户展示企业的产品和服务，从而挖掘潜在用户、提高品牌知名度和销售额。

4.1　短视频营销的特点

（1）视频内容短小精悍。短视频通常只有几十秒到几分钟的播出时间，容易吸引消费者的注意力并快速传达信息。这样可以使企业更好地展示自己的产品和服务，并让消费者迅速了解企业的特点和优势。

（2）形式多样化。短视频营销可以采用不同的形式，如教程、小品、情景剧等，让消费者感受到不同的营销创意，吸引更多的眼球。同时，短视频营销还可以与其他营销方式相结合，如微信营销等，形成全渠道的营销推广。

（3）更易于分享和传播。短视频营销通常带有一定的娱乐价值，并且短视频容易被用户分享和转发。一旦短视频被用户分享和转发，就会扩大宣传范围，让更多消费者了解企业的产品和服务。

（4）可以更好地满足用户的需求。短视频营销可以更好地满足用户的需求。例如，对于比较忙碌的年轻人，短小精悍的短视频更能满足他们的消费需求。

4.2 短视频营销的策略

短视频营销的成功不仅依赖于高水平的视频制作，还需要挖掘营销内容的亮点，使其具有吸引力和影响力。

1. 重视内容创意

企业选择短视频平台开展营销，主要希望借由短视频的创意增加产品的曝光度、提高品牌知名度，而内容创意不可忽视。

首先，要重视短视频的内容类型创意。企业在进行短视频营销前，需要对短视频垂直细分领域的商业价值进行测评，短视频所涉及的主题范围很广，几乎涵盖了各个细分领域，这些细分领域根据企业所处行业可能包含教育、旅游、母婴等。如何将内容以富有创意的形式展现，是开展短视频营销的首要前提。其次，要重视短视频的内容形式创意。随着短视频营销的不断发展，其内容形式也开始产生变化。

2. 账号定位精准

企业在进行蓝 V 认证后，需要明确账号定位。企业应该遵循长期营销战略思维，将品牌理念贯穿于短视频拍摄中，尽量确保内容风格统一。企业在入驻短视频平台前，需要全面剖析自身的品牌理念、平台的用户画像、账号人格、创意内容和团队设置。

3. 注重人设打造

在移动互联时代，随着短视频的兴起，每个人或者组织只需要 15 秒就能爆红。而持续爆红的唯一途径则是打造专属人设，直击用户内心。在短视频平台的作品日益同质化的今天，个人或企业要想在短视频平台持续走红，首先必须打造人设。打造人设可以帮助创作者确立内容创作方向，为作品贴上专属标签，并稳定地输出内容。

4. 融入场景营销

在移动互联时代，人们的社交需求在不断发生转变，已经从传统的界面浏览转向短视频的视觉感受。在当前的短视频营销中，越来越多的企业开始结合场景和用户的视觉感受进行产品展示与植入，与传统直白的植入性营销相比实现了质的飞跃。

5. 打造直播体系

随着电商体系不断接入短视频平台，企业通过平台发布短视频，完善人设续更，选定垂直细分领域，加强内容创意，但同时需要打造直播体系。直播体系除了具有广告效应，还具有很强的新闻效应。在直播过程中，平台选择、直播间的打造、选品、直播脚本设计编写、主播选择和直播数据分析也尤为重要。

6. 跨平台推广

企业应该将短视频平台与其他平台相结合，进行全渠道的营销推广，提高短视频营销的曝光率。此外，企业还可以利用社交媒体平台分享短视频，吸引更多的用户体验企业的产品和服务。

知识点 5 大数据营销

大数据营销是一种基于多平台的大量数据，依托大数据技术，应用于互联网广告行业的营销方式。它的核心在于将网络广告在合适的时间，通过合适的载体，以合适的方式投放给合适的人。大数据营销通过多平台的大数据采集和大数据技术的分析与预测能力，能够使广告投放更加精准有效，帮助企业制定有针对性的商业策略，从而提高投资回报率。

5.1 大数据营销的特点

（1）多平台数据采集。大数据营销的数据来源通常是多样化的，多平台数据采集能够使对消费者行为的刻画更加全面而准确。多平台采集的数据可包含互联网、移动互联网、广电网、智能电视的数据，以及户外智能屏的数据。

（2）强调时效性。在网络时代，消费者的消费行为和购买方式极易在短时间内发生变化。企业应在消费者的需求最高涨时及时进行营销。全球领先的大数据营销企业AdTime 对此提出了时间营销策略，时间营销策略可通过技术手段充分了解消费者的需求，并及时响应每一个消费者当前的需求，让消费者在决定购买的"黄金时间"内及时接收到产品广告。

（3）个性化营销。在网络时代，企业的营销理念已从"媒体导向"向"受众导向"转变。以往的营销活动以媒体为导向，企业选择知名度高、浏览量大的媒体进行投放。如今，企业完全以受众为导向进行营销，因为大数据技术可让企业知晓目标受众身处何方。大数据技术可以做到当不同消费者关注同一媒体的相同界面时，让媒体提供不同的广告内容，实现了对消费者的个性化营销。

（4）性价比高。和传统广告"一半的广告费被浪费掉"相比，大数据营销在最大程度上让企业的投放做到有的放矢，并可根据实时的效果反馈，及时对投放策略进行调整。

（5）关联性强。大数据营销的一个重要特点在于消费者关注的广告之间具有很强的关联性。企业在大数据采集过程中可快速得知消费者关注的内容，以及可知晓消费者身在何处，这些有价值的信息可让广告的投放过程产生前所未有的关联性，即消费者所看到的上一条广告与下一条广告之间具有很强的关联性。

5.2 大数据营销的作用

1. 改善获客

不可否认，客户是企业的生命线。对企业来说，要想长久地发展，不仅需要进行大量投资，以获得新客户，还需要了解客户的需求。在此基础上，大数据营销能够帮助企业实时捕获客户数据，了解其模式和趋势，使企业能够生产出更符合客户需求的开创性产品。

事实上，有数据表明，69%的企业通过将大数据营销与工作流程相融合，从而在客户分析和获取方面达到了新的高度，而那些将数据作为驱动力量的企业，能够将支出减少 49%，并为创新工作开辟新的道路。

此外，利用沉淀、积累的大数据，企业可以将客户洞察力转化为更高的客户参与度，从而更加精通市场，吸引新客户，增加收入。

2. 使营销活动更具针对性

与传统的数据收集方法不同，大数据能使企业在个人层面更加了解客户。从客户的人口统计、年龄分布、地理位置，到具体的客户偏好，大数据都能一一汇总，并给出相应的结论。因此，通过大数据营销，企业可以获取目标受众实时、准确的信息，以及更为贴合实际的用户画像。以此为基础，企业可以扩大对目标市场的覆盖范围，利用这些高质量的数据，有针对性地策划和开展营销活动，从而获得成功。

企业越是了解目标客户，就越能触达他们，推动其转化。在这一过程中，大数据是企业了解客户的首要途径和有效工具。好好利用大数据，企业可以在营销活动上获得更多收益。

3. 提高内容质量

内容营销是有效营销策略的关键要素之一，其能为客户带来想要看到的内容，从而提高客户对品牌或企业的忠诚度，为企业带来持续的流量。在这一环节中，大数据可以通过提供客户的相关信息（譬如客户更喜欢使用的平台、与企业进行内容互动的时间、更喜欢的内容类型等），来帮助营销人员更好地制定营销策略和创作内容，并在正确的平台与潜在客户取得联系，以此使企业获得更高的知名度。

4. 更好地测试、跟踪和优化

有了大数据的支持，A/B 测试可以有更高的效率。譬如，你正在测试新网站的设计方案，并希望知道哪一种设计方案的性能更好，更有利于提高客户转化率。在这样的情境下，通过使用大数据和 A/B 测试的综合功能，你就可以知晓客户在采用两种不同设计方案的网站上所花费的时间，并了解两个网站实际完成的交易量。这些结果有助于你进一步部署、优化网站的设计，实现更高的业务绩效。

任务技能点

技能点 1　解读微信营销

技能要点

（1）深入当地市场，了解企业对微信营销的使用情况。
（2）对所收集的材料进行整理，分析企业微信营销成功或失败的原因。

训练过程

（1）每组 5～6 人，由组长带领，深入市场，了解企业对微信营销的使用情况。

（2）各组完成市场调查资料的整理，并分析企业微信营销成功或失败的原因。

（3）分小组对调查分析结果进行阐述说明。

关键点提示

（1）教师协助联系当地市场或指导学生自行联系。

（2）收集的企业微信营销资料是否真实、完整？

（3）对企业微信营销成功或失败原因的分析是否客观、准确、到位？

技能点 2　分析大数据营销的运用

技能要点

（1）选择当地市场某一知名企业，了解其对大数据营销的运用情况。

（2）对所收集的材料进行整理，分析该企业大数据营销的成功之处。

训练过程

（1）每组 5～6 人，由组长带领，深入市场，了解该企业对大数据营销的运用情况。

（2）各组完成市场调查资料的整理，并分析该企业大数据营销的成功之处及其原因。

（3）分小组对调查分析结果进行阐述说明。

关键点提示

（1）教师协助联系当地市场或指导学生自行联系。

（2）收集的企业大数据营销资料是否真实、完整？

（3）对企业大数据营销成功之处及其原因的分析是否客观、准确、到位？

效果评估

评估点 1　微信营销推广

1. 情境描述

现在的消费者越来越注重食品的绿色安全和食疗养生。假如你是一个纯天然农产品品牌的经营者，将如何利用微信平台进行品牌营销？请你制定一份微信营销推广方案。

2. 评估标准与结果分析

以小组为单位，制定一份微信营销推广方案，从微信营销定位、微信营销内容策划、具体实施方法等方面评估微信营销推广方案的可行性。

评估点 2　制作营销短视频

1. 情境描述

仙都，位于浙江省丽水市缙云县境内，是一处以峰岩奇绝、山水神秀为景观特色，集田园风光与人文史迹为一体，以观光、避暑休闲和开展科学文化活动为主要功能的国家级重点风景名胜区，也是一个山明水秀、景色优美、气候宜人的游览胜地。境内九曲练溪，十里画廊，山水飘逸，云雾缭绕，自然景观和人文景观相融合，让无数游客流连忘返。请你为缙云仙都制定一份短视频运营方案，并制作一条时长在1分钟以内的短视频。

2. 评估标准与结果分析

以小组为单位，为缙云仙都制定一份短视频运营方案，并制作一条时长在1分钟以内的短视频。从用户画像、账号信息、传播渠道、推广策略、观众评论互动策划、热点话题策划等方面评估短视频运营方案的可行性。

拓展空间

【AI时代的营销】

AI营销是一种利用人工智能技术来优化和改进营销策略的营销方式，它涵盖了从数据分析、内容创作到营销活动的自动化等多个方面的内容。AI技术（如机器学习和大数据分析技术）被用于深入分析消费者行为和市场趋势，从而更精准地定位潜在消费者和优化营销策略。AI技术能够自动生成营销所需的创意和内容，如广告文案和视觉设计，这大大提高了内容制作的效率和创意的多样性。通过AI技术，营销活动可以更加个性化，满足不同消费者的需求，从而提高转化率和客户满意度。总之，AI营销通过技术手段极大地提升了营销活动的效率，是未来营销发展的重要趋势。企业应积极探索和应用AI技术，以适应不断变化的市场环境，并保持竞争力。

【新的获客方式】

新的获客方式包括自媒体广告投放、渠道合作、社交媒体营销、内容营销、视频营销等。这些新的获客方式结合数字营销和传统营销的策略，旨在提高品牌知名度、客户参与度，并通过多种渠道触达潜在客户。

自媒体广告投放：通过微信公众号软文营销、朋友圈广告投放、抖音和快手短视频平台广告投放等方式，可以快速吸引精准客户；渠道合作：通过与分销平台、KOL/KOC等进行合作，以及利用与抽奖助手、支付宝、京东等平台的合作机会，实现规模化触达潜在客户；社交媒体营销：通过明确营销目标和选择合适的平台，鼓励客户分享和推荐，举办社交媒体比赛，提高品牌知名度和客户参与度；内容营销：通过提供有价值的材料，如电子书、电子表格或专业的PowerPoint模板等，吸引潜在客户提供联系方式，以换取这些材料；视频营销：利用视频简洁地表达产品的优点，符合未来的主流习惯。

挑战自我

【理论自测】

■ 选择题（第 1～5 题为单项选择题，第 6～10 题为多项选择题。）

1. 以下不属于微信营销模式的是（　　）。

 A. 朋友圈   B. 微信群

 C. 微信广告   D. 微信受众

2. 短视频，即短片视频，是指时长在（　　）分钟以内的视频传播内容。

 A. 1   B. 5

 C. 3   D. 10

3. 以下不属于短视频营销策略的是（　　）。

 A. 重视内容创意   B. 账号定位精准

 C. 注重人设打造   D. 内容短小精悍

4. 围绕分析数据与复盘过程两个层面，活动总结的步骤不包括（　　）。

 A. 数据预埋   B. 数据统计

 C. 效果分析   D. 数据回收

5. 以下关于短视频和直播的描述错误的是（　　）。

 A. 视频创作者一定要遵守相关的规范，营造健康向上的主题，视频内容不得违反我国相关的法律法规

 B. 在视频节奏设计上，应该越快越好，因为节奏太慢会导致没有观众

 C. 短视频平台基本都开通了直播功能，因为直播功能可以极大地增强用户互动和增加用户在线时长

 D. 在快手、抖音及微信的视频号中，多个视频界面拥有点赞、评论、转发、关注的操作入口

6. 资讯类短视频应用通常依托社交或资讯平台并为其提供短视频播放功能，以下不属于资讯类短视频应用的是（　　）。

 A. 秒拍   B. 西瓜视频

 C. 抖音   D. 快手

 E. 小红书

7. 为保证互联网新闻信息直播及其互动内容健康向上，以下符合《互联网直播服务管理规定》要求的是（　　）。

 A. 提供互联网新闻信息直播服务的平台应当设立总编辑

 B. 互联网直播服务提供者应对直播内容进行先审后发管理

 C. 未注明出处，平台可转载网络新闻与评论

 D. 互联网直播发布者发布新闻信息，应当真实准确、客观公正

 E. 直播内容应该体现企业领导者的个人 IP

8. 直播电商常见的风险有（　　　）。

    A. 法律风险　　　　　　　　　　B. 内容风险

    C. 产品风险　　　　　　　　　　D. 商业模式风险

    E. 收入风险

9. 在直播中，下列行为错误的是（　　　）。

    A. 拉新、促活环节刷奖励　　　　B. 人气刷水

    C. 自动脚本导流广告　　　　　　D. 团伙代充

    E. 散布隐私引起好奇

10. 主播在直播过程中，在说话方面应该（　　　）。

    A. 多说一些褒义词　　　　　　　B. 多使用尊称敬语

    C. 不辱骂他人　　　　　　　　　D. 随意表达个人观点

■ 判断题

1. 快手短视频直播平台是中心化流量平台，拥有强大的用户群体，这些用户喜欢传播底层娱乐、风土人情。　　　　　　　　　　　　　　　　　　　　（　　）

2. 视频号可以将微信所有原本打散的产品组件串联起来，打通社交生态、内容生态、消费生态。　　　　　　　　　　　　　　　　　　　　　　　　　　　（　　）

3. 抖音短视频平台不具备垂直 KOL 内容制作能力，积累粉丝的速度慢。（　　）

4. 好内容的关键：引起的共鸣增强，让受众产生欲望，并且将这种欲望变成一种评论的行为，评论越长，说明受众内心的共鸣程度越强。　　　　　　　　（　　）

5. 短视频封面风格杂乱，在明确视频定位后，封面风格不需要与视频内容保持一致。　　　　　　　　　　　　　　　　　　　　　　　　　　　　　　　　（　　）

6. 短视频平台只能用于娱乐，不能用来学习。　　　　　　　　　　　　（　　）

7. 数字式标题：将内容的重点整理出来，以循序渐进的方式呈现，阿拉伯数字比汉字数字更直观。　　　　　　　　　　　　　　　　　　　　　　　　　　（　　）

8. 视频号平台只接受企业类、专业类的大号博主入驻，对个人创作者的入驻设置了门槛。　　　　　　　　　　　　　　　　　　　　　　　　　　　　　　（　　）

9. 微信日活超 11 亿人次，视频号以视频内容创作为主，衍生于微信生态的基础之上，是全行业自媒体对外发展的一把全新的利器。　　　　　　　　　　　　（　　）

10. 优秀的短视频内容本身就自带流量、自带信任、自带成交要素。不同的内容，吸引不同类型的粉丝。　　　　　　　　　　　　　　　　　　　　　　　　（　　）

■ 简答题

1. 新媒体营销常用的思维包括哪些？

2. 描述微信营销的优势和策略。

3. 简述大数据营销的作用。

【项目案例分析】

向行业大佬公开求赞

在刚进入一个行业时，企业总要和行业大佬们处理好关系，小米的做法是"公开求赞"，租了数块广告牌，把主流玩家都致敬了一遍。

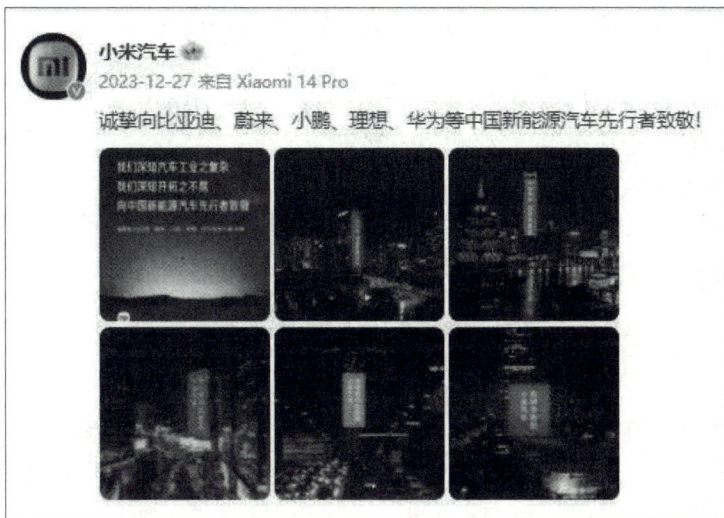

这样做的好处有 3 个。

第一，小米放低了姿态，表现出了格局和气度，至少能从"米粉"那里收割一波支持。

第二，这就是在发朋友圈，还@大家求赞。想必小米已经确定大家会回应自己——我公开致敬你，你好意思不回我吗？小米果然赌对了：

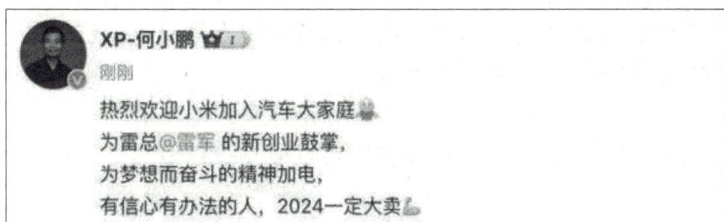

用几块广告牌进行致敬就得到行业大佬的公开支持，这就叫"花小钱，办大事"。

第三，就算遇上不回应的大佬，小米也收割了一波话题和流量。

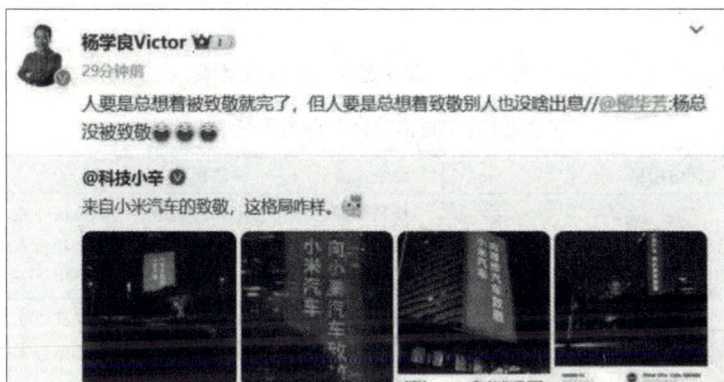

■ 分析问题

（1）你如何评价小米的求赞模式？

（2）除了求赞模式，你认为小米还有哪些新的营销模式？

（3）请分析小米是如何建立与维护与消费者之间的黏性的？

■ 分析要求

（1）学生分析针对案例提出的问题，拟出"案例分析提纲"。

（2）小组讨论，形成小组"案例分析报告"。

（3）班级交流，教师对各小组的"案例分析报告"进行点评。

（4）在班级展出附有"教师点评"的各小组"案例分析报告"，供学生进行比较研究。

【项目实训】

"直播营销"业务胜任力训练

■ 实训目标

引导学生参加"直播营销"业务胜任力训练；在切实体验"直播营销"的准备与实战等活动中，培养学生相应的专业能力与职业核心能力；通过践行职业道德规范，促进学生健全职业人格的塑造。

■ 实训内容

依据所学内容，选择当地一款特色农产品，开展直播脚本写作和直播活动。

■ 操作步骤

（1）教师在课堂上布置实训任务，组织学生温习直播营销的相关知识。

（2）将学生分成若干学习小组，组织讨论当地这款特色农产品的卖点。

（3）以小组为单位创作"特色农产品的直播脚本与直播复盘报告"。

（4）每组按直播脚本开展直播营销实战。

■ 成果形式

实训课业：完成"特色农产品的直播脚本与直播复盘报告"。

■ 实训考核

"活动过程"考核与"实训课业"考核相结合。

（1）"活动过程"考核。根据学生参与实训全过程的表现，就表 8.1 中各项"评估指标"与"评估标准"，针对其"职业核心能力培养"与"职业道德素质养成"的训练效果，评出个人"分项成绩"与"总成绩"，并填写"教师评语"。

表 8.1　"活动过程"考核成绩表

（实训名称："直播营销"业务胜任力训练）

评估指标		评估标准	分项成绩
职业核心能力培养（∑50分）	自我学习（∑10分）	根据原劳动和社会保障部制定的《职业核心能力培训测评标准》中的相应规定，由授课教师结合本实训的要求自行拟定	
	信息处理（∑0分）	根据原劳动和社会保障部制定的《职业核心能力培训测评标准》中的相应规定，由授课教师结合本实训的要求自行拟定	
	数字应用（∑10分）	根据原劳动和社会保障部制定的《职业核心能力培训测评标准》中的相应规定，由授课教师结合本实训的要求自行拟定	

续表

评估指标		评估标准	分项成绩
职业核心能力培养（∑50分）	与人交流（∑10分）	根据原劳动和社会保障部制定的《职业核心能力培训测评标准》中的相应规定，由授课教师结合本实训的要求自行拟定	
	与人合作（∑10分）	根据原劳动和社会保障部制定的《职业核心能力培训测评标准》中的相应规定，由授课教师结合本实训的要求自行拟定	
	解决问题（∑10分）	根据原劳动和社会保障部制定的《职业核心能力培训测评标准》中的相应规定，由授课教师结合本实训的要求自行拟定	
	创新（∑0分）	根据原劳动和社会保障部制定的《职业核心能力培训测评标准》中的相应规定，由授课教师结合本实训的要求自行拟定	
职业道德素质养成（∑50分）	职业观念（∑10分）	对职业、职业选择、职业工作、营销人员职业道德和企业营销伦理等问题有正确的看法	
	职业情感（∑10分）	对职业有愉快的主观体验、稳定的情绪表现、健康的心态、良好的心境，以及强烈的认同感、荣誉感和敬业精神	
	职业理想（∑10分）	对将要从事的职业的种类、方向与成就有积极的向往和执着的追求	
	职业态度（∑0分）	对职业选择有充分的认识和积极的倾向与行动	
	职业良心（∑10分）	在履行职业义务时具有强烈的道德责任感和较强的自我评价能力	
	职业作风（∑10分）	在职业实践和职业生活的自觉行动中，具有体现职业道德内涵的一贯表现	
总成绩（∑100分）			
教师评语		签名： 年　　月　　日	

（2）"实训课业"考核。根据实训所要求的学生"实训课业"完成情况，就表 8.2 中各项"课业评估指标"与"课业评估标准"，评出个人和小组的"分项成绩"与"总成绩"，并填写"教师评语"与"学生意见"。

表 8.2　"实训课业"考核成绩表

（课业名称：特色农产品的直播脚本与直播复盘报告）

课业评估指标	课业评估标准	分项成绩
1. 分析报告（∑50分）	（1）复盘分析的角度全面； （2）直播改进措施具有可行性	
2. 直播脚本（∑20分）	（1）内容明确； （2）脚本的可行性强	

续表

课业评估指标	课业评估标准	分项成绩
3. 直播实战（∑30分）	（1）语言表达流畅； （2）直播内容有吸引力； （3）主播的个人感染力强	
总成绩（∑100分）		
教师评语		签名： 年　　月　　日
学生意见		签名： 年　　月　　日

项目 9

妙笔生花——市场营销写作实务

项目目标

知识目标

- 复述营销写作的基本要求
- 复述业务洽谈的含义
- 区分业务洽谈方案、业务接待方案和业务洽谈纪要的写作结构
- 了解促销演讲稿、营业推广应用文、促销信、商情简报、营销新闻、商务评论的基本写作要求和写作方法

技能目标

- 能够根据企业实际需要撰写各种营销实务文书
- 能够撰写进货投标书、货物保险与索赔文书
- 能够撰写促销演讲稿、营业推广应用文及促销信

项目结构

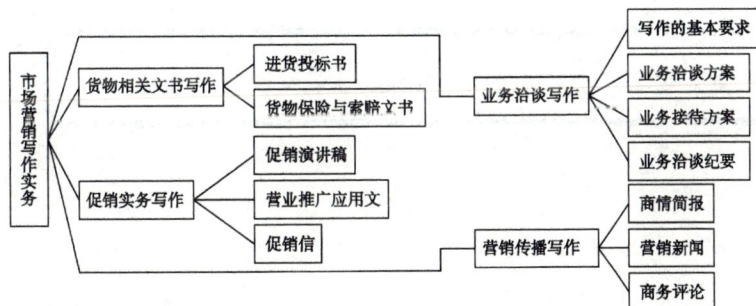

项目重/难点

● 项目重点：根据既定材料，撰写各种营销实务文书。
● 项目难点：不同营销实务文书之间的区分，及其在不同场景下的运用。

项目教学建议

● 由于本项目的内容具有实用性，建议采用讲授与实例分析相结合的方式教学，实务训练可以分小组完成。在教学过程中应准备足够的真实材料供学生选用。
● 理论课在多媒体教室进行，各种营销实务文书写作可在营销实训室进行。
● 这一项目是本课程的附加内容，是对前面各项内容的综合运用，有一定的难度，在教学中可根据教学时间和学生的实际情况灵活安排教学内容。

任务导入

　　丽水市伊然生态农业发展有限公司一直致力于推广生态农产品。该公司生产的大部分产品的原材料都来自丽水本地的种植基地，公司坚持定点采购，保证所有食物的新鲜度，同时做到所有食物源头可查，让选择伊然生态农业发展有限公司的消费者可以购买到本地最纯正的味道。

　　在用优质产品呵护消费者身体的同时，伊然生态农业发展有限公司严格把控食品安全，先后通过了"SC 认证""ICALS/C04—2018'丽水山耕'认证""ISO22000：2018 标准认证"，其中 ISO22000 食品安全管理体系认证是目前食品行业最具权威性的食品安全认证。这也表明该公司能持续稳定地向消费者提供有品质保证的合格产品。

　　伊然生态农业发展有限公司的产品种类众多，质量有保证，价格实惠。对于该公司的所有产品，消费者不管是自己留用，还是赠送给亲朋好友，都很实惠。

　　[1] 请为该公司的某款产品撰写产品说明书。

　　[2] 请为该公司的某款产品撰写促销信。

　　[3] 请为该公司撰写营销新闻。

营销箴言

　　文案如妙笔，妙笔绘营销，营销自生花，生花显奇效。

任务知识点

知识点 1 业务洽谈写作

1.1 写作的基本要求

在当今的市场竞争中，除产品质量、价格和服务外，营销传播也是一种竞争手段。如何以较少的投入获得更为轰动的效果，已成为许多企业参与竞争、吸引消费者的又一热点。其中，认真、细致地写好商情简报、营销新闻、促销信和促销演讲稿等营销实务文书尤其重要。

在市场营销活动的各个环节，都需要撰写相关营销实务文书。写作的基本要求有以下 4 点。

1. 简洁、实用

简洁，就是简明扼要、不啰唆、不赘述，用最少的文字表达丰富的内容。实用，就是切合实际，抓住关键，把应该说的内容写出来。营销活动要讲究效益，抓住机遇，因此要求营销实务文书的撰写紧扣主题，简洁、实用，一目了然。不能下笔千言、离题万里，更不能笔下生花、脱离实际。

简洁、实用就是指写出来的内容要通俗易懂，一目了然。以产品说明书为例，有的产品说明书为了标新立异，花样百出，让人看了不知所云。有的产品说明书文字冗长，不着边际。例如，一种洗面奶的商品说明书有 300 多个字，其实关键部分就一句话："每天早晚涂于脸上，用清水洗净后擦干即可。"一些产品说明书非常简洁，甚至以能否被小孩看懂为标准。而有些产品说明书恰恰相反，故弄玄虚，说而不明，特别是外文的产品说明书，翻译不准确，使人啼笑皆非。有家企业不久前生产了一种海蟹方便面，它的英文版的产品说明书是这样写的："汤料并无蟹的成分，倒有一种癞蛤蟆肉。"这样的产品说明书让人看了心惊肉跳，谁还敢买该产品？还有一种矿泉水的产品说明书，本想说明水源岩层深厚，水龄久远，译成的英文则为"一潭死水"。这虽然与外语水平的高低有密切关系，但也和中文写作能力紧密相连。

2. 准确、明白

准确，是各行各业对语言的要求，而营销又特别要求语言准确，因为营销中的写作都与货物和资金有关，所以在用语上应特别注意准确无误，不能让人费解，不能有歧义。如果文辞含糊、模棱两可，就会埋下矛盾的引线。在货物质量、交货时间、运输安全和付款等方面，都必须予以明确规定，不能用商榷的口气来写。那些"争取""力争"等含义不明确的词语不能用，否则在产生问题的时候，双方就会各执一词。语言准确就可避免扯皮与争端。明白，就是表述清楚，词义明白。如果语言含混不清，该说明的不说明，就会造成严重后果。

事实表明，生产者对产品说明书的忽略，经销者对产品说明书的不重视，消费者对产品说明书的茫然，已经酿成了许多悲惨事件。诚然，事故原因说到底是产品质量问题，但产品说明书的语言表达不清楚、不明白也是造成悲剧的一个重要原因。

3．讲求格式，注意规范

在营销中，许多营销实务文书都有常用的格式。格式是在实践中被创造的，一种格式在被众多的单位和个人接受后就成为常用的、固定的格式。格式规范便于营销写作的进行，它能节约写作时间，增强表达效果，突出重点，给人以清晰明白的感觉。

4．迅速敏捷，适应需要

营销讲究效益，因为时间就是金钱。对于营销中的许多事情，都要用文字记录下来，无论是市场调查报告，还是经营决策、营销报告，都要及时写好以应急需。特别是在生意谈判中，经过讨价还价和各种细节商讨，马上就要签约了，此时的营销写作必须迅速敏捷。

要想写作能更好地为营销服务，首先要提高写作人员的素质。提高写作人员的素质应从两个方面着手：一要使写作人员熟悉业务，懂得营销的规律，参加营销的实践，这样其才能准确、得体、恰到好处地写出营销实务文书，促进营销的发展；二要培养和提高业务人员的写作能力，使之具备将文字表达准确、得体的能力。

1.2 业务洽谈方案

业务洽谈主要是指企业的采购、销售等业务部门的营销人员与合作单位代表就产品采购、产品销售和提供、接受服务等业务进行商谈的活动。

1．业务洽谈方案的含义

为使业务洽谈取得成功，打有准备之仗，营销人员往往事前要安排好洽谈的内容、做法，以便在面对面的具体交谈中做到知己知彼、主动应对。

业务洽谈方案是指企业在进行业务谈判之前，事先对洽谈项目，交易条件，谈判的方式、方法和步骤，以及可能出现的问题和应变的措施等做出具体安排的书面材料。这种书面材料属于计划类文书，具有较强的行动指向性和项目计划的全面具体性等特征，适用于短期的、需要立即着手进行的产品交易专项工作，尤其是那些需要将具体做法报请上级主管审批的谈判活动。业务洽谈方案在营销过程中的使用频率非常高。

一笔交易关系着双方的实际利益，而各项条款又与价格牵连。因此，业务洽谈的核心问题是产品的价格问题。为获得合理的价格，在谈判前企业除要熟悉产品的特点、合同的各项条款外，还要注意收集产品的价格资料和市场价格的变化趋势资料，调查分析对方的心理和意图，拟定对策，然后将其写入业务洽谈方案之中，以此作为谈判的书面准备和文字依据。

2. 业务洽谈方案的结构

业务洽谈方案一般由标题、正文和落款三大部分构成。如果有需要，还应附加对业务洽谈方案的内容有补充说明意义的材料。这里有两个问题需要注意：一是业务洽谈方案正文的基本内容一般以"三分式"安排——开头简述、分析基本情况，中间明确基本任务，结尾提出详细、可行的措施和步骤；二是业务洽谈方案的制定日期必须写在正文（或附件）末尾右下方，并写明编制单位或部门的名称，有时还需要加盖公章。

（1）标题。标题由谈判双方、谈判内容和文件类型组成；通常由介词"与"加谈判对手、谈判内容和文件类型组成。例如，"与××厂经营部代表洽谈购进××产品的方案"。

（2）正文。此次谈判的缘起；谈判对手的有关情况；谈判双方所表现出来的态度、产品需求量、市场供求量、价格情况等问题，以及己方的意见及做法；对于难度较大的谈判，还要对谈判对手的意图、心理做出分析，明确对策；可能会出现的问题，应变措施，让步限度；一般用"以上意见当否，请××批示"结尾。

（3）附件。与谈判内容相关的材料。

（4）落款。起草业务洽谈方案的单位或主管部门；日期。

3. 业务洽谈方案的行文

由于谈判双方所处理的事情往往十分具体，行动指向性很强，因此，对行文总的要求是要体现一种严谨务实的态度。

（1）语言。一是措辞应准确，即词义浅显易懂，不至于引起歧义和误解，也不至于增加理解的难度。二是语句应简明扼要，多用陈述句和判断句，少用描述句；多用单句和单层复句，不宜使用多层复句。

（2）文章结构。应采用按事项归类的条文式结构，以便做到条理清楚，而不要采用常规的分段式结构。另外，在条文式结构中还可以省略部分过渡句、段，以及起到起承转合作用的连接词。

1.3　业务接待方案

1. 业务接待方案的含义

如果生产厂家代表主动上门来建立联系、了解情况、洽谈业务，或者大宗产品购买客户上门来联络感情、洽谈生产，或者上级主管部门派人来检查指导工作等，企业有关部门需要派出人员做好接待工作。

这些接待工作，具体地说，就是接送、安排住宿、参观、交流、洽谈业务、宴请、会见等，帮助来者购买车票、船票、机票。接待工作是企业营销工作中不可缺少的一部分，搞接待工作实际上就是在进行感情投资，这种投资体现了以长远利益为方针的营销特征。因此，在生产厂家代表、大宗产品购买客户或上级主管部门代表到来之前，企业有关部门必须拟出包括接待的日程安排、活动内容、参加者、参加次数、规格等内容的书面材料，然后呈报给单位主管领导，经审批同意后，即可执行。这样的书面材料就是业务接待方案，简称接待方案。

2. 业务接待方案的结构

（1）标题。标题通常有3种写法。例如，接待某酒厂代表团来洽谈业务的方案；某酒厂代表团前来洽谈业务的接待方案；对某酒厂代表团前来洽谈业务的接待方案。

（2）正文。介绍来访的缘起。

① 需要说明是应我方邀请，还是来访者的要求。

② 来访者的职务、一行几人、负责人、访问时间、访问目的、访问对象、访问任务等。

③ 接待工作的原则及具体接待安排。

④ 结尾语：接待方案需呈报上级审批，因此，通常以"以上安排妥否，请批示"之类的句子作为结尾。

（3）附件。根据需要，接待方案可带附件。例如，一行人的名单、来访者与我方的交往关系材料、上一次来访者与我方洽谈的有关资料、来访者的经营背景等。

（4）落款。写上拟制方案并负责具体接待工作的单位名称和呈报方案的时间。

另外，企业要想拓宽营销业务，发展货源关系，增强市场竞争力，必须走出去参观学习，调查研究，积极创造更多、更广的进货和销售的途径。

外出考察也需要事先制定工作方案，报请上级有关部门审批。针对外出考察的对象、目的、任务、要求、做法、预期效果等事项做出具体安排的书面材料，就是外出考察方案。这种方案的写作，可参照业务洽谈方案和业务接待方案的写作。

1.4 业务洽谈纪要

1. 业务洽谈纪要的含义与特点

业务洽谈纪要又称"商谈纪要""会谈纪要"等。按照业务洽谈的实际情况，将洽谈的主要议程、议题、涉及的问题、达成的结论及存在的分歧等加以归纳总结，整理成书面材料，经双方代表签字确认后，便成为正式的业务洽谈纪要。业务洽谈纪要对买卖双方都具有一定的约束力。

作为一种双方建立某种经济关系的凭证，有备忘录性质的业务洽谈纪要是商务活动过程中常用的一种重要文书。它既可以作为谈妥事项开展工作的依据，也可以作为进一步洽谈签约的依据，还可以作为双方领导决策的依据。与行政公文"会议纪要"相比较，业务洽谈纪要具有以下特点。

（1）平等性。参与洽谈的买卖双方处于平等地位，不像会议纪要那样只是传达上级的决策精神，对下级单位或部门构成一种无条件的约束。

（2）协商性。业务洽谈纪要常用句式是"甲方要求""乙方同意""双方一致同意（认为）""双方商定"，与会各方的每一条意见都将得到充分的尊重和考虑。而会议纪要行文中常用的句式是"会议认为""会议决定""会议听取了""会议号召"等，当中有"少数服从多数"的原则在起作用。

（3）备忘性。业务洽谈纪要需要全面记录洽谈中所有与洽谈目的相关的事项，如双方存在的分歧，以及双方所表达的进一步接触的意愿。尤其是在那些未达成共识的事项上，业务洽谈纪要充分体现出它的备忘性。

起草业务洽谈纪要，需要起草者具备较高的业务素养、较快的反应能力、较强的归纳总结能力，以及较好的语言文字表达能力，因为这种文书须在洽谈结束后的较短时间内完成，以便送交双方代表审阅并签字认可。

2．业务洽谈纪要的结构

（1）标题。在"业务洽谈纪要"的前面加上买卖双方的单位名称即可，如"××公司与××厂业务洽谈纪要"。

（2）正文。正文通常由以下两部分组成。

① 前言：介绍买卖双方简况及业务洽谈的缘起。

② 主体：纪要的核心部分，需要将洽谈的主要议程、议题、涉及的问题、达成的结论、存在的分歧、双方提出的要求等加以归纳总结。

（3）结尾。写上买卖双方的单位全称，盖章或签字认可，并写上年月日及洽谈地点。

知识点 2　货物相关文书写作

2.1　进货投标书

1．进货投标书的含义与写作程序

在竞争机制下的商贸活动中，生产厂家或个人在进行大宗产品交易时，往往先将有关标准（图样、材料、规格）、价格、条件、说明等以招标公告的形式对外公布，招人承买。企业如果需要购进这种大宗产品，往往按照招标公告的标准和条件报出价格，填具标单，投函事主。也就是说，应招标者之邀，根据招标工作的要求，报出应招的具体条件，以求中标的文字材料就是进货投标书。

进货投标书的写作程序：成立投标机构，配备专业人员；正确选择投标项目；调查研究，收集有关信息情报；认真研究投标文件，最后写出进货投标书。

进货投标书是对招标书的回答，往往采用报表的形式，内容与招标书相对应，一般包括承买产品的名称、购买日期、数量、价格，投标者的单位名称和姓名、授权代表、地址、邮编、电话、传真、网址等。在进货投标书中，投标者应贯彻平等互利的基本原则，对招标者提出的问题逐一说明，态度要明确，文字要符合应用文的基本要求，计算的数据要准确，装订要整齐。

2．进货投标书的结构

（1）标题。一般以"进货投标书"为标题，比较简单。

（2）招标单位。需要写明招标单位的地址和全称。

（3）正文。正文通常由 3 个部分组成。

① 投标的缘起，投标者及其授权代表的单位名称和姓名。

② 投标的各项文件材料及对投标条件的有关说明。

③ 投标者的地址、邮编、电话、传真、网址等。

（4）结尾。投标者的签名和签字日期。

【实例9.1】

××公司进货投标书

中国××机械总公司产品销售招标部：

依照你们的××产品销售招标书，××（姓名、职务）经正式授权，代表投标者（上海××贸易公司），特此提交下述投标文件，一份正本，三份副本。

一、产品名称_____，数量_____，规格型号_____。

二、投标价格明细表。

三、供货说明汇总表。

四、此标定于_____年_____月_____日送达甲方，于_____年_____月_____日开标，规定日期不送达作弃权处理。

五、由××开证银行开出的××（金额）投标保证金。

投标单位全称：（公章）

代表姓名、职务：

地址：

电话：

代表签名：

××××年××月××日

2.2 货物保险与索赔文书

1. 保险文书

买卖双方要投标，就必须拟定办理保险业务的书面材料，这种书面材料就是保险文书，其中包括投保人以投保单形式提出的书面要约和保险公司制发的保险单。

保险单由保险公司制发，投保人只需按要求填写即可。与写作有关的是投保人提出的书面要约，要求具体写明申请保险的项目、投保的具体名称等。

【实例9.2】

保险要约书

中国人民保险公司天津分公司：

请为我们价值××元的××货物保全险，由××号轮船在××装货，运往××。装货期从××××年××月××日开始。请你们将保险单及其他费用票据一并出具给我们。

××贸易公司（公章）

××××年××月××日

在领到保险单后，投保人应按要求支付保险费用，据实填写保险项目和保险条款，并由保险人认定后在保险单上加盖公章，表示承担保险责任。这样，保险人与投保人之间就有了正式的保险合同，有了法律的约束。

如果被保险的货物在运输过程中损坏、丢失或失窃，那么投保人将按保险合同的要求，向保险公司提出赔偿申请,按照保险公司制发的理赔书(一般是表格形式)上开列的项目如实填写清楚,并提供必要的证明材料,经审查核实后即可获得赔款。

2. 索赔文书

货物(产品)的供方和需方在签订合同之后,各自应逐一履行所签订的合同条款,待履行完全部合同条款才算完成了交易。如果其中任何一方有违反合同条款的行为,如质量不符、数量不够、拖欠款项等,给另一方带来了损失,就会引起经济纠纷。受损失的一方提出赔偿要求或提出其他主张和权利,这种行为称为索赔;违约的一方受理这种赔偿的行为称为理赔。

在实际经济生活中,对由违反合同条款而引起的经济纠纷的解决,一般是双方通过函电直接进行交涉,协商或约定面谈,澄清事实,区分责任,在意见一致后,合理解决。如果双方采用这种办法达不成协议,就采用调解、仲裁、诉讼的办法,按照合同、有关规定及惯例公平合理地解决。

索赔书,即索赔函,是买卖中的任何一方以双方签订的合同条款为依据,具体指出对方违反合同条款的事实,提出要求赔偿损失或主张其他权利的书面材料。索赔书的写作结构如下。

(1)标题。标题由索赔事由及文种组成。

(2)编号。编号便于联系与备查,由年度、代字、顺序号组成。

(3)受书者。受理索赔者的全称。

(4)正文。正文通常由以下3个部分组成。

① 缘起:提出引起争议的合同条款及争议产生的原因。

② 索赔理由:具体指出合同项下的违约事实及依据。

③ 索赔要求和意见:根据合同及有关商法、惯例等,向违约一方提出要求赔偿的意见或主张其他权利。

(5)附件。为解决争议,将有关的说明材料、证明材料、来往函电作为附件。

(6)签署。要写明索赔者全称(加盖公章)及致函的日期。

【实例9.3】

××酒品质索赔书

编号:××

××酒厂:

根据购销合同,我公司从你厂购买的1 000件××酒于××××年××月××日到达××站。经抽取20%进行检验,发现产品品质与合同规定的标准不符⋯⋯

根据检验结果,该批××酒的缺陷实系在发货之前由生产因素造成,其品质与合同规定的标准不符,应贬值40%,折合人民币××元,另商检费××元,共计应赔偿××元。

附商检证书京(23)第××号正副本各一份。见信后,请迅速处理。候复。

附件:商检证书京(23)第××号正副本各一份。

××贸易公司(公章)
××××年××月××日

知识点 3　促销实务写作

3.1　促销演讲稿

1. 人员促销与说服方式

在人员促销的过程中，面谈是关键环节，而面谈的关键是说服对方。说服分为两种情况：一种是面对一个或数个消费者的说服，另一种是面对多个消费者的公开演示说服。

（1）面对一个或数个消费者的说服。在进行这种说服之前，销售人员必须进行充分的准备，其中包括必要的心理准备、材料准备及"腹稿"准备。"腹稿"的准备过程，实际上就是一个写作的过程。在这一过程中，销售人员要对谈话的内容、先后次序、方式方法等进行充分的思考。"好记性不如烂笔头"，有的销售人员甚至还要将"腹稿"记录下来，不断地熟悉，直至烂熟于心，以便在说服消费者时"打有准备之仗"。打"腹稿"是每个销售人员都必须学会的。"腹稿"没有统一的写作结构，因人、因事、因情景而定，灵活多样、不拘一格。

（2）面对多个消费者的公开演示说服。这种说服是销售人员被某单位邀请或者在其他公开的场合通过产品、文字、图片、视频、音频、证明等来劝导消费者。在进行这种说服之前，销售人员可以打"腹稿"，但最好是结合产品或资料写好演讲稿，然后加以熟悉，否则在演示时常常会"卡壳"，给消费者带来不好的印象，影响消费者对产品的信任。因此，销售人员有必要懂得演讲的一些基本知识和演讲词写作的一些技巧。

2. 促销演讲稿的写作

任何一个演讲都存在 3 个基本因素：演讲的内容、演讲者和听众。其中最基本的因素是演讲的内容。那么，应该如何确定演讲的内容呢？在准备促销演讲稿时，有 4 个方面是需要注意的，即 4 个"W"。

（1）何人（Who），包括演讲者和听众。

（2）演讲主题（What），即演讲要达到的目的。

（3）演讲地点（Where），即演讲者演讲的场地。如果场地开阔，听众较多，演讲词应较为严谨；如果场地较小，气氛较为活跃，演讲词就可以不那么严谨，甚至可以用一些聊天的形式。

（4）演讲时间（When），在一天中，早上、中午、晚上演讲所取得的效果是不同的，应根据不同的时间控制演讲词的长短；平常日子和节庆日子的演讲效果也有所不同，演讲词应适配演讲当天的气氛和习俗。

销售人员在撰写促销演讲稿时除了要注意上述 4 个"W"，还必须在写作技巧方面下功夫。

第一，要写好促销演讲稿的开场白。开头一定要精彩，要先概括地介绍一下整个演讲的内容。这时应指出一些对听众有用的信息，告诉他们为什么要听演讲，有什么益处，让他们产生继续听下去的兴趣。开场白要简短，切忌口若悬河、滔滔不绝。因此，在拟写促销演讲稿的开场白时，必须下功夫，这是抓住消费者注意力的关键。

第二，促销演讲稿的布局、素材最好能满足以下几点：建立良好的企业形象；树立"信得过"的产品形象；告诉消费者购买我方的产品比购买其他的同类产品能得到更多的好处。

第三，写出几句你希望听众记住的话，打上重点符号，以便演讲时重复一两次，即使听众不买我方的产品，也能对我方的产品加深印象。

第四，"情""事""理"相结合。不管什么样的演讲稿，首先要饱含真情，以情动人；其次要有事实，有实际的例子，才能使人信服；最后要有理有据，符合逻辑。在一篇促销演讲稿中，只要充分体现了这 3 点，就算成功了。

总之，在进行面对多个消费者的公开演示说服之前准备的促销演讲稿，没有统一的格式，不存在格式化的问题，也是因人、因事、因物、因情景而定的，即所谓"有法而无定法，贵在得法"。

3.2　营业推广应用文

营业推广主要有两种方式：营业宣传推广和营业销售推广。在营业推广的两种主要方式中，营业宣传推广与写作的关系较为密切。

营业宣传推广从某种角度讲类似于广告宣传，但与其又有本质的不同，营业宣传推广是实现直接销售的有效手段，而广告宣传只是一种间接销售手段。销售人员要想搞好营业宣传推广，必须熟练掌握营销背景简介、产品介绍及产品说明书等营销实务文书的写作。

1. 营销背景简介

营销背景简介是对企业的经营历史、社会影响、发展情况、经营条件、业务宗旨、生产经营信誉，以及生产经营范围等进行简要说明的文字材料。

营销背景简介是一种非常重要的商业应用文，大多被用在博览会、交易会、订货会、展览会上，平时则被刊登在报纸、杂志或其他宣传单上。

这里有一个概念必须弄清楚，在写营销背景简介时，不要把"背景"当成"过去""历史"来理解，否则就会把营销背景简介写成对历史的回忆、对过去的总结。"背景"二字，既包含过去，也包含现在，还包含正在孕育着的未来。写营销背景简介，就是为了宣传今天、开拓明天，为企业营销的现在和今后的发展服务。

另外，在写营销背景简介时，还应注意不要写成对经营范围的介绍。对经营范围的介绍主要是对企业经营的产品的品种、规格及有关的服务等的介绍。营销背景简介的内容包含了对经营范围的介绍，比对经营范围的介绍的内容要丰富得多。

营销背景简介的写作结构如下。

（1）标题。营销背景简介的标题要新鲜、醒目，能够吸引人，并给人留下深刻的印象。标题有两种写作类型：一种是将所宣传、推荐企业的名称作为标题，如"××市百货大楼简介"；另一种是将宣传的企业的名称作为副标题，将营销背景简介的中心内容概括为正标题，如"实力雄厚，竭诚服务——××市××公司"。

（2）正文。正文涉及对背景内容的介绍，背景内容牵涉庞杂的材料，但营销背景简介又不宜写得篇幅过长。因此，在写正文时，要根据所要宣传推荐的对象及宣传意图，选择恰当的结构进行写作。常用的结构有两种：第一种，以时间为线索，将正文分为过去、现在、今后3个部分，把所要宣传和介绍的内容分别安排在这3个部分中，对经营情况进行连贯式的介绍说明；第二种，将所要宣传和介绍的内容分成几个部分，如营销的突出成绩、营销方式、营销信誉、贸易伙伴等，将这几个部分列出来一一进行宣传和介绍。不管选择哪种结构，最好都应偏重于对营销的历史、环境、条件、范围、信誉，以及产品品种、质量等内容进行宣传和介绍。

（3）联系线索。写营销背景简介的目的是向国内外市场上的购买者宣传和推荐企业的产品，以便其前来购买或开展其他合作，因此有必要将联系线索详细地介绍出来。联系线索主要包括生产、经营的负责人，以及生产、经营的地址、电话、电子邮箱、传真等。

【实例 9.4】

北京市首饰分公司

中国工艺品进出口总公司北京市首饰分公司于 1965 年成立，是中国成立最早的专营各类首饰的进出口公司。它主要经营各种宝石、翡翠等饰物。

北京市首饰分公司推出的手工艺品分别采用中国著名的传统手工艺——金银花丝镶嵌、玉石雕刻、象牙雕刻、雕漆、景泰蓝、抽纱等制成。手工艺人还将上述工艺与当代艺术新潮相结合，不断创新，创作出一件件、一批批精致、新颖的佳作。这些精美的手工艺品，既富有浓郁的民族艺术风格和独特的地方特色，又蕴涵着当代艺术新潮的韵味。

多年来，当北京市首饰分公司经营出口的各类首饰在许多国家和地区举办的展览会、展卖会、国际博览会上展出时，观众都络绎不绝、争相观赏、倍加赞美。例如，花丝镶嵌老手工艺人毕尚斌创作的"龙抱柱"系列首饰摆件"地动仪""方百花点将""金鹿龙凤车""紫禁城角楼"等艺术珍品，在中国香港举办的中国工艺首饰品展览会上展出后，轰动全港，展期一延再延，吸引 16 万名观众前来观看，香港各大报纸纷纷报道。

北京市首饰分公司经营出口的各类首饰，在参加国际首饰设计大赛时多次获奖。例如，设计师杨振华设计的 18K 金象形组合首饰荣获东南亚钻石首饰设计大赛地区性最优异奖……

公司地址：

传真：

电话：

2. 产品介绍

产品介绍是为了向国内外消费者推荐产品，对产品的性质、性能、特点等进行宣传介绍的书面材料，在营销过程中可起到很大的促销作用。随着科技的发展和进步，产品的种类增多，新型号、新式样的产品层出不穷。为了引起消费者的兴趣，加强消费者对产品的认知和信任，扩大销路，促进销售，企业最好在原生产厂家产品介绍的基础上再做出专门的介绍，以供消费者参考。

产品介绍多被登载在产品信息类报刊上，对新产品、新技术进行宣传介绍，或者被用在进出口产品展览会和交易会上宣传产品。产品介绍对通报产品消息、促进市场繁荣都起着积极的作用。

撰写产品介绍时，在语言上必须以使消费者易于理解为原则，即注意语言的通俗性和明确性；在内容和形式的选择上，必须根据目标市场的需要，切中产品的特点。有时还可根据需要，在介绍产品时增加适量的可读性内容，运用一些文学笔法，如穿插一些故事，或运用描写手法，使产品介绍更具吸引力。产品介绍的写作结构如下。

（1）标题。标题应表明产品的名称和产地，如"中国北京地毯"；或由产品名称和产品特点组成，如"电动旋转折叠晾衣架"。

（2）正文。正文包括产品的发展史、成分、制作及规格等情况，以及产品的性能、特点和用途。重点应介绍产品的特点，在写作时可从产品的原料、质地、结构、花色、式样、性能、效用等方面去考虑，一定要突出其独具的优点。

（3）结尾。结尾写明生产及保存日期，或简单介绍一下使用注意事项。

产品介绍的写作没有很严格的结构要求，在写法上灵活多样。但不管怎么写，都必须遵循这种文体的一些基本要求，将产品客观地介绍给消费者。

【实例9.5】

智能手机说明书

本产品是一款智能手机，包括以下功能。

1. 支持通话、收发短信和语音信箱等功能。
2. 支持移动互联网和 WiFi 上网、文件下载等功能。
3. 支持多媒体播放和拍照等功能。

使用方法：

1. 安装 SIM 卡和电池。
2. 开机启动，设置语言、网络等。
3. 添加各种应用、联系人等。

注意事项：

1. 手机具有一定的电磁辐射，请勿长期将手机放在离身体太近的位置，谨防辐射伤害。
2. 长时间使用手机可能会造成眼部疲劳，请适当让眼睛休息。
3. 手机电量不足时，请及时充电，以免影响使用体验。

3. 产品说明书

产品说明书是指在原生产说明书的基础上进一步对产品进行介绍说明，用于帮助消费者认识产品并指导消费者使用、维护产品的书面材料。

在现代营销活动中，这种应用文的使用频率非常高。与产品介绍不同的是，产品说明书对产品的成分、结构、功能、特性、使用方法、保养、维修、注意事项等做出了较为详尽的说明。对于那些构造比较复杂的产品，其产品说明书的内容尤其详尽，有时还配有图样、表格等。产品说明书既介绍产品和指导消费者，又传授知识和技能，还具有促进销售、加强信息反馈的作用。国内外企业非常重视这种应用文的写作。

（1）产品说明书在写作方面的要求。

① 科学性。产品说明书的内容要真实，用词要准确，要有实事求是的科学态度，不夸大，不缩小，力求精确无误。

② 实用性。产品说明书的写作重点是产品具备的实用价值，应说明如何对其进行操作、使用和保护，这样消费者才不会因使用不当而损坏产品，甚至发生意外。

③ 知识性。撰写产品说明书的目的是使消费者正确认识和使用产品。因此，产品说明书必须把与产品有关的知识明确展示给消费者。

④ 条理性。产品说明书的实用性很强，它对产品的说明具有严格的科学性，因此在写作时要注意条理清楚，必须依据事物本身的规律或人们接受事物的习惯去撰写，做到层次分明、条理清晰、一目了然。

⑤ 责任性。产品说明书在法律上是企业对消费者获得产品功能的一种承诺。因此，产品说明书不能存在误导和欺诈的成分。有关内容和项目要符合法律法规、标准、规章的要求。

（2）产品说明书的写作结构。产品说明书一般分为标题和正文两大部分。内容简单的就写成卡片式、单页式产品说明书；内容复杂的就写成折叠式、活页式、书本式产品说明书。

① 卡片式、单页式产品说明书。这种式样的产品说明书一般由标题、正文和落款3个部分组成。

- 标题：由产品名称加"说明书"组成，如"贵州茅台酒说明书"。
- 正文：将所要介绍的内容逐一解释说明。对于每个项目的选择和排列的先后次序，应按人们对产品的认识规律和掌握使用的规律去选择、排列。例如，药品说明书中依次排列的项目一般是成分、含量、功能、主治、用法、储藏方法等。
- 落款：注明生产厂家名称，根据需要还可以注明经营者名称。

② 折叠式、活页式、书本式产品说明书。这种式样的产品说明书通常可分为封面、封里和封底3个部分。

- 封面：除美术装帧设计外，一般应包括以下内容：××产品说明书、产品规格、商标、生产厂家等。
- 封里：书本式产品说明书的封里包括目录、前言和正文3个部分。产品说明书的正文要放在封里。有封里的产品说明书，要说明的问题一般比较复杂，通常分为5个部分：准备工作、使用方法、保养方法、结构示意图和注意事项。有的是按产品的成分、特征、性能、用途、使用方法等依次进行说明的。
- 封底：为方便消费者联系，封底一般要写上生产厂家的名称、地址、电话等。有些产品还要求加上经营者的名称、地址、电话、联系人，以及该经营者的服务宗旨等。当然，如果在封面上已经写上了生产者或经营者的名称、地址等，封底就不要再写了。有时为了节省成本和提高利用率，甚至可以不要封底。

（3）产品说明书常用的说明方式。

① 概述式。对产品进行概括说明。在写作时不要求面面俱到，但应注意突出产品的性能、特点和功能，要注意内容的完整性和连贯性。

② 条文式（亦称分列式、条款式）。这是一种分条列举、逐项加以阐明的产品说明书。

这种形式的产品说明书内容集中、醒目、层次清楚，在写作时要注意不颠倒、不杂乱，讲究科学性。

③ 复合式。这种产品说明书比较普遍，是概述式产品说明书和条文式产品说明书的一种复合形式。在写作时要先总说、后分说，集中说明问题，条理清楚，层次分明，便于消费者对产品进行了解和使用。

【实例9.6】

曲柄式网球球拍（卡片式、概述式产品说明书）

这种曲柄式网球球拍是由日本一家体育用品公司最新生产的，它是对传统直柄式球拍进行无数次测定，并找出其缺点后，依据人体工程学原理设计出来的。以往的直柄式球拍设计不尽合理，因此在运动中使人的手、腕、肘、肩等部位的负担过重。除妨碍运动员水平的发挥外，直柄式球拍还极易使人过度疲劳，长久下去将导致上述各部位的关节疾病。使用曲柄式球拍时，无论运动员是用双手击球，还是用单手击球，均能使其身体各部位的负荷质量减轻12%。运动员在使用曲柄式球拍时的击球姿势也随弯把有所改变，非常符合运动生理的要求，有利于提高运动成绩、保障身体健康。

【实例9.7】

漂粉精片说明书（卡片式、条文式产品说明书）

用途：每片含有效氧0.2克，供饮用水消毒用。

用法：先根据需要消毒的水量计算漂粉精片的量，每100升水加1片，再将漂粉精片放在陶瓷或搪瓷碗（杯）中捏碎，加少量水调成糊状，然后倒入水中搅动几下，静置半小时后即可饮用。

注意事项：①本漂粉精片不得直接内服；②勿放在阳光下或潮湿处；③用后把瓶盖旋紧。

3.3 促销信

1. 促销信的含义、作用和特点

促销信是企业广泛使用的一种宣传资料。企业通过向消费者发送促销信宣传其产品，让消费者产生兴趣，并做出购买行为，从而扩大产品的销售量。促销信可以用于企业某种新产品的宣传，也可以用于企业全部产品的宣传，以期获得稳定的消费者群体。促销信可以被发给批发商、零售商或个别消费者。

促销信有两个主要特点：一是提供信息，方便企业与消费者沟通供需；二是激发消费者的购买欲望，与之联络感情，促进其需求的满足。

2. 促销信写作应注意的问题

（1）讲究礼貌。信中的措辞与语气要平和，多用叙述语气。强硬语气往往令人讨厌，语气过于亲昵又让人怀疑产品质量有问题或动机不纯。促销信中传达信息的方式既要平易近人，又要避免使用那种随便打招呼式的写法。

（2）注意简洁和真实。没有人喜欢读长篇大论的文字，促销信的作用是介绍产品，促成购买行为。但是，也不要把促销信写得寥寥数语，像发电报似的。语言以平实的说明性文字为主，可恰到好处地运用一些文学表现手法，使之富有感情色彩，但不能像一般书信那样随意地运用抒情、比喻等，这样会让消费者觉得在用华丽的辞藻掩盖什么。

（3）表达要清楚。促销信最起码要文从字顺、层次清楚、直截了当，让消费者一看就明白。因为消费者不可能花很多时间去认真研究促销信所要表达的意思，更不会像读朦胧诗一样去揣摩促销信写作者的真实意图。

（4）注意心理冲击力。一封促销信能否促成购买行为，取决于多种因素，但至少应做到：让消费者知道他在你心目中一直是举足轻重的主顾；使他相信你想重新与他做生意；告知他产品的创新与改善，并且在再次与你做生意时他必定会得到更多的好处。通过上述3点企业可向消费者表明其所要出售的产品正是消费者所需要的，因此这样的促销信对消费者的心理冲击力是不可估量的。促销信的心理冲击力应符合 AIDA 法则——引起注意（Attention），激发兴趣（Interest），产生购买欲望（Decision），促成购买行为（Action）。

（5）与销售人员的"现身说法"相结合。有时光靠言辞难以打动消费者，所以促销信还需要与销售人员的"现身说法"相结合。企业应先给消费者写促销信，确定联系的时间、地点（促销信要能够推荐产品、宣传企业、说明服务项目等，要达到让消费者盼着与销售人员见面的目的），再派销售人员通过现场演示、操作产品来说服消费者，达到促成购买行为的目的。

（6）尽量以个人的名义发信。促销信不是公务文件，切勿只寄通知或只发公函，企业营销人员应以个人的名义和消费者不断联系，即使以单位名义发信，也要加上个人的名字。

促销信应按照一般书信的格式来写。促销信与一般书信的不同之处在于内容和语言的表达方式不同。

总之，促销信在营销活动中的应用非常广泛，善于做生意的人总是把第一封与消费者或潜在消费者打交道的促销信写得非常有特色，并且针对不同对象所写的促销信又各不相同。

【实例9.8】

促 销 信

尊敬的××先生：

您好！作为 ABC 个人计算机的使用者，相信您已经了解到它的功能范围多么广泛了。

现在我们将向您提供一种高速激光打印机，它能使您的作品外观精美。信件、手册、说明书、目录、价单都能由您的计算机直接打印。

您能否给我半小时的时间，让我向您展示一下这种新打印机的多种功能？下周初我将打电话给您，确定一下对我们来说都方便的会面时间。

顺致良好的祝愿！

×× 谨启

××公司市场部经理

××××年××月××日

知识点 4　营销传播写作

4.1　商情简报

1. 商情简报的含义与种类

简报，即简短的书面报告，是传递工作情况、市场动态、会议情况、经验教训、重大事件等信息的报告性文字，是各级各类机关、企业、事业单位、社会团体广泛使用的一种应用文。

从信息传递这一点来看，简报与公开发行的报纸没有本质的区别。所不同的是，它所传递的信息一般都不具备公开发表的条件，不适宜（或暂时不适宜）公开发表。报纸传递的信息是"广而告之"的，简报传递的信息是有条件、有范围"告之"的。因此，可以把简报称为各单位内部传递信息的"报纸"。

简报的种类较多，有日常工作简报、中心工作或重要工作简报、情况简报、会议简报、专题简报、商情简报等。其中与营销活动关系最为密切的是商情简报。

商情简报以国内外企业产品的市场信息、经营动态、有关政策、贸易做法等为主要内容，是一种告知直接关系企业经济效益的商业情报的载体。

2. 商情简报的结构

商情简报与其他种类的简报一样，由报头、报体（简报编排的文章）、报尾 3 个部分组成。简报名称采用较大号文字并套色，报头与报体之间的分隔线印成红色，力求醒目。简报编发者如需加"编者按语"，可印在报体中，居中印于标题之上，标题可适当下移。

如果简报的正文稍长，可后续白纸，报尾印于简报最后一页的下端。

密级，基于信息的具体内容和公司的实际需求，可确定为秘密、机密和绝密三级。密级属于简报报头的内容，写在左上角，也有的写"内部文件"或"内部资料，注意保存"等字样。

报头、报尾的写法十分简单，只需要按简报格式的要求把有关内容写在准确的位置上即可。

报体是简报的核心部分，一般由标题和正文两部分组成。

（1）标题。商情简报标题的拟写没有固定的格式要求，可以写成新闻式标题，用引题、正题、副题三行标题，也可以用正、副标题或单行标题。标题可用设问句、概括性语句及形象化语句。总之，商情简报的标题应突出主题，力求生动、醒目、吸引人。

（2）正文。正文的写作就像新闻报道的写作，有导语、文体和结语之分。

① 导语。导语用简洁、概括的语句或一段文字，对全文所要反映的主要内容进行叙述，写作方法十分灵活，通常有下列 5 种。

• 叙述式。首先简明扼要地把文中主要的、新鲜的事实或信息交代清楚（包括单位或人、事件、时间、地点和结果），使读者对全文内容有一个概括的了解。

- 评论式。简洁地对事实或信息加以评论，阐明其性质和意义。
- 结论式。先在开头交代事实或信息的结果，然后转入文体部分交代其来龙去脉。
- 引语式。先将某人的简报或某则信息，或国家某项政策中的一句话或几句话作为"引子"，而后转入文体进行具体交代。
- 提问式。用提问的形式把所要反映的事实或信息提出来。

② 文体。文体是对导语具体的阐明、印证和回答。它要与导语"丝丝相扣"，绝不能"顾左右而言他"。这一部分是商情简报的核心，要靠"事实"来说话。选择的材料应是典型的，反映的信息要有价值；对于材料，可以以事件的发展阶段为顺序来安排，也可以按照事物内部的逻辑关系来安排，还可以采用平行的、并列的一份材料印证一个观点的方式来安排。不论采用什么方式安排材料，都必须为突出"中心"服务。

③ 结语。有的商情简报的正文需要在结尾处做一个小结，以交代结果或指出产品的发展趋势。商情简报并非一定要有结语，而应根据所反映内容的需要来定。

3. 商情简报写作的基本要求

撰写商情简报虽与撰写其他种类的简报在注意事项和具体写法上不同，但有一些基本要求是它们必须共同遵循的。

（1）及时。这一要求有两方面的含义：一是指必须及时获取丰富、具体的信息；二是指对这些信息的处理和传递必须及时。商情简报是一种内部传递信息的载体，担负着随时收集和反映不断变化着的现实情况的任务，以使企业根据变化更好地开展工作。如果采编不及时，反应迟缓，其价值就会大大降低。另外，如果掌握的信息不丰富、不具体，那么编写的商情简报就难以全面反映实际情况，容易使阅读者对整体形势产生片面理解。因此，及时反映整体形势是撰写商情简报时首先应注意的问题。

（2）真实。商情简报作为一种企业内部的信息载体，其实际作用类似于新闻传媒的作用，而真实（准确、可靠）永远是其灵魂所在。商情简报所承载的信息是来自多渠道的，因而难免鱼龙混杂，其中有一部分信息甚至可能是虚假的，这就需要采编者具有较强的鉴别、分析和整理能力，能够从大量的原始材料中筛选出真实的、有参考价值的信息。

（3）简练。商情简报要篇幅简短、内容精练，抓住信息的关键点加以突出，使用简洁的语句。

【实例 9.9】

商情简报

马面裙市场近况

近年来，马面裙作为汉服品类下的热门单品，市场热度持续攀升。多个电商平台的数据显示，自 2023 年 1 月以来，汉服的搜索量暴涨，其中马面裙的热度最高，不少热销单品的销售额超过了百万元。根据统计，2023 年马面裙的市场规模达到了 144.7 亿元，并将在未来几年内持续增长。

年轻化与日常化：马面裙的消费群体逐渐从专业爱好者向日常大众消费者拓展，特别是"Z世代"年轻群体。他们不仅将马面裙作为特定场合的着装，更将其融入日常生活中，推动了马面裙的日常化趋势。

文化认同感增强：随着年轻人对中国传统文化的认同感增强，国潮风起，马面裙作为中国传统服饰的代表之一，受到了广泛关注。其背后独特的文化底蕴和把中国文化穿上身的理念，吸引了大量消费者。

设计创新：现代马面裙在保留传统元素的基础上融入了更多时尚设计，如山水、花鸟、龙凤等图案的融入，以及雪纺、混纺、蕾丝等新型面料的应用，使得马面裙更加多样化和舒适化。

马面裙的线上销售渠道以淘宝和天猫为主，其中淘宝的市场占比达到 60.2%。大量汉服原创品牌都集中于淘宝平台，而天猫平台则因汉服品牌的正规化趋势和女装品牌受到重视而增速相对较快。线下方面，曹县等汉服生产基地的实体店也成为消费者购买马面裙的重要渠道。

马面裙市场的火爆充分展示了中华优秀传统文化活化创新带来的市场价值。随着消费者对传统文化的认同感增强和时尚设计的不断创新，马面裙市场有望继续保持高增长态势。同时，政府、行业协会和企业的共同努力也将为马面裙市场的健康发展提供有力保障。未来，马面裙有望成为更多消费者日常穿搭的一部分，并进一步推动汉服文化的复兴和传承。

4.2 营销新闻

1. 营销新闻的含义

营销新闻是指以明确的思想、简洁的文字，针对围绕营销活动新近发生的重要的、有意义的事情向人们所进行的宣传报道。这里所说的新闻，是指狭义的消息。

现在，人们十分重视新闻宣传。利用新闻报道的形式把信息传播出去，往往会收到意想不到的效果。首先是信任性。新闻工作者以第三者的立场写报道，可避免自我吹嘘之嫌，消除部分公众对广告的抗拒心理，其客观的态度可赢得消费者的信任。其次是授权性。一条新闻是经过层层筛选才被公之于众的，故新闻报道因其独特的严肃感可获得公众的青睐，新闻内容具有相当高的地位。最后是实惠性。一条好的新闻相当于新闻工作者为企业制作的极好的"广告"，在经济上合算，而且其往往比专门花钱去做广告管用，因而非常实惠。

写好营销新闻，对于一家企业，无论是生产企业还是商业企业，都是非常重要的。然而要写好营销新闻并非易事。美国俄克拉荷马大学新闻系教授的一项研究表明，来自企业的新闻稿件有 90%被淘汰。原因多种多样，一个不可排除的原因就是企业商务文书人员还不太会写较严格的新闻稿件。

2. 营销新闻的写作结构

营销新闻的写作结构包括标题、导语、主体和结尾 4 个部分。

（1）标题。标题是文章的眉目，它用十分简明的语言表明所要报道的内容。标题有 3 种常见样式。

① 单行标题，即一条新闻只用一行标题，以主题（又称正题）揭示新闻的内容。

② 二行标题，即一条新闻的标题由两行组成，一行为主题，揭示新闻的内容。另一行，若是对新闻的来源、背景、原因的说明，则放在主题之上，作为引题，引题又称肩题、眉题；若是对主题的补充或评价，则放在主题之下，作为副题，副题又称辅题、子题。

【实例 9.10】

注重产品形象宣传（引题）

"东方魔粉"风靡我国建筑防水市场（主题）

【实例 9.11】

国内市场大豆油价呈下降趋势（主题）

今年末将反落为涨（副题）

③ 三行标题，即一条新闻的标题由三行组成，中间一行为主题，多揭示新闻的内容；主题上面一行为引题，多说明新闻的来源、背景、原因；主题下面一行为副题，多是对主题的补充介绍或评价。

【实例 9.12】

泰国大米歉收（引题）

国内米价六年来的最高纪录（主题）

小麦将成为抢手货（副题）

（2）导语。导语是引导读者阅读的第一自然段或第一句话，要求用简明生动的文字鲜明地揭示新闻的主题思想。有的报道经常使用电讯稿，需要在电讯稿的开头标示出电头，即对发出电讯稿的单位、地点、时间的说明。电头位于导语之前，要与导语分开，用括号括起来，或者使用与新闻正文不同的字体。发向当地的电讯稿电头用"讯"，如"本报 7 月 4 日讯"；发向外地的电讯稿电头用"电"，如"本报纽约 5 月 10 日电"。如果在使用电讯稿时有所删减，则电头加"据"，如"据新华社报道"。

（3）主体。导语的后面就是文章的主体，是新闻的中心部分。对主体的要求是内容充实、层次分明、语言简练。必要的背景介绍会使文章的内容丰满、更具感染力。主体部分的写法，一般以叙述为主，可结合适当的描写和议论。

在撰写主体时，可以按时间顺序将事实展开，也可以按照逻辑关系去展开事实，也可以两者相结合；还可以采用倒金字塔的方式报道事实，即先把最主要的内容介绍出来，然后再说明其余的内容，其余内容与主要内容相比，越来越次要，所以称为倒金字塔的方式。

（4）结尾。一般来说，一条新闻将事实报道完了，写作也就结束了，像采用倒金字塔方式的主体结构，就无须加一个形式化的结尾。但是对于重要的新闻，为了突出其报道意义和价值，在将事实报道之后，以消息评估、趋势预测、提出建议、前景展望等作为结束语也是十分必要的。此外，也可以对主体报道的事实进行必要的补充说明，并以此作为结尾。

3. 营销新闻的写作要求

新闻（狭义的消息）必须具备 5 个要素，即 5 个"W"——时间（When）、事件（What）、地点（Where）、人物（Who）和原因（Why）。

此外，营销新闻的写作还必须坚持三大基本原则，即真实性、新鲜性和精短性。

（1）真实性。这是一切新闻写作的基本要求，也是进行新闻报道的一项基本原则。新闻不能虚构，报道所涉及的时间、地点、人物和事件必须真实。引用的有关材料要真实可靠，新闻所反映的事件的本质也要真实，不允许存在按主观意图随意改变客观事实的报道，更不允许凭空捏造。

（2）新鲜性。新闻贵在"新"。新闻这种文体与其他文体最显著的区别在于，它能迅速反映客观事实，及时报道有价值的最新消息。新闻的"新"，首先是指在时间上要迅速及时，否则新闻就会成为"旧闻"或"历史"，失去了应有的价值；其次是指报道的事实要新，角度要新，思想要新。

（3）精短性。文章贵在言简意赅，营销新闻更是力求精短。冗长的报道，即使文采飞扬，读起来也会耽误时间。对企业来说，抢时间就是抢效益、抢销售。因此，在撰写营销新闻时要勇于割爱，去掉不必要的事例和评价，去掉不必要的渲染和夸张。

【实例 9.13】

"黑马"化妆品系列——让您换一层年轻的皮肤

由××化学品有限公司研制成功的第三代化妆品——黑马 EGF 活细胞化妆品系列，是高科技生物技术与传统化妆品相结合的产物，在国内是首创，在国际上也名列前茅。这种化妆品的最大特点是突破了过去两代化妆品（合成化妆品和天然化妆品）的局限，变被动的预防为主动的参与。

在生活中我们会注意到，动物在受伤后往往会用舌头不停地舔舐伤口。唾液可止血的奥秘最终被美国科学家斯坦·科恩博士发现，他为此荣获 1986 年诺贝尔生理医学奖。研发人员对 EGF 进一步研究发现，EGF 不仅具有加速皮肤和黏膜创伤愈合、消炎止痛、防止溃疡的功能，而且能抑制粉刺、老年色斑的生长……于是，黑马 EGF 活细胞化妆品系列脱颖而出。

"黑马" EGF 活细胞化妆品系列共有 20 多个品种：活细胞超级抗皱霜、活细胞丝素膏、活细胞增白霜、活细胞丝素洗面奶、活细胞丝素洗发精及护发素、沐浴剂、体蜜、化妆水、香水等。价格仅为同类进口商品的 1/5。

【实例 9.14】

"老天爷"脸色不好，国内通胀率上升，太平洋诸岛国经济有升有降

据《法新报》报道，旋风破坏，出口减少，通货膨胀率上升，石油价格攀高，使太平洋大多数岛国的经济发展受到影响，去年出现升降不一的现象。

巴布亚新几内亚农业增长缓慢，布干维尔铜矿的关闭使其收入受到影响。该国的国内生产总值因此下降了 1.6%。

西萨摩亚的基础设施和椰子树受到旋风破坏，单椰子产量就下降了 3%。热带风暴也给汤加的椰子、香蕉和香子兰种植园带来了很大破坏，其国内生产总值的增长率只有 0.8%。

基里巴斯和库克群岛都在不同程度上受到椰子干价格下跌的打击，石油价格一度猛烈上涨也影响了它们的经济发展，其经济增长率都低于 20 年来的平均增长水平。

与此相反，所罗门群岛的经济却增长了，由于椰子干、木材和渔产品的出口增加，其整体出口经济仍然非常繁荣。

瓦努阿图在经济上亦取得了增长，并逐渐成为该地区的金融中心。它的旅游部门获得较高的国外投资，旅馆客房率相对升高。斐济的经济情况同样较好，其国内生产总值的增长率上升了 0.4%，达 6.8%。

4.3 商务评论

1. 商务评论的含义和功能

凡对经济事实发表评论或意见、主张、见解的文章，诸如社论、评论、短评或编辑部文章等，都可称为商务评论（亦可称为经济言论）。它具有针对性、指导性、说理性和逻辑性等主要特点。从内容上划分，商务评论可分为两种类型：一种是对产品技术能力的评论；另一种是对企业营销活动的评论，如对企业营销方法及其质量、效果的评论。它对企业的形象、知名度、美誉度，以及在指导营销工作、推动营销事业的发展方面有着不可低估的影响。

2. 商务评论的结构

商务评论一般由标题和正文两大部分组成。

（1）标题。标题是商务评论的眉目，它反映出研究的对象或文章的中心内容。标题一般有两种写法：一是单标题；二是双标题，即正、副标题形式，正标题点明文章主旨，副标题表明文章的内容和范畴，如《做好这件得民心的事——把假冒劣质产品逐出市场》。

（2）正文。正文包括 3 个部分：开头部分，提出问题；主体部分，分析问题；结语部分，解决问题，即通常所说的序/绪论、本论和结论三段式。

① 提出问题（序/绪论）。正文开头以简洁的语言提出问题，表明文章要研究什么。这部分要以事实说话，事实材料要真实、全面，切忌弄虚作假、以偏概全。

② 分析问题（本论）。这是正文的核心部分，对前面提出的问题用正确的立场、观点、方法进行科学的分析研究，从对问题和材料的感性认识上升到理性认识。

③ 解决问题（结论）。撰写商务评论的根本目的，是针对商业经济活动中存在的问题提出解决的意见和措施。当然，也有一些比较特殊的商务评论，只提出问题和分析问题，而把解决问题的任务留给公众舆论和当事部门来完成。

3. 商务评论写作的注意事项

撰写商务评论应注意以下 5 个方面。

（1）要有良好的职业道德。

（2）一定要有理有据，重调查研究，要实事求是。

（3）要符合逻辑和学理。

（4）要把握好"评头论足"的分寸。

（5）可提出合理的建议与忠告。

任务技能点

技能点 1　解读产品说明书

技能要点

（1）深入当地市场，收集不同的产品说明书，并进行比较分析。
（2）解读不同产品说明书的写作结构和说明方式。

训练过程

（1）每组 5～6 人，由组长带领，深入市场收集不同的产品说明书。
（2）各组完成产品说明书的整理，并分析产品说明书的写作结构和说明方式。
（3）先在小组内进行分享和总结，再在班级内做交流。

关键点提示

（1）学生自行收集产品说明书，类型越多越好。
（2）在分享时应提供相应的佐证材料。
（3）对产品说明书写作结构和说明方式的分析是否准确、完整？

技能点 2　解读营销新闻

技能要点

（1）深入当地市场，收集 3 家以上企业的营销新闻，并进行分析。
（2）解读营销新闻的结构和要素。

训练过程

（1）每组 5～6 人，由组长带领，深入市场收集不同企业的营销新闻。
（2）各组完成营销新闻的整理，并分析其结构与要素的完整性。
（3）在小组内分析营销新闻，并提出完善意见。
（4）教师指导学生在班级内就营销新闻的分析结果进行交流与完善。

关键点提示

（1）学生自行通过网络或实地收集营销新闻。
（2）在分析时能否提供相应的佐证材料？
（3）提出的完善意见是否贴切、准确、完整？

效果评估

评估点1　业务接待方案修正

1.　情境描述

应我公司邀请，××酒业公司总经理等一行3人将于本月6日到达我公司洽谈业务，时间暂定3天。该公司是我国西南地区的大型酒类生产厂家，其产品在国内外市场上一直供不应求。我公司与该公司有多年的业务联系，该公司系供应我公司酒的唯一生产厂家，对我公司态度友好，每年均与我公司有成交实绩。

对于他们此次前来洽谈业务，我公司拟本着友好、热情、多做工作的精神予以接待，望洽谈卓有成效。具体安排如下：

（1）当客人抵离沪时，由有关业务人员迎送。

（2）由我公司总经理、副总经理会见并宴请两次。

（3）由我公司总经理负责与其洽谈。

（4）客人在沪期间适当安排参观游览、文化娱乐活动。

（5）客人在沪费用由我公司承担。

我公司接待人员名单

上海××酒业公司公关部

2.　评估标准与结果分析

（1）请仔细分析以上业务接待方案的结构和内容，根据业务接待方案的结构要求找出3处以上不足的地方。

（2）对需要改进的地方，提出具体的修改意见。

评估点2　撰写营销新闻

1.　情境描述

中华服装网发表了一篇题为《我国服装行业的新经济亮点》的文章，其原文摘要如下。

据报喜鸟集团职业装销售部经理胡昱介绍，早在1996年，报喜鸟集团就开始陆续接到电信、金融等部门的职业装订单，1998年报喜鸟集团率先在上海专门成立报喜鸟职业装办事处，到2000年发展到在全国17个省份设立办事处，全面铺开职业装市场。如今，报喜鸟集团的"宝鸟"成为专门针对职业装团体定制的品牌，是国内职业装市场的一支主力军，为国家行政部门、邮电、金融，以及工商企业机构等9000家单位所选用。据悉，报喜鸟职业装所创造的产值已占到集团总产值的1/3。

与此同时，温州许多服装企业也纷纷将视线瞄准了职业装这一特殊的专业领域，庄吉、法派、乔顿、乔治白及好日子等都进入了职业装市场。庄吉职业装曾在中国职业装博览会上亮相，以全新的面貌打出品牌，并推出全新的女性职业装，受到广泛好评。正是由于一批企业的率先启动，带动了温州职业装水平的提高，从而开发了一个特殊的职业装市场。

职业装主要体现职业人士特有的着装风采，各大生产职业装的企业都着力于在职业装上开发时尚元素，新潮流已经改变了传统职业装单调的现象。

由于过去人们在认识上存在误区，认为职业装就是工作服，因此，职业装往往面料单一、款式陈旧，而眼下，紧跟新潮流的、多品种的精纺呢绒面料层出不穷，如新开发的高支花呢类、轻薄型面料、新型莱卡弹力系列，加之在颜色上以国际流行色为主，极具时代风采。此外，中高档产品占有不同的比例，中高档产品齐全，满足不同行业、职业、档次的需求，为丰富职业装市场开拓出了一条新路子。

短短几年，温州众多西服企业纷纷亮出职业装品牌，如报喜鸟的"宝鸟"、庄吉的"庄吉制服"、法派的"法派伊时代"等，令人耳目一新，也预示着温州职业装品牌成长春天的到来。

据业内人士介绍，我国目前从事职业装生产的企业已达 2 万多家。但在职业装领域至今还没有知名的品牌，大部分职业装品牌尚处于探索阶段。这种形势为职业装生产企业的发展注入了无限的生存活力，也为品牌发展提供了广阔空间。

报喜鸟集团职业装销售部经理胡昱称，集团亮出"宝鸟"职业装品牌，一是区别于"报喜鸟"品牌，主攻专业高档的职业装市场；二是树立职业装品牌化的优势，使职业装市场顺利地朝着质量、品牌、信誉、服务一体化的方向发展。

2. 评估标准与结果分析

（1）学生根据背景资料独立撰写一份商务评论。

（2）要求结构合理、有原则性、目标明确、长度适宜。

（3）教师点评、总结，学生相互交流。

拓展空间

【答复投诉信的写作】

对企业来说，客户投诉是无法避免的事情，投诉的要求虽然比索赔低，但要处理的事情却比索赔复杂。企业有必要把工作上的失误控制在最小范围内，因为一旦出现失误，就会招致投诉。即使投诉者投诉的根据不足，甚至属于无理取闹，企业也必须妥善处理，以安抚客户的情绪。处理投诉毫无疑问是一门艺术。学习并掌握好答复投诉信的写作，是妥善处理投诉的重要手段之一。

【邀请函】

××公司年终客户答谢会邀请函

尊敬的××先生/女士：

　　过往的一年，我们用心搭建平台，您是我们关注和支持的财富主角。

　　新年即将来临，我们倾情实现公司客户大家庭的快乐相聚。为了感谢您一年来对××公司的大力支持，我们特于20××年××月××日××时在××大酒店一楼××厅举办××年度××公司客户答谢会，届时将有精彩的节目和丰厚的奖品等待着您，期待您的光临！

　　让我们同叙友谊，共话未来，迎接来年更多的财富、更多的快乐！

××公司

二〇××年××月××日

挑战自我

【理论自测题】

■ 选择题（第1～5题为单项选择题，第6～10题为多项选择题。）

1. 从市场营销工作的运作来看，每一个环节都需要制作相应的（　　）。

　　A. 营销实务文书　　　　　　　　B. 商务谈判方案

　　C. 促销与推广文书　　　　　　　D. 营销价格文书

2. 企业的有关部门为了做好接待工作，拟出的包括安排日程、活动内容、参加者、参加次数、规格等内容的书面材料称为（　　）。

　　A. 业务接待方案　　　　　　　　B. 促销信

　　C. 商情简报　　　　　　　　　　D. 商务评论

3. （　　）不是写促销信应遵循的基本原则。

　　A. 强调产品和服务给消费者带来的利益

　　B. 用积极的语言让消费者充分联想使用产品和服务时得到的享受

　　C. 有针对性地为消费者提供购买的理由

　　D. 充分介绍产品的优点，同时可以商谈价格

4. 产品说明书常用的说明方式较多，以下不属于产品说明书的说明方式的是（　　）。

　　A. 概述式　　　　　　　　　　　B. 条文式

　　C. 复合式　　　　　　　　　　　D. 总分总式

5. 传递工作情况、市场动态、会议情况、经验教训、重大事件等信息的报告性文字，属于（　　）。

　　A. 业务洽谈纪要　　　　　　　　B. 促销信

　　C. 商情简报　　　　　　　　　　D. 商务评论

6. 营销传播文书主要包括（　　）。
   A. 商情简报　　　　　　　　B. 营销新闻
   C. 商务评论　　　　　　　　D. 市场调研报告
   E. 市场策划方案
7. 营销实务文书写作的基本要求有（　　）。
   A. 文采华丽　　　　　　　　B. 准确、明白
   C. 讲求格式，注意规范　　　D. 简洁、实用
   E. 迅速敏捷，适应需要
8. 业务洽谈方案由（　　）三大部分构成。
   A. 标题　　　　　　　　　　B. 正文
   C. 落款　　　　　　　　　　D. 问候语
   E. 导语
9. 业务洽谈纪要具有（　　）的特点。
   A. 平等性　　　　　　　　　B. 协商性
   C. 备忘性　　　　　　　　　D. 公开性
   E. 公平性
10. 产品说明书在写作方面的基本要求是（　　）。
    A. 科学性　　　　　　　　　B. 实用性
    C. 知识性　　　　　　　　　D. 条理性
    E. 责任性

■ 判断题

1. 写作时确定一个明确的目标，会比兼顾多个目标效率低。（　　）
2. 营销实务文书兼用叙述和议论形式，观点和内容统一，理论和事实相结合。（　　）
3. 商务评论和新闻评论的格式一样，由标题、导语、结尾 3 个部分组成。（　　）
4. 营销新闻尽可能写得短小、精练，没有繁杂的话、冗长的篇幅。（　　）
5. 在营销实务文书写作中可以使用表格和各种图形来更简洁地表达信息。（　　）
6. 营销新闻必须具备 5 个要素，即时间、事件、地点、人物和原因。（　　）
7. 商情简报可在结尾处做一个小结，交代结果或指出其发展趋势，也可不写小结。（　　）
8. 促销信是一种宣传方式，要竭尽所能地激发消费者的购买欲望，不考虑信息提供。（　　）
9. 产品说明书可以写成卡片式、单页式，一般不采用折叠式和书本式。（　　）
10. 索赔书是买卖中任何一方以双方签订的合同条款为依据，具体指出对方违反合同条款的事实，提出要求赔偿损失或主张其他权利的书面材料。（　　）

■ 简答题

1. 营销实务文书写作的基本要求有哪些？
2. 如何写好业务洽谈方案、业务接待方案和业务洽谈纪要？
3. 撰写促销演讲稿应注意哪些问题？在写作技巧上要从哪些方面下功夫？

4. 产品说明书的写作要符合哪些要求？其结构怎样？

5. 商情简报和营销新闻的写作要求有哪些？撰写商务评论时应注意哪些问题？

【项目案例分析】

多家车企发力促销 冲刺"开门红"

据《证券日报》记者在 2025 年 1 月的走访报道，各大车企均推出了大力度的降价活动，为了从众多竞争对手中脱颖而出，车企还纷纷制定了各具特色的竞争策略。

例如，比亚迪股份有限公司针对旗下多款车型（如宋 Pro DM-i、海狮 05 DM-i、秦 PLUS EV 等）推出了限时优惠价格，秦 L DM-i 车型还赠送高达 5000 元的全车保险，以及金融优惠和至高 25 000 元的置换补贴；浙江吉利控股集团有限公司推出了号称 25 亿元的促销大礼包，包括最高 30 000 元的焕新红包；奇瑞汽车股份有限公司旗下捷途汽车的山海系列车型推出了以旧换新至高抵 40 000 元的优惠政策。

新能源汽车市场同样热闹非凡。为了降低消费者的购车成本，车企纷纷推出了降价优惠活动，部分车型降价额度甚至达到数万元。例如，浙江零跑科技股份有限公司推出了限时新春礼包派送活动，其中包括 10 000 元现金红包和 888 度电卡等；特斯拉（上海）有限公司针对 Model Y 后轮驱动版和长续航全轮驱动版推出优惠政策，消费者可享受尾款立减 10 000 元的优惠政策，可叠加 5 年 0 息金融方案。

自 2024 年实施消费品以旧换新政策以来，截至当年 12 月 19 日 24 时，全国汽车报废更新近 270 万辆，汽车置换更新超 310 万辆，显示了以旧换新政策在促进消费方面的巨大潜力。目前，已有十余个省市宣布将延续地方以旧换新补贴政策，以稳定汽车市场的消费信心。

■ 分析问题

（1）如何评价该营销新闻在内容上的可信度？

（2）该营销新闻的结构是否合理？

（3）该营销新闻的优缺点表现在哪里？

（4）如何完善该营销新闻？

■ 分析要求

（1）学生分析针对案例提出的问题，拟出"案例分析提纲"。

（2）小组讨论，形成小组"案例分析报告"。

（3）班级交流，教师对各小组的"案例分析报告"进行点评。

（4）在班级展出附有"教师点评"的各小组"案例分析报告"，供学生进行比较研究。

【项目实训】

"营销新闻写作"业务胜任力训练

■ 实训目标

引导学生参加"营销新闻写作"业务胜任力训练；在切实体验"××公司营销新闻"的准备与撰写等活动中，培养学生相应的专业能力与职业核心能力；通过践行职业道德规范，促进学生健全职业人格的塑造。

■ 实训内容

依据所学内容，为××公司撰写营销新闻。

■ 操作步骤

（1）教师在课堂上布置实训任务，组织学生温习营销新闻的有关知识。

（2）将学生分成若干学习小组，组织讨论写好营销新闻需要考虑的因素。

（3）撰写"××公司营销新闻"。

■ 成果形式

实训课业：撰写"××公司营销新闻"。

■ 实训考核

"活动过程"考核与"实训课业"考核相结合。

（1）"活动过程"考核。根据学生参与实训全过程的表现，就表 9.1 中各项"评估指标"与"评估标准"，针对其"职业核心能力培养"与"职业道德素质养成"的训练效果，评出个人"分项成绩"与"总成绩"，并填写"教师评语"。

表 9.1　"活动过程"考核成绩表

（实训名称："营销新闻写作"业务胜任力训练）

	评估指标	评估标准	分项成绩
职业核心能力培养（∑50 分）	自我学习（∑10 分）	根据原劳动和社会保障部制定的《职业核心能力培训测评标准》中的相应规定，由授课教师结合本实训的要求自行拟定	
	信息处理（∑0 分）	根据原劳动和社会保障部制定的《职业核心能力培训测评标准》中的相应规定，由授课教师结合本实训的要求自行拟定	
	数字应用（∑10 分）	根据原劳动和社会保障部制定的《职业核心能力培训测评标准》中的相应规定，由授课教师结合本实训的要求自行拟定	
	与人交流（∑10 分）	根据原劳动和社会保障部制定的《职业核心能力培训测评标准》中的相应规定，由授课教师结合本实训的要求自行拟定	
	与人合作（∑10 分）	根据原劳动和社会保障部制定的《职业核心能力培训测评标准》中的相应规定，由授课教师结合本实训的要求自行拟定	
	解决问题（∑10 分）	根据原劳动和社会保障部制定的《职业核心能力培训测评标准》中的相应规定，由授课教师结合本实训的要求自行拟定	
	创新（∑0 分）	根据原劳动和社会保障部制定的《职业核心能力培训测评标准》中的相应规定，由授课教师结合本实训的要求自行拟定	

续表

评估指标		评估标准	分项成绩
职业道德素质养成（∑50分）	职业观念（∑10分）	对职业、职业选择、职业工作、营销人员职业道德和企业营销伦理等问题有正确的看法	
	职业情感（∑10分）	对职业有愉快的主观体验、稳定的情绪表现、健康的心态、良好的心境，以及强烈的认同感、荣誉感和敬业精神	
	职业理想（∑10分）	对将要从事的职业的种类、方向与成就有积极的向往和执着的追求	
	职业态度（∑0分）	对职业选择有充分的认识和积极的倾向与行动	
	职业良心（∑10分）	在履行职业义务时具有强烈的道德责任感和较强的自我评价能力	
	职业作风（∑10分）	在职业实践和职业生活的自觉行动中，具有体现职业道德内涵的一贯表现	
总成绩（∑100分）			
教师评语			签名： 年　月　日

（2）"实训课业"考核。根据实训所要求的学生"实训课业"完成情况，就表9.2中各项"课业评估指标"与"课业评估标准"，评出个人和小组的"分项成绩"与"总成绩"，并填写"教师评语"与"学生意见"。

表9.2　"实训课业"考核成绩表

（课业名称：××公司营销新闻）

课业评估指标	课业评估标准	分项成绩
1. 营销新闻的结构（∑30分）	（1）结构具有正确性； （2）结构具有完整性； （3）结构具有逻辑性	
2. 营销新闻的语言表达（∑40分）	（1）语言表达具有准确性； （2）语言表达具有逻辑性； （3）语言表达流畅	
3. 营销新闻的写作（∑30分）	（1）写作具有规范性； （2）写作具有科学性	
总成绩（∑100分）		
教师评语		签名： 年　月　日

课业评估指标	课业评估标准	分项成绩
学生意见		签名： 年　　月　　日

参考文献

[1] 菲利普·科特勒，加里·阿姆斯特朗. 市场营销：原理与实践[M]. 17 版. 北京：中国人民大学出版社，2020.

[2] 罗杰·A. 凯林，史蒂文·W. 哈特利. 市场营销[M]. 13 版. 北京：九州出版社，2022.

[3] 郭国庆. 市场营销学通论（数字教材版）[M]. 9 版. 北京：中国人民大学出版社，2022.

[4] 肖涧松. 现代市场营销[M]. 4 版. 北京：高等教育出版社，2022.

[5] 宿春礼. SALE 销售心理学[M]. 北京：中国华侨出版社，2022.

[6] 尹一丁. 市场营销二十讲[M]. 北京：清华大学出版社，2023.

[7] 闫志俊，张学琴. 新编市场营销[M]. 大连：大连理工大学出版社，2023.

[8] 王利冬，吴锐侠，谢甜. 短视频营销与案例分析[M]. 北京：人民邮电出版社，2023.

[9] 郑锐洪，杨明睿. 渠道管理[M]. 3 版. 大连：大连理工大学出版社，2023.

[10] 郭国庆，陈凯. 市场营销学[M]. 6 版. 北京：中国人民大学出版社，2024.

[11] 李先国，杨晶，梁雨谷. 销售管理[M]. 5 版. 北京：中国人民大学出版社，2024.

[12] 冯娜娜，田力军，贺世红. 市场营销[M]. 北京：中国财政经济出版社，2024.

[13] 田禾，陈蔚，黄惊. 市场营销实务（慕课版）[M]. 北京：人民邮电出版社，2023.

[14] 王宝童，冯金祥. 市场营销知识[M]. 4 版. 北京：高等教育出版社，2024.

[15] 侯铭海. 市场营销基础[M]. 北京：清华大学出版社，2024.

[16] 吴健安. 市场营销学[M]. 7 版. 北京：清华大学出版社，2024.

[17] 张晓岚. 营销诡道[M]. 北京：电子工业出版社，2024.

[18] 曹虎. 新增长路径：营销驱动增长的底层逻辑[M]. 北京：中国友谊出版公司，2023.

[19] 陈军. 大营销管控[M]. 北京：电子工业出版社，2024.

[20] 赵溪，张艳，胡仕龙. 全媒体运营师[M]. 2 版. 北京：清华大学出版社，2024.

[21] 熊猫鲸. 短视频营销引爆法则[M]. 北京：中国华侨出版社，2024.

[22] 李成钢，王涓. 新媒体营销[M]. 北京：中国纺织出版社，2024.